やきもの 増補版

吉田光邦

NHKブックス
182

目次

序章―人間とやきものと……七
一章　技術と歴史……一九
一、技法の発展……20
京の幡枝　伊勢の有爾　テペ・シアルク―イラン　殷代の窯―中国
上下二室の窯　やきもののはじめ　基本工程―粘土　基本工程―成形
ロクロを使う　各種のロクロ　文様で飾る　神に捧げた文様　彩文土
器の製作―パキスタン　基本工程―酸化焔と還元焔　基本工程―灰釉の発
見　基本工程―ガラス質の釉　基本工程―鉛釉の発見　日本の鉛釉
ギリシアの壺絵　高温度でとける釉への転換　青磁の成立―中国　あい
つぐ新発見　新中国での発見―江南　新中国での発見―華北　青磁と白
磁　磁器と陶器　基本工程―釉下彩画　染付の源流は？　エジプトの
護符
二、東と西の交流……73
西アジア―イスラム　イスラム世界の技法　ラスター　シルクロード
イスラム世界の好み　三彩の源流は？　三彩の愛好　唐の三彩　華や
かな葬礼―唐　美の成熟―宋　技法の成熟―宋　再度の交流―元　染

付の完成―元、明　釉裏《ゆうり》紅《こう》　技術交流の意味　西方の
デザイン　ミナイの陶器　染付の輸出　代用品の製作　染付の影響―
デルフト　明王朝　明の染付　多彩の発達　工場の実態　景徳鎮―
ダントルコールの手紙　エナメル彩画―清　中国磁器の輸出　フランス
での流行　フランスからの注文生産

三、日本の場合……115

縄文土器―日本　弥生式土器　スエ器の出現　ロクロの導入　中国陶
磁の輸入　青磁の模倣　灰釉の使用―瀬戸　磁器の製作へ　李朝の陶
磁　渡来した工人たち　磁器の創製―有田　磁器のひろがり　釉上彩
画の開発　輸入国から輸出国へ　ツンベルグの批評　有田の盛況　舶
来品へのあこがれ

二章　やきもの産業……一三七

一、個人から集団へ……138

最初の陶工たち　集団化する陶工　古代の工房　中国の例　生産と消
費　生産組織―景徳鎮　工業都市―景徳鎮

二、中世と産業革命……151

中世ヨーロッパの生産　技法の発展　磁器の探求　化学とのむすびつき
ヨーロッパと中国の差　生産組織　産業革命―ウエッジウッド　エ

トルリア工場　生産の機械化　エトルリアの製品　グラッドストンの批評　新技術の開発—量産
三、日本——藩経済……166
藩経済とやきもの　鍋島藩の例　統制政策　技法の秘密を守る　販売政策　瀬戸の復興　独占の弊害　陶器の製造販売統制　陶磁業と藩
四、明治と近代化……177
近代化はじまる　鋳型製法の導入　納富介次郎　ワグネルの来朝　多角的な指導　明治の博覧会　ワグネルの日本陶磁評　京都の製品—ワグネル　モースの観察　清水卯三郎　洋風絵具の導入　ヨーロッパの技術の発展　ゼーゲル錐　釉と窯　リモージュの実態—フランス　原料土　成形　焼成　彩画　労働者　近代技術の輸入—工場生産
三章　やきもの美学……二〇五
一、神秘の器……206
古代のイメージ　仮面舞踏—輝県の黒陶人形　明器の出現—中国　漢と六朝　唐の三彩　神秘の消失—人間へ
二、人間の器……214
人間の器—茶碗　越州の青磁　白の感覚　孔子と白　知識人のやきもの観

三、茶の湯の器……222
やきものと茶―日本　喫茶養生記―栄西　茶経との差　茶の湯の成立
新しい価値　建盞の尊重　機能を忘れる―曜変、油滴　新風―利休の
侘数奇　権力とやきもの　にせものの必要　日本の宝石―茶器　「つ
くもがみ」とは?　茶人のやきもの観察　利休の見方　現代茶人の見方
楽の創造　異質の導入　清と雅　煎茶の道具　茶器への傾倒
文人と茶器
四、花とやきもの……246
花とやきもの　花への視角　新しい花　やきものの花器
五、民芸の美学……255
民芸運動―柳宗悦　柳の見方
六、西方の美学……258
西方のやきもの観―ヴァレリイ　シャルドンヌの例
七、立体のやきもの……262
古代の立体　立体のゆくえ　立体と日本人　ヨーロッパの立体　過渡
期の立体　沼田一雅　等身大の陶像　のびなかった立体　絵画性のデ
ザイン　前衛陶器

人間とやきものと——序　章

ボードレエルの数多い散文詩のなかに、「旅への誘ひ」と題するものがある。「さながら西洋の東洋、ヨーロッパのシナとでもいうべき」空想の国へのあこがれと夢想にみちたものだ。「そこは幻想が西洋のシナを築きあげ、飾りたて、生活は呼吸するにも心地よく、幸福が静寂と結婚している地」なのである。

十九世紀、ヨーロッパの都市文明はひとつの成熟期に達していた。世紀末といわれる文明はゆたかな都市文明をつくりあげた。けれどもそのなかは憂鬱と退廃、倦怠でいっぱいだった。ゴッホは広重や春信の浮世絵に魅せられた。彼のなかの日本は、無限に太陽の輝く国、明るい光にみちた世界だった。地中海の明るい太陽よりも、日本の光はもっと明るいはずだった。ボードレエルにとっては、シナは静寂と秩序と美があまねく存在する国であり世界だった。シナこそ理想の世界、神秘なしずけさのうちに人間をいこわせる国であった。「芸術は自然よりすぐれ、自然が夢によって改造され、修正され、美化され、鋳直されている」。

さらに彼は書く。「つやのある羽目板の上に、或いは金色の暗いゆたかななめし革の上に、それを画いた芸術家の魂のように、敬虔でつつましやかな奥深い絵画が今もなおひっそりと生きている……家具は大きく珍しく、奇妙で洗練された魂のように、錠前と秘密に身を固めている。鏡、金属、織布、金銀細工、陶器類が見る人の眼に、無音の神秘な交響楽を奏でている。あらゆる物から……この部屋の魂ともおぼしき妖しい薫りが、スマトラの忘れな草の薫りが発散する」。

ボードレエルの幻想の室には、陶器類が飾られていねばならなかった。しかも全体の詩の雰囲気から想像すれば、それは明らかにシナの磁器である。白地にコバルトの青で草花文様を画いたシナの染付磁器の魅惑、かつてトリアノン風といわれるほどの流行を生んだ、青と白の配色。ボードレエルをはじめとする世紀末の詩人たちは、未知の東洋のなかに、いつも彼等の見果てぬ夢を託しつづけた。

シナの陶磁器はボードレエルのごとき詩人の幻想のなかに生きていただけではない。コナン・ドイルのホームズもののなかにも時々シナの陶磁器が現われる。たとえば「高名の依頼人」。この短篇の主人公はオーストリアの貴族グルーナ男爵だ。彼は古書や絵画の収集にこっており、芸術面の天分にもかなりめぐまれている。ことにシナの陶磁器にかけては定評のある権威者で、著書まであることになっている。

この男に近づくホームズの友人医師ワトスンは、すばらしい明の磁器をもってたずねてゆく。グルーナ男爵と同じような、陶磁器のコレクターというふれこみで。その時もってゆく磁器は

「明朝の軟彩で……一組完全にそろっていたら、国王が捕虜になった時の身代金ぐらいの値打がある。北京の王城以外には完全に揃ったセットがあるかどうか疑問とされるほどの逸品で、真の鑑賞家ならばひと目みただけで気狂いのようになるだろう」といわれる名品だった。濃いコバルトいろの小皿である。

ワトスンはグルーナ男爵を訪問する。彼はコレクションを入れた戸棚の前で、七世紀の唐の茶色の壷を愛玩していた。ワトスンを怪しんだグルーナは彼の正体を見抜こうといろいろ質問する。聖武天皇と奈良の正倉院の関係とか、北魏の陶磁器のことなどが材料になる。

これは一九二五年の作品だ。現在でもイギリスの貴族クラスの間には、中国陶磁の大コレクションがいくつもあることは有名だ。イギリスではフランスに劣らず、中国陶磁器が愛好されていた。そこでドイルのように、インテリの間に好まれた推理小説のなかにも、陶磁器のコレクターが登場したわけだった。

現代フランス作家のポール・モーランの小説に「U大人」なる短篇がある。午前三時、キャバレーからの帰り道に、ドウリットルは一羽の白い雄鶏をひっぱった一人の中国人に会う。所はニューヨークの五番街。時は一九二六年。中国人は甘粛生れ、九世紀の人間の幽霊である。

彼は八三七年に死んで葬られた。その墓には彼が地上に残してきたものを写したやきものの像がいっぱいに納められた。奴僕、舞う女、警護の武人、ラクダ、馬、また隊伍をくんだ騎兵などどれも美しい釉のかかったものばかりだった。つまり唐三彩といわれるものである。ところが二ヶ月前に、ニューヨークの古美術商がこの地方の動乱に乗じて彼の墓を発いてしまった。

彼の静かな眠りはめざまされ、これまで彼の死後の用を足し、彼に仕えていた多くのやきものの像はすべて奪い去られてしまった。それらはやがて船につめこまれてアメリカに渡ってしまった。

墓の主、もと翰林学士、甘粛の総督の男の霊は、それから全くひとりぼっちになってしまった。護衛がいないので、彼の子孫が供える食物も香も、みなほかからやってくる多くの死霊が奪っていってしまう。男の霊は食物もなく、墓の外にさまよい出て食物をあさらねばならぬ、乞食幽霊になってしまった。彼はやせ衰えもう再び人間に生れ変る力もなくしてしまった。来世について彼は望を失ってしまったのである。

そこで彼は苦心して彼の家来たちを連れ去ったアメリカ人を探し求め、とうとうそれはニューヨークで知名の古美術商、ユデスハイムであったことをつきとめた。そして男は彼の家来たちを取り戻すためにドウリットルに助力をたのむ。

「古代シナ美術品鑑賞及び売買、ウイリー・ユデスハイム」の看板のある店があった。ドウリットルはその店の前で「勅命により、汝たちはつつしんですぐに甘粛に帰るべし」と叫んでくれと注文される。地上にあるそれらの像にはもはや地上の者の声しか通用しない。ドウリットルは幽霊の教える方式通りに二度大きく声をはりあげてやった。

たちまちすさまじい物のこわれるような音がした。U大人は喜んでドウリットル氏に大きな金袋をお礼のしるしだといって贈り、雄鶏とともに消えてゆく。

翌朝ドウリットル氏はニューヨークタイムスで、ユデスハイムの家が昨晩何ものかに襲われ、多くのコレクションがこわされた上、最近将来された像の多くが行方不明になったとの記事を読む。彼は思い出して昨夜もらった金袋をひきだした。びっくりするほど軽い。開いてみると中には金色の紙片がいっぱいにつまっていた。それは中国人が埋葬の時に使う紙銭だったのである。

ここでは西洋が明・清の染付磁器や五彩、七彩の華やかな輸入磁器を鑑賞していた時代から、各地の古墓で盗掘された古代の陶磁器にコレクターの注意が集まりはじめた時期の空気が、ややユーモアをこめてよく画かれている。中国が開国し外人が中国各地を旅行するようになってから、各地で盗掘が流行しはじめた。そして古墓に副葬されていた多くの器物が発掘されて、世界に流出した。もちろん日本にも多く入っている。

このように中国の陶磁器はヨーロッパ世界では宝玉のように貴重視されたものであった。そしてそれが生産されている中国は、彼等にとって Terra Incognita (未知の国) であり、はるかな夢幻のなかにある世界だった。イエズス会の宣教師の通信によって、その事情がおぼろ気ながら判明するようになっても、なお大部分の人びとにとっては、中国は神秘にみちた美の王国だった。中国はたえず華やかなエキゾチシズムにいろどられたはるかなる地であった。

それに似てまだみぬ西方の異国の美へのあこがれは、日本にあってもつよく大きかった。なかでも日本人の心をとらえたのは、やきものではなくガラスだった。ビイドロ、ギヤマンは海外から渡来する西洋器物のうちでは、最も珍重されていた。

びいどろも流るる秋や惜しむらん(西山宗因)

びいどろの魚おどろきぬ今朝の秋（与謝蕪村）

このガラスによせる興味は、大正のモダニズムによっても継承された。南蛮趣味、異国趣味をもって詩の泉とした、パンの会のグループで、それが最も著しかったことは周知のことだろう。北原白秋は「邪宗門秘曲」のなかで、

われは思ふ　末世の邪宗　切支丹でうすの魔法
黒船の加比丹《かびたん》を　紅毛の不可思議国を
色赤きびいどろを　匂鋭きあんじゃべいる
南蛮の桟留縞《さんとめじま》を　はた阿剌吉《あらき》　珍酡《ちんた》の酒を

と歌った。木下杢太郎も「食後の唄」で、バーのステンドグラス、リキュールを盛るグラス、薄玻璃《はり》の杯、などの詞を盛んに用い、「玻璃問屋」と題する詩まで書いた。「彼は青き玉、水色の玉、珊瑚珠」と歌い、五月の夕暮の雨後の空気のなかで、ガラスがゆらゆらと光る風景を「ああ人間の若き日の、唯一瞬のさんちまん」とまで記した。ヨーロッパの詩人や作家たちが中国の陶磁器に思いをよせたように、日本の若き近代詩人たちは未知なるヨーロッパのシンボルとして、ガラスの情緒を愛した。彼等の空想のなかの異国を愛した。有名なるカフェ「メイゾン鴻の巣」は、その空想の異国の領事館にほかならなかった。

やきもの——日本、中国を問わず陶磁器は、それらの時期、近代の自我にめざめ、新しい美意識をみがきつつあった人びとからは一顧もされなかった。むしろ舶来するデルフトの陶器、セーブルの磁器などがたまさか注意される程度だった。やきものはモダニズムからはかけはな

れたものだった。なぜならば当時のやきものは依然として江戸時代の伝統をひく、茶の世界、
骨董商の世界でのみ鑑賞され、しかも茶の湯という閉鎖社会特有の高価な値段で売買されてい
たからである。
　明治三六年にはすでに五〇〇〇円の茶碗、一八〇〇円の鉢、一四〇〇円の茶杓などが売買さ
れている。これらの価値づけはすべて茶の湯という特殊社会のなかで生じた評価であった。昭
和八年、仁清の藤の絵の画かれた茶壺は、十六万円の高値をよんで人を驚かせた。これでは若
き詩人たちのとうてい近づき得る世界ではない。
　もともと日本ではやきものの鑑賞も研究も、すべて茶の湯の世界にしか存在しなかった。そ
れらは一般の美の世界、美の鑑賞の態度とは全く無関係なものであった。君台観左右帳記には
じまる一連の茶人によるやきもの論がそのまま祖述され、拡張されていた。まず茶の湯に利用
しうるか、しえないか、それが評価の第一の基準となる。ただこれとは別に江戸時代の中ごろ
から盛んとなった、中国風の文人趣味による鑑賞も現われてはいた。しかしそれも格古要論と
か、陶説、考槃余事などの中国の書物をもととして論じられたにすぎなかった。
　そして明治が来た。明治はすべての価値が転換したときである。このとき蜷川式胤《のりたね》が「観古
図説」を著わしたことは、日本の陶磁研究にとっては画期的なことといわねばならぬ。これま
で茶の湯、或いは文人趣味の視角しかもたなかった日本の陶磁研究は、はじめて合理的な歴史
の眼によってながめられることとなった。
　蜷川は京都の人、のち東京に移って町田久成等とともに、正倉院御物や古社寺の宝物の調査、

博物館計画などに当り、これまで伝承と神秘の幕のなかにあった、それら古宝物を、歴史の眼によって検討した。一方では彼はまたみずから多くの陶磁器類を収集し、これらを資料として大冊の「観古図説」陶器篇七冊を書いた。第一冊は明治九年に刊行されている。観古図説は当時としては最高の印刷技術である石版刷により、彩色が加えられて、それに詳細な解説がある。配列は歴史的な順序、つまり現代風にいえば縄文、弥生、スエの土器にはじまって、以後時代的な変遷をたどっている。しかもその解説には各種の歴史的文献が自由に引かれた。文献と実物を対照しつつ、日本のやきものの発展と変化のあとが、ようやくひとつの流れとして把えられ位置づけられたのであった。

観古図説は今見ても美しい書物だ。苦心の石版刷に彩色された各種のやきものの図は、今の原色写真版とはちがって、独特のさびた美しさをたたえている。けれどもこの書を評価するだけの能力はまだ当時の日本にはなかったらしい。観古図説はかえって海外で高く評価された。開国したばかりの日本のやきものについて関心をもつ外人たちにとってはまことにすぐれた手引だった。今も海外では日本のやきものに関する宝典となっているモースの「日本陶器型録」も、蜷川の書に多くを負うている。モースとは明治初期に来朝したアメリカ人教師である。例の大森貝塚を発掘して日本に考古学を伝え、また進化論を最初に講じて有名だった人である。日本より早く海外で認められた蜷川の収集した多くの陶磁器は、のち大部分ボストン美術館に入ってしまった。

よく日本人ほどやきものを愛し、やきものを好む国民はないという。たしかに事実そのよう

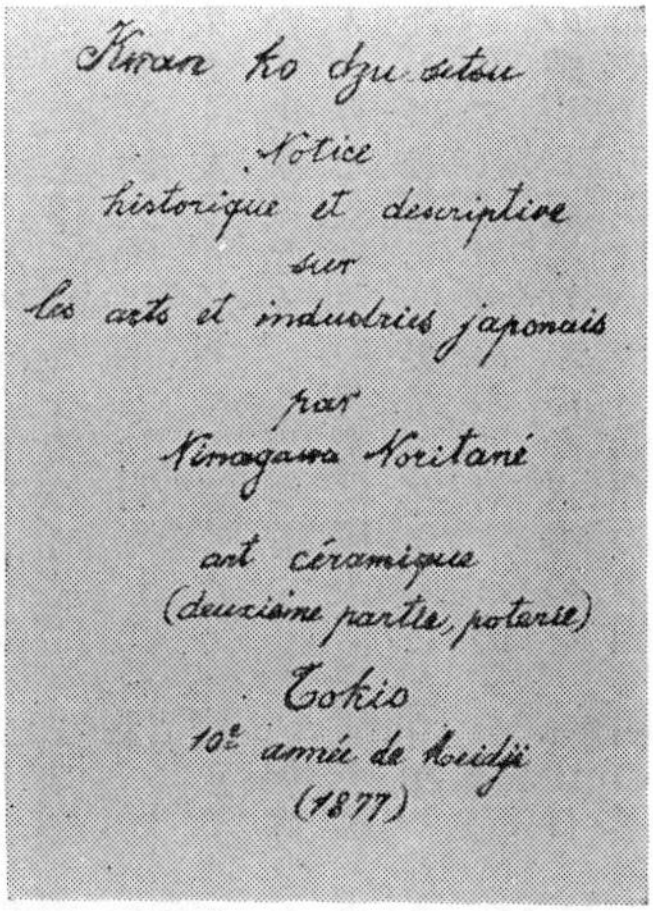
Kwan ko dzu setsu
Notice
historique et descriptive
sur
les arts et industries japonais
par
Ninagawa Noritané
art céramique
(deuxième partie, poterie)
Tokio
10e année de Meidji
(1877)

「観古図説」：蜷川式胤の観古図説の仏文タイトルと，内容の一部。石版で画かれ，川端玉章が彩色した。

だ。日本ほどいわゆる陶芸作家の多い国は世界にはないし、日本は陶芸作家の天国だとさえいわれるほどだ。けれどもやきものを鑑賞し研究する態度においてもまた、日本は海外より進んでいるといえるだろうか。やきものを語りやきものを論ずる書物は無数といってよい。けれども蜷川の「観古図説」をさらに発展させ、深化させた研究書はどれだけあるのだろう。早い話、系統的に、歴史的に正確に収集されたコレクション、しかも公開されているコレクションが日本にどれだけあるのだろうか。東京博物館の横河コレクションぐらいであろう。

茶の湯や文人趣味は多くのやきものについて、ひとつの選択と評価を与えた。また柳宗悦によって開かれた民芸運動は、それとは別個のジャンルにあったやきものに新しい評価の基準を与えた。しかしそれらは互いに孤立しあい閉鎖しあった世界の美なのである。それらを包みやきもの全体にわたる美の追求はまるでなされていない。

第二次大戦以後のわたくしたちは、明治に次ぐ大きな価値の転換を経験した。生活の倫理は大きく変り、世界はせまくなった。これまでほとんどの大衆にとっては高嶺の花だった海外の多くの美術品も、つぎつぎに日本で展観される時代である。アジアからヨーロッパ、さらにアメリカと全世界の美術は巨大な交流をはじめた。わたくしたちはこれまでの人びとの全く知らなかった新しい美が存在することを知ったのである。

とすればやきものに対する鑑賞も研究も新しい転換が生まれるのは当然のことだろう。明治の蜷川式胤は日本のやきものを、まず日本の歴史の上に位置づけることを試みた。しかし日本のやきものはいつも隣邦の中国文明の影響のなかにあった。そこで中国のやきものはいつも美の標準とされた。つくるものも観るものも中国を目標とし、理想とした。かつてのヨーロッパもそうである。けれども現代のわたくしどもは、中国以外の多くの美を現実に眼でたしかめ、新しい種類の感動を知った。

いちどやきものの全体像をふりかえってみる必要が、そこにありはしないか。やきものも一個の物質である。しかも人間の文明のなかでごく早期に生れた物質文化のひとつである。人間はなぜやきものを必要としたのだろう。どのようにやきものをつくったろうか。そのなかに見出した美は何だったのか。現代人の生活に欠くことのできぬ消費財としてのやきもの、また美術品として鑑賞され、たのしまれるやきもの、この極端なまでに両極に分化してしまったやきものとはいったい何なのか——を考えてみようではないか。

一、技術と歴史

一、技法の発展

京の幡枝

京都の北、洛北の山々は四季を通じて、いつもその姿を微妙に変える。比叡山から鞍馬山へかけてのゆるやかな山肌をながれてゆく雲のしずかなたたずまい。ことに近頃有名になった円通寺の縁から、それらの山の折々の姿をながめていると、ここでは歴史がふと足を停めているようにさえ思われるのだ。

しかしそのなかにも新しい国際会議場がいささか不似合なほどの、奇怪な表情をみせてたちはだかる。まわりのなだらかな山の曲線に対して、これは巨大な直線の梁をぐっと空にもたげ、どことなく権力的な感覚がある。「国際」ということ——それは現代ではやはりひとつの恐るべき力をひめた権力だ。しかも不可解な潜在力として。そう思えばこの建物もまたそうした「国際」というイメージにふさわしいかとも見えてくる。

このきわめて現代的な建築の近くに幡枝というささやかな集落がある。もちろん今では京都市の一部分だ。しかし家々をとりまく生垣や土塀、すくすくとのびた庭の木立など、どこの家にもながくこの地に住みついた風格があり、動じない雰囲気がある。

ここではかつて古代的な土器の製作が盛んだった。神社や寺の供物用に使う赤い土器の皿があろう。あれである。京都の町なかのあちこちにいっぱいある神社、さては信心ぶかい町家の奥に祀られる神棚に、また八月十六日の大文字で華やかにその終りを告げる夏の盆行事に、或いは新年に、ここ幡枝でつくられる赤い土器の小皿は、欠かすことのできぬものだった。そして幡枝の村人はみずから土器を焼き、みずから町へ売りにいったものだ。

けれどもそれもこれももうむかしばなしとなってしまった。紅がら格子にみがきあげられた京の町家のつくりも変ってゆく。神社の祭りもしだいに寂れ、神官たちは新しい趣向をこらした新奇な行事を案出し、参拝客を集めることに熱中する。大文字が観光行事となりショウとなって、各地から観光バスが大挙して送り火の夜ねりこんでくる今日では、精霊送りのしめやかな感情、亡きひとを山をこがす炎の輝やきのなかにしのぶ感情はけしとんでしまった。それが現代であり、都市というものなのだ。こうして幡枝の由緒ある土器づくりも亡びようとしている。今その技法を伝える老人はわずかに三人――。だがこの技法はごく単純なやきものつくりのひとつの方法として、遠く古代の手法をしのばせる。

土はハネツチとかハブとかいううすねずいろの粘土。田を荒さぬようにして附近の地下から採取する。この粘土を平たい大きな石の上で木製のキネでつきこなす。粘土の色が一様になればそれでいい。キネは餅つきに使うような片キネだ。柄の長さは五〇センチほど、この先に直径十二センチ、長さ三二センチのヒノキ材のキネの本体がついている。しかしこのキネの寸法はすでに三〇年ほど使い古されたものなのだ。新品は四〇センチほどあった。つまり三〇年の間にキネは六、七センチもつきへらされた。そのほか長さ五〇センチの木製のヘラ、二六センチ長の竹製のヘラ、どれも粘土を石からこそげおとすのに使う。

粘土の用意ができた。これがいうまでもなく土器の原料だ。次は成形。皿の形をつくり出す仕事である。成形といえば、誰でもロクロを思い出すだろう。やきものつくりには必ずといっていいほど活動するロクロ。ところが幡枝ではロクロは使わない。

作り手はいつも女。ムシロの上に正座する。右手のひじのところに、テコという白い布を筒形に縫ったものを通す。右膝の前にはミゴロという水を入れた鉢、これもむかしは桶だったとのこと。また左前には板の上に粘土の一塊。ホエという麻布を折り重ねたもの。これは鯨尺一尺八寸(六〇センチほど)、半巾の麻布を折って上側に織り耳が出るようにし、中ほどをワラでしばる。しっかりしたいい麻がなくなって折り方もむかしとすこし変っている。

成形の順序。まず左手で粘土をひとつかみとる。次に右手の掌の端で三回ほど土をたたいてひらたくのばす。次にはのばされた土を、テコでおおった右ひじのところに、まわすようにして打ちつけること九—一〇回、円い小皿のおよその形ができる。ミゴロの上に、ウツゲという直径三〇センチほどの木の円板がおいてある。それを右手にとって小皿の形をきれいな円形に仕上げる。ついでホエを右手にもってくるりと皿の内側をまわすと、土器の底に円が刻まれる。これで出来上りだ。左側にホシイタという長い木の板がある。完成品を順序よくその上にならべてゆく。こう書いてくるとずいぶん時間がかかるようだが実際はすこぶる早い。みるみるうちに土器がきれいに板の上にならんでゆく。

ここではロクロという道具すら使わない。成形に使うウツゲだってホエだって、ごくありふれた木の円板や麻布にすぎない。その形、その折り方になんら本質的な機能があるわけではない。必要なのは手先の働きだけである。つまり人間の肢体そのものが、物をつくり出す道具となって働くのだ。ロクロもなく手先ひとつで、粘土さえあればやきものは生れる。幡枝のこの単純な作業から作られる土器にも多くの種類がある。以前はホーロクまでつくったという。大小さまざまの皿は、ロクロなしでこのように自由に成形されていたのだった。

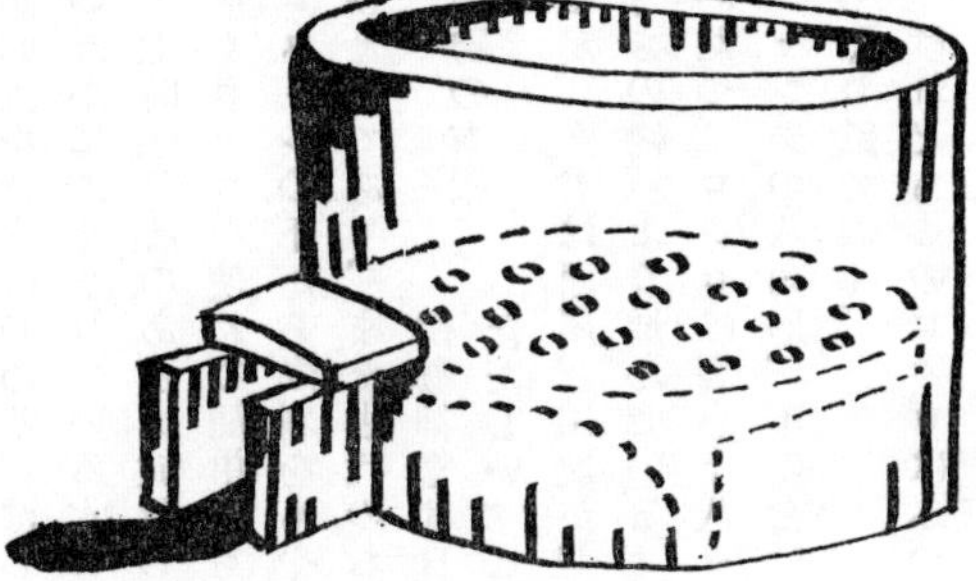

京都幡枝の窯

成形が終ればこれを焼かねばならぬ。この際使われる窯も簡単なものだ。煉瓦で高さ七四センチほどのまるい筒型が地上にきずかれる。その外径は一二〇センチ。煉瓦の厚みは十三センチ。筒の外側は泥でぬりこめてある。筒のなかをのぞくと深さ四四センチのところに煉瓦の格子が組んである。格子の孔は中央に七孔、その左右に六孔、またその左右に四孔と計二七孔ある。円筒の下端の一部に孔が角型にあけてあって、これが火たき口、図を参照されたい。つまりたき口から燃料が格子（ロストル）の下に入ってもやされ、その炎が格子の上にふきだす。そこで格子の上に成形品を置けば焼けるわけだ。

この程度の円筒型の窯で土器の直径三―六センチのものが約七千個入る。かつての窯は一万五千も入り、そこで窯の大いさももっとあった。土器がぎっしりつめられると窯の上端は土器の破片などをかぶせておおってしまう。そしてたき口から火をたきはじめる。はじめはゆるやかにワラを十四、五束もやす。これで成形された土器のなかにふくまれている水分がぬけることになる。そのあとは松薪をくべてゆく。焼成は約六―七時間。そのあとは放置して冷めるまで待つ。これが幡枝の土器つくりの大体の作業だ。成形もロクロを使わぬ簡単なものだったが、焼成に用いる窯も円筒型の単純なもの。しかしこのロストルの下から燃料をもやして加熱する円筒窯もまた、今日でもやきものの窯の基本形式のひとつであり、また古代のおもかげを伝えるものなのである。

伊勢の有爾　伊勢神宮は日本の神道のメッカ。ここで用いられる祭祀用の土器の数量はおびただしい。この土器をつくるのは有爾の村。かつては三〇〇戸もその業に従ったが、今では西尾、田端が盛んである。原料の粘土は黒味が強いものだ。がここの製作技法は、さきの幡枝より進んでいる。純然たる手づくりもあるけれど、ロクロの小型のものを使うのがめだつ。ロクロは高さ十八センチ。カシの木でつくる。上の天板は厚さ三・五センチ、直径二一センチの八角形、下の台は厚さ四センチでひとまわり大きいやはり八角形の板。軸はカシでつくり鉄で巻く。

けれどもこのロクロはふつうの手まわしのロクロのように、その一端を棒で突いてはげしい勢いで回転させることをしない。原料の粘土をロクロの上端にある天板にのせて、しずかにまわしながら成形してゆくだけだ。ロクロはそれが急速に回りその上にのせた土もともに回って、遠心力を利用して成形してゆくところに意味がある。ロクロに加えられたエネルギーに人間がその方向をきめてやればよい。とするとこのロクロはロクロ本来の機能をもつものではない。

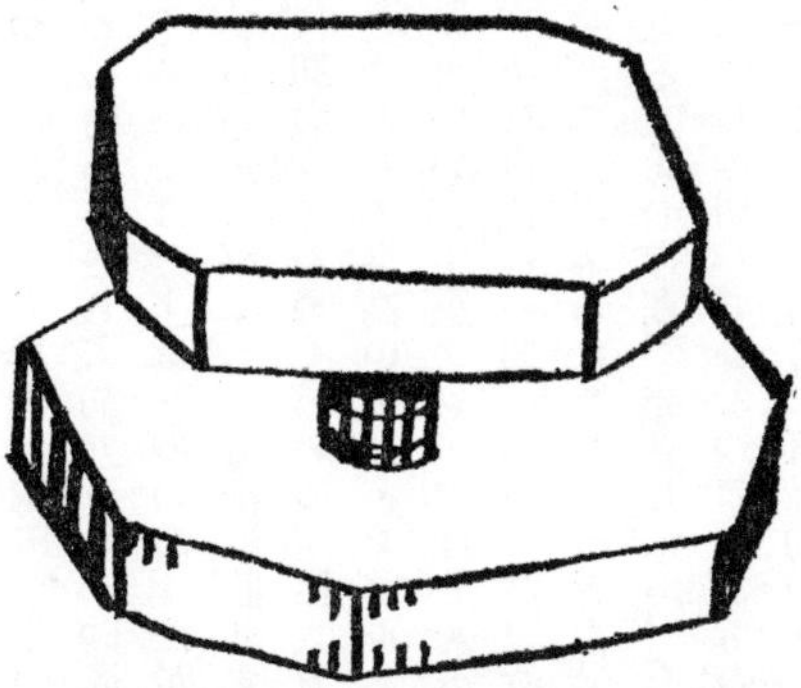
回転作業台（伊勢有爾）

いえば一種の回転する作業台なのだ。それは今日のロクロの前身を暗示するようにも思える。尤もロクロが先か、回転台が先かときめるはっきりした証明はまだないのだが。

ロクロで成形するとき、土器の外側や内側の形を整えるのにヘラを使う。ふつうこれを外ガイ、内ガイというのだが、ここの内ガイはハマグリの貝殻、外ガイは木片だった。またへりをとるのは二肢になった木の枝を使うにすぎぬ。そして有爾の焼成用の窯も、やはり幡枝のそれと同じように地上高約一メートルの円筒窯だ。上には簡単なトタン板の屋根がふかれている。燃料を扱う金叉などが窯のあたりに放置されているのは、幡枝でも見られる風景であった。焼成は四時間。毎日大量に使いすてられる伊勢神宮の祭祀用の土器は、このようにして製造されている。ここのロクロはまだロクロ本来の役割を十分に発揮していないものだった。そして円筒形の窯の使用、ハマグリ殻のようにごくありふれた道具の使用には、やはり古代の匂いがある。

テペ・シアルク
——イラン

イランの首都テヘランは、ヨーロッパ風の建築の多い美しいオアシス都市である。だが一歩町の外へ出ればそこはもう完全な砂漠地帯。乾ききった灰色、或いは黄色の荒地が眼もはるかにつづく。きびしい太陽の光と熱と、乾ききった熱風にさらされた苛酷なばかりの風景がひろがる。そのテヘランから南東へ二五〇キロ、カシャンという町がある。かつてはペルシア陶器の大産地だったことで名高い地だ。古風なバザールの建物は、色彩もあざやかなタイルで飾られてむかしの繁栄ぶりが想像される。いつも晴れ上って真青な空に、そのタイルの色の交錯はすばらしいシンフォニイだ。

この町からさらに約五キロ、砂漠のなかをゆくと道の右手に大きな丘がみえてくる。白く眼もくらむような土はだのいろ。だがそれにも増して眼にうつるのは、丘上いちめん、否丘の周囲いちめんに厚くしかも密に散乱する赤い土器の破片である。日本のささやかな遺跡の知識からは想像もできぬくらいの、巨大でかつ大量の土器片——これが西アジア古代の標準的な遺跡のひとつとして名高いテペ・シアルクなのだ。テペとは遺跡の丘というペルシア語。イラクではテルといい、中央アジアではクルガンというものだ。これらの遺跡は日本のように墳墓ではない。それ自体が一個の都市の跡である。それが大量の土器片を残した理由でもあるのだが。

一九三三年からフランスの考古学者ギルシュマンは五回にわたってこの丘を発掘し、四層にわたる文化の存在を発見したが、そのうち第三層の文化はさらに七期に分類することができた。そしてこの層からひとつのやきもの用の窯と思われるものが発掘された。紀元前四〇〇〇年に相当するものである。直径約一メートルほどの焼けた円形の床があって、円い孔が十数個あい

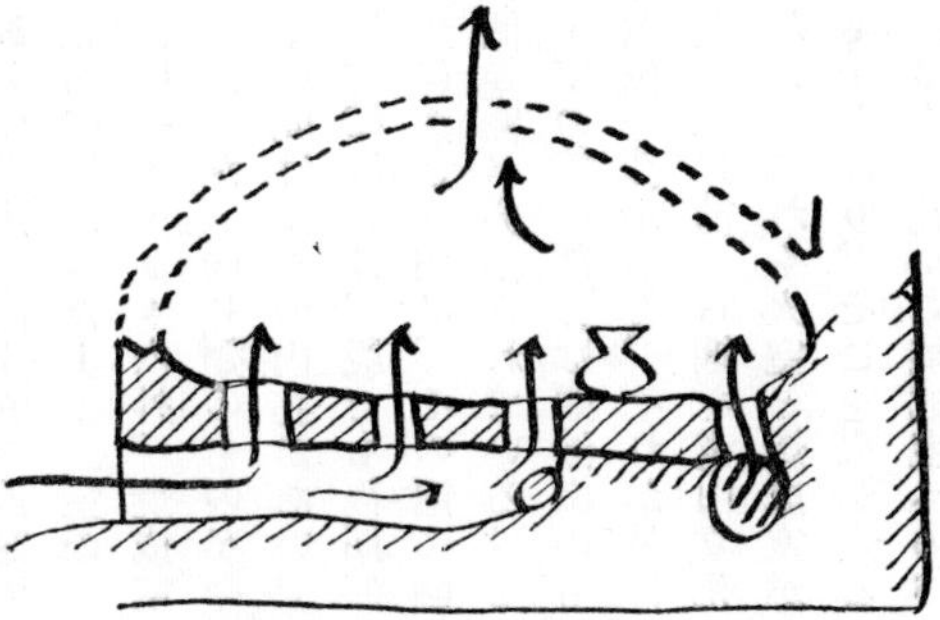

テペ・シアルクの窯（イラン）

ていた。その孔を連ねる細いトンネルが床下に三本あって、その口は外に向って開く。また床からは上にのびる周囲の壁の一部分が残っていた。その部分から復元してみると、床上には高さ約四六センチほどの室があったことになる。

この窯はちょうど幡枝の窯ぐらいの大いさだ。床上の室は焼成室。ここへ成形した器物と燃料をまぜてつめこんで焼き、床下のトンネルは通風孔の役をしたと考えられた。けれども現在のイランの窯や、次に述べる中国古代の窯などとくらべると、三本のトンネルの口で火がもやされ、火焔はトンネルから孔を通って焼成室の中へふき出したものと考えてもいいようだ。

ギルシュマンは同じイランのスーサの遺跡から、やはり紀元前四〇〇〇年ごろの窯をひとつ発掘した。これも直径一・八メートルほどの焼けてしまった円形の床にいっぱい孔があいていた。床下は高さ一メートルたらずの堅固なもので、ここで燃料がもやされ、火焔は床にある大きな円孔から上にふき出した。床の上をかこんでどの程度の大きさの焼成室があったかは分らない。しかしとにかくこのテペ・シアルク、或いはスーサの窯は日本の土器窯と同じように円筒型のものであり、火は下から上へと走るものなのであった。

殷代の窯—中国

さて第二次大戦後、大陸に誕生した中華人民共和国では熱心に古代文化の発掘、研究さらに保存が進められ、新しい知見が大量に得られていることはよく知られている。そして中国における最初の大帝国紀元前十二世紀ごろの殷の諸遺跡も多く発見された。そのなかにはいくつものやきもの用の窯があった。

華北の鄭州、洛達廟の遺跡には殷代初期のものとみられる窯が二個あった。それは底面がほぼ正方形になった上下二室のものだった。上が焼成室、下は火室、その間は格子となっている。直径は一メートル内外。焼成室の天井はドーム型らしい。火は下の火室から上の焼成室へ吹きぬけたのだ。同じ類のものがやはり鄭州銘功路で発見されている。これは底面が円形。上室と下室の間は多くの円孔があいている。直径は一・一六メートルほど。

鄭州碧沙崗は、殷でも後期の遺跡である。ここの窯も同じ形式だ。上室と下室を分つ部分は中央に大きな円孔、その周に四個の長楕円形の孔が放射状にあいていた。また河北の邢台でも三個の窯が発掘されている。この窯の底面は一・六×一・三五メートルの馬蹄形。しかし上室と下室の境の部分は碧沙崗のものと全く同じ。孔がひとつ多いだけだ。また焼成室の窯の壁には七個の孔があき、それが外に通じている。つまり煙道なのだ。

殷文化以前の時期を竜山文化と呼ぶ。この時期のものも黄河の三門峡ダムの工事の際に発見された。これも火室と焼成室が上下に分れているが、ただ下の火室は八個の樹枝状に分れたトンネルとなり、そこを火が走るようになっている。その火はもちろん二室を区切る面にあけられた多くの孔から焼成室へのびるわけだ。この枝分れしたトンネルの火室は、さきのテペ・シ

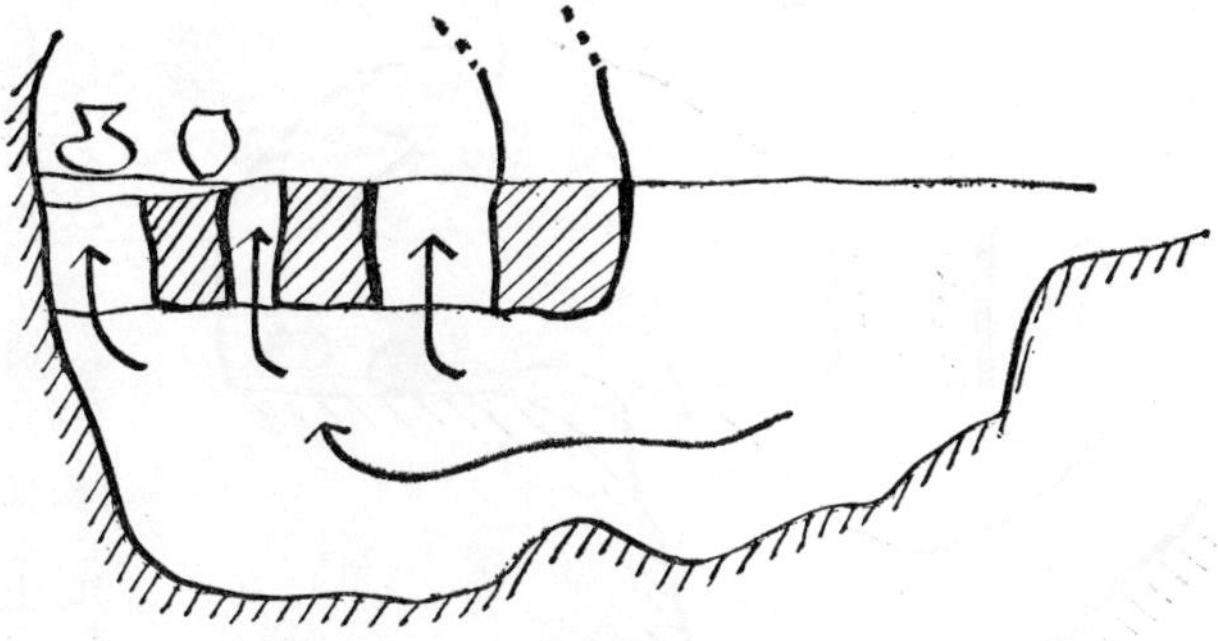

中国，殷代の窯（紀元前，1300年ごろ）

アルク第三層の窯の下室を思い出させるではないか。

上下二室の窯

京都の幡枝、伊勢の有爾、イランの古代、また中国の古代、そこで用いられている窯は、すべて上下二室に分れ、上が焼成室、下が火室となっていた。下の火室でもやされた火は二室に通じるいくつもの孔を通って上の焼成室にふきだし、そこにつめこまれた成形品を焼きあげたのである。しかもどれも小型のものだ。この東から西へつながる同形式、同原理の窯の存在はいったい何を物語るのだろう。文化の西から東への伝播か、それとも土器をつくるときに各民族が、しぜんに独自の発想から生みだしたそれぞれ独立の発明なのか、古代的なやきものの技術のごく一部にも、こうした大きな問題がひそむのである。

やきもののはじめ

やきものはいったい何から起ったのだろう。わたくしどもは誰でも子供の時に、粘土でいろんな小さい像をつくって遊んだ経験をもっている。神も土をもって人間の姿をつくったと、旧約聖書の創世紀は伝えている。しかもわたくしどもはそれを日に干せば固く乾くことを知っていた。けれども火で焼くことには思い至らなかったのだ。

火で処理すること、つよい火で焼くことは、すでに人類が粘土で人形をつくっていた新石器時代の初めにはまだ知られていなかった。彼等もまた太陽で乾燥していただけだった。ちょうどわたくしどもの幼年時代のように。そして火で粘土が硬化することが知られたのは、火を使う場所、つまり炉の内側においてだったろう。事実、新石器時代の集落遺跡として名高い西アジアのジャルモの遺跡では、炉の内側は粘土で塗り固められ、そこはたき火によって硬くなっていた。

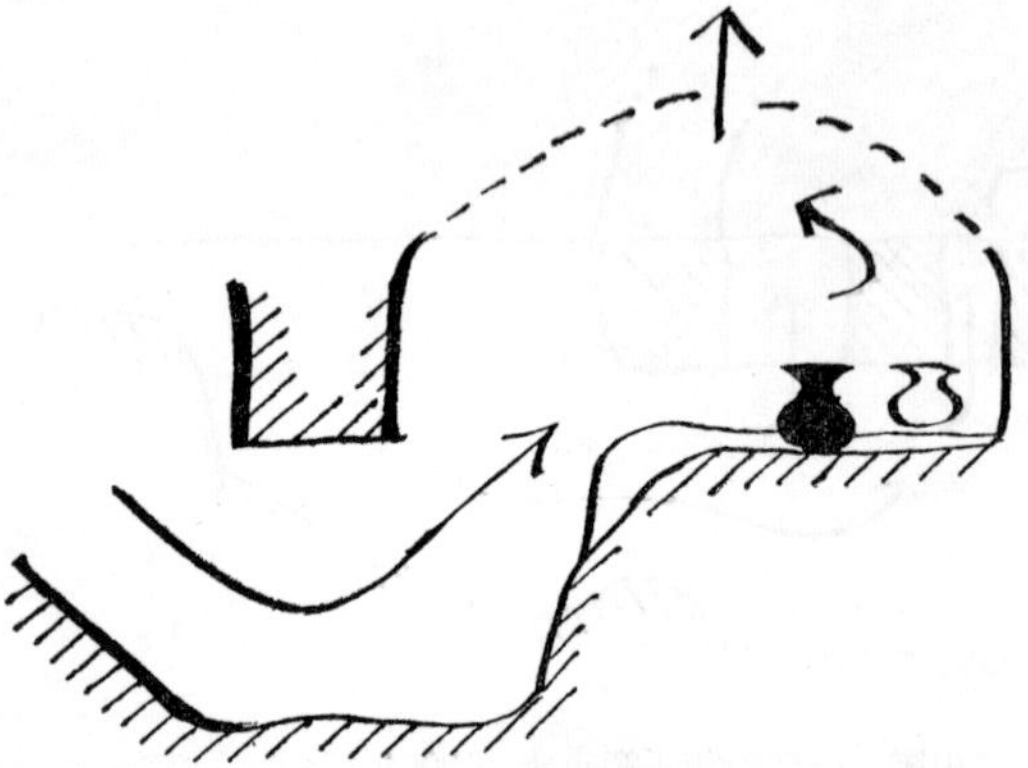

中国，古代の窯（紀元前，2000年ごろ）

粘土は自由に細工できる。そこで人間は人形をつくると同じように、粘土でいろんな器物の形を模倣してつくりはじめた。人間が最初に用いた生活用の器具はすべて自然物をそのまま利用したり、或いはそれにすこし加工したものばかりだった。

木でこしらえた器、皮でこしらえた袋、石でつくった皿や棒、また動物の骨、木の実の殻などが、さまざまの容器として利用されていたのである。「家にあれば笥に盛る飯を草枕、旅にしあれば椎の葉に盛る」と七世紀の日本の歌人は歌った。もうかなりに進んだ都市生活がいとなまれていた当時でも、都の家では木器、地方では椎の葉に飯を盛って食べていたのだった。否、人間の掌そのものが食物をのせるには最も便利な器でもあったのだ。

それらの自然物の形を粘土でうつしはじめたとき、はじめてやきものは人間の生活のなかに入りこんだ。いえばやきものは一種の代用品として出発したのである。そして金属が発見され、金属器がひろく用いられるようになると、やきものはさらにその代用性をつよく発揮しはじめた。金属器は堅牢で美しく、また自由な形に成形できる。しかしそれを得るには複雑な技術が必要であり、またどこでも得られるものではないし、生産量も少ない。けれども粘土はどこにでも発見されるし、火はいつもつくることができる。しかも金属器に似通った形は、すこし工夫さえすればつくり出せる。

しかしやきものにはひとつの大きな欠点がある。誰もすぐ気づくように、それはもろく弱いということだ。破損しやすいということだ。そこでやきものはあまり遠方に持ち歩くわけにはゆかない。狩猟中心の生活、牧畜中心の遊牧的生活にはむかない。だからやきものがほんとうにその特質と強味を発揮するのは、集落的な生活、定着農村、或いは都市的な生活が開始されてからであった。

そこでまずやきものの基本的な工程を考えてみよう。原料土↓成形↓焼成、これがやきものの原理である。それは古代も現代も変らない。まず原料の粘土に適当な水を加えてやると、粘土は細工しやすくなって、さまざまの形をつくることができる。つまり成形だ。こうしてできあがったものをそのまま天日で乾かすと、水分はしだいに減って八—十五%ぐらいとなる。このころには粘土はきわめて硬くなるので、削ったりしてさらに加工することができる。もっとよく乾かして水分が三%ぐらいになると、粘土は白っぽくなってくる。

そこでこれを火で焼く。すると粘土は変質してもう水を受けつけなくなる。つまり水を加えても前のようにこねたりねったりできなくなる。耐水性ができるわけだ。温度をさらに高めてゆくと、粘土はさらに変化して密度を増して硬化してゆき、ついにはガラス状になってとけはじめる。もちろん古代の土器ではとてもそうした高温度はつくり出せなかったので、その途中の温度で焼成をやめたのである。

基本工程—粘土

ところで粘土には二種ある。まず長石が分解してできた粘土—ふつうカオリンという—がある。主成分は含水珪酸アルミニウム。白いものだ。そしてこの粘土が河流や風などによって流し出され、別の地にまで運び出されて堆積すると、ここにまた別種の粘土ができる。この粘土は風化作用をはげしく受けているのでその粒子は非常に細かい。また運び出される途中にいろんな不純物がまじりこむので赤くなったり黒くなったりして、色がついている。ふつうよくみる粘土はすべてこの類だ。いうまでもなく赤いのは鉄分を含んでいるからだ。

けれども白い粘土は長石が風化し分解しただけなので、あまり細工ができない。つまり水でねっていろんな形にしにくいのである。ところが赤や黒の粘土は、ながい風化作用によって粒子はきわめて細かくなっており、しかも十分に分解しているので、ねばりやすく細工しやすい。時にはあまりにねばりすぎることさえある。

そこでこの過度なねばり気を防ぐために砂や細かに砕いた石の粉を加えたり、さきの白い粘土をまぜたりして適当な粘土にする。こうした原料粘土の調合は、古代からずっと行なわれてきた。そして水を加えてさらにねりあげる時には、たいてい足でぐんぐん踏みつけたものである。こうすると水は均等にゆきわたり、また粘土のなかに含まれていた空気もぬけ去ってしまう。

しかし粘土の粒子を平均化して質のいいものにするには、これを水にとかして比重の差で分離するのが簡便な方法である。これを水飛とか水漉しという。これは現代の陶工たちも行なっている方法だ。斜面に溝でつながるいくつかの水槽をつくる。粘土を水でとかして泥水とし斜面の上から流してゆけば、重い粘土の粒子、つまり粗いものから順次水槽のなかへたまってゆく。そこで最も低い位置の水槽には、最も細かい粒子の粘土が沈澱することになる。

水槽はべつに一連の溝でつながなくても、いくつもの独立したものを並べておいてもよい。最初の水槽で粘土と水をよくまぜて泥水をつくってしばらく置くと、粗く重い粒子は沈みはじめる。その時上の方の泥水を隣の水槽にくみ出し、そこでまたよくかきまぜて泥水をつくり、またその上の部分の泥水を隣の槽に移し——という風にやってゆけば、それぞれの水槽に異った大きさの粒子の粘土が分離されてたまることになる。

基本工程―成　形

こうして精製したあと、水を加えてねりあげた粘土はいよいよ成形しやすい程度の硬さになった。そこで成形の過程となる。成形の第一の方法は純粋に手先だけで形をつくる方法だ。子供の粘土細工と同じように、左右の手が成形の道具となるのだ。幡枝の肘に打ちつけたりする成形法は、その一変形といってよい。

それからアメリカインディアンが使うのでよく知られている巻上げ法も古くから使われた。それは長い粘土の棒をこしらえて、底の方から螺旋状に巻貝のようにぐるぐると巻きあげてゆくのだ。これと似た考えに輪積み法がある。粘土でいくつもドーナツ型の輪をつくる。これを積みあげてあとでその間をつぶしてしまう。

この接合部をつぶすには、木製の杓子型の叩き棒が用いられる。その内側はテラコッタ状に硬く焼かれた凸面の一種のコテで支えられた。内からコテを当てがい、外から叩き棒で強く叩きしめると、接合部は完全に平面となって見分けがつかなくなってしまう。

この二法は併用されることもある。底の部分を巻きあげでまずつくっておき、その上に輪積みしてゆくやり方であった。また底は粘土をのばして円い板にしておき、その上に巻き上げや輪積みで周囲をつくりあげてゆく方法もとられた。これらの方法は世界の古代民族のどこにでもみられる方法であるし、今でも原始民族の土器製作の技法として知られているものである。

しかし輪積みにしろ、巻きあげにしろそれが円形につくられるということは、ふしぎなことである。なぜ壺や鉢は最初から円くつくられたのだろう。古代人はなぜ角型の壺や鉢をつくらなかったのだろう。ロクロを用いるようになれば円い形が造り出されるのは当然だ。しかしロクロを用いぬ手作りの時代に、なぜ円を人間は選んだのだろう。

それはロクロを使わずとも、すでに人間はやきものの成形に回転を利用しなければならなかったためだろう。巻きあげの場合は巻貝と同じように、手で螺旋を画きながらつくってゆく方が簡単であり楽な仕事であった。輪積みもそうであった。そして叩いて全体の形を整えるときには、成形した品のなかに手を入れて、ぐるぐる回しながら叩いてゆくことがしぜんであり、楽な作業でもあった。そこでやきものをつくる人びとは、すでにロクロ使用前から、回転の重要さに親しんでいたのである。

ロクロを使う　成形法の最も重要なものは、いうまでもなくロクロの使用だ。ロクロは日本の陶工たちが今でも「クルマ」と呼ぶことがあるように、明らかに車輪の一種である。ではロクロが先か、車輪の発明が先か、この問題も今のところは未解決だ。古代の考古学的発掘品からみればロクロを使用した土器片の方が、車輪の出現よりは古い。しかし土器片は残りやすいしごくわずかな一片からも、それがロクロ使用のものか、手づくりのものかすぐに分る。しかし車の方はそうはいかない。たいてい木製だったと思われる車は、腐って消えてしまい、王の墓に立派に埋葬されるようになってからのものしか、発掘のチャンスはまずないからだ。

ロクロと回転作業台の先後問題もむつかしい。回転作業台はあとに記すパキスタンの土器つくりの場合では、ロクロと共存して用いられているからだ。またインドやパキスタンの一部で用いられていた大きな石製の円板—それは地上の低い位置に支えられ、その上に粘土をのせて回しながら成形する—も回転作業台に近い。

いったいロクロというものの本質的な機能は、その板の中心にすえられた粘土の塊に遠心力を与えるものである。だからそれは相当なスピードで回転しなければならない。そしてその回転は、適当な重さと大いさをもつロクロの円板の運動量で維持されるのである。

各種のロクロ　最も簡単なロクロは一枚の木製円板と、その中心を支える軸からできている。軸は地上に固定される。軸の上端は円板の下側の中心に取り付けられた軸受けにはまりこむ。そして円板は軸のまわりに自由に回転する。これを逆にしたタイプもある。つまり円板の下面に軸が固定され、その軸の下端が地上に置かれた軸受けにはめこまれる。しかしこのはめこまれた部分には軸が回転するのですこしの隙間、つまり遊びができている。しかも重い円板が軸の先に固定されているので、すこし回転が弱くなってくるともう円板は水平の位置をとれなくなって左右に傾きはじめる。静止したときも円板はどちらかに傾いてしまう。軸が完全に中心で支えられることはとてもできないことだし、円板上の粘土も完全に中心にすえられているとは限らないから。だからこの型の軸は高さを低く短かくしておかないと不安定で扱いにくい。そして陶工はほとんどしゃがみこんだ姿勢で作業しなければならない。こうした不便さのために、後者の型は今ではほとんど用いられていない。インド、パキスタンの一部にみられるだけである。

日本で手まわしロクロというのは前者の型である。この型のロクロは回転する際には、円板上にある小さな孔を、手にもった短かい棒で強く押してやる。円板はかるがると速いスピードで回りだして、上に置かれた粘土に遠心力を与える。時には軸受けの部分が長いソケット型になっていることもある。これも日本のロクロでよくみられるものだ。このソケット部に縄を巻きつけて別のひとりが縄を前後にひいてやれば、円板はやはり回転しはじめる。縄がベルトの役をするわけだ。これは日本で大型のものを成形する時によく用いられる方法だ。大型のものは重量が大きいので、手で突いたぐらいではすぐ円板はストップしてしまう。それで別の人がベルト代りの縄を動かして、ロクロを回転させるのである。

この手まわしロクロのほかにけりロクロといわれる類がある。これは一対の車輪を横に倒したようなものだ。軸と車輪は固定される。そして軸の下端は軸受けにはめこまれている。陶工は足で下方の車をけってまわす。すると軸に連接されている上方の円板も同じように回転する。陶工は手まわしのように時々手を回転に使うことがないので、両手で成形に専念できるし、また足でけるので回転速度も速い。また円板も厚くて重いものが使えるから運動量も大きい。日本のものは軸受けが上にある。進んだ型だ。

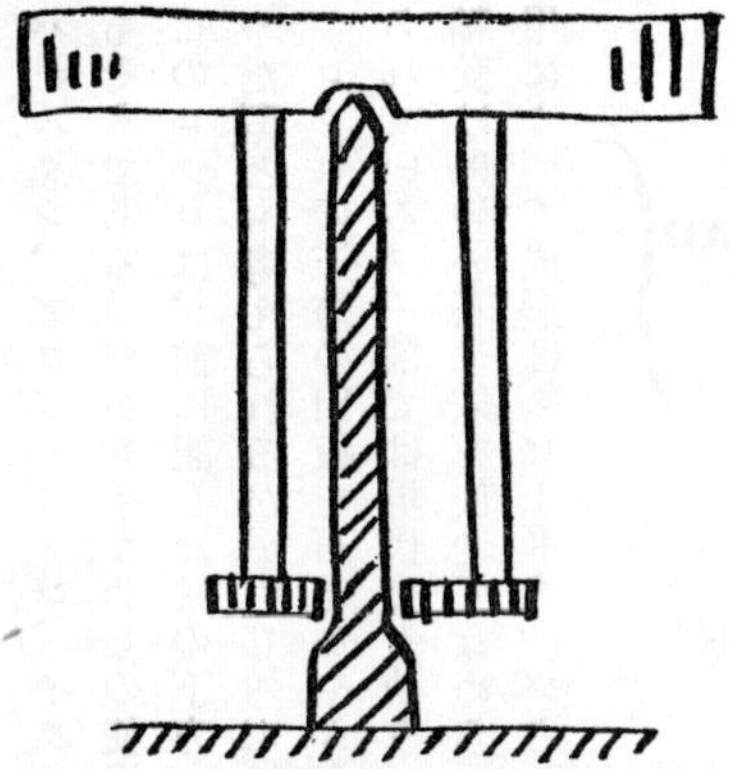

手まわしロクロ（日本）

この種のロクロは日本では丹波や九州の諸陶業地、つまり朝鮮系技術によって成形している処では、今も盛んに使われる。中国は手まわしとけりと両種を使う。

パキスタン、アフガニスタン、イランなどと西アジアはすべてこのけりロクロだ。ヨーロッパもそうである。だから手まわしの使用はアジアのごく一部、世界の大部分はけりロクロとなる。このロクロは、前に記した軸の下方に軸受けのあるタイプにもうひとつ円板がついてできあがった型とも考えられるが、むしろ車輪そのものから直接に発想されたものとみる方がいい。

ロクロの上方の円板を石とかやきもので作る例もある。古代の発掘品にはそうしたものも知られている。一部では現代でも使う。だが大部分のロクロは昔も今も木製だった。ただ軸部や軸受けに硬い石や鉄を使ってなめらかに回転させ、かつ摩擦による破損を防いだ。ロクロの使用によって成形はスピードアップされ、生産量は増大した。またほぼ一様で一定した遠心力が作用するので、製品の形も整い均一化されるようになった。いえば擬似的な量産が可能になったことになる。ロクロこそ古代の生産様式における大きな革命をもたらした発明だった。

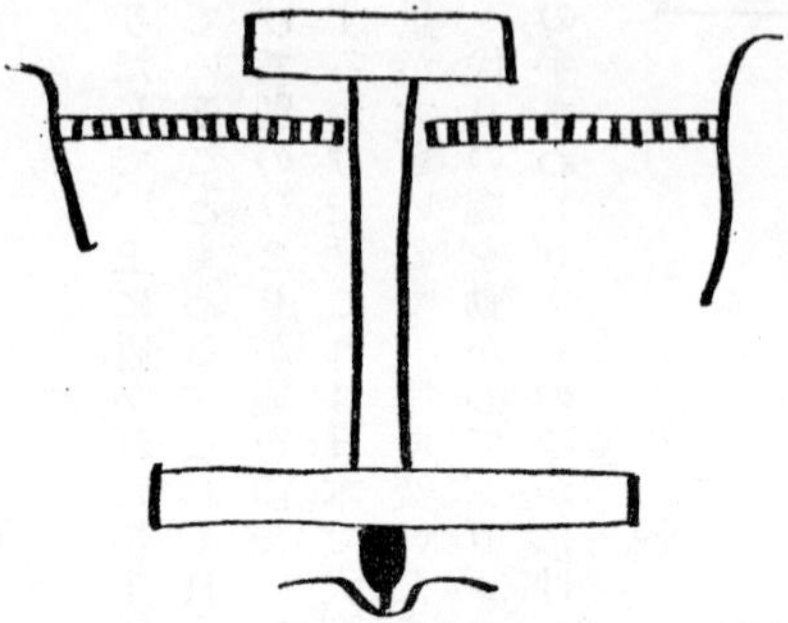

けりロクロ（西アジア）

ロクロで成形するときに、陶工たちは手で土をあやつるばかりでなく、小さな木製のヘラ、金属の板、または陶器の破片などでその表面を仕上げる。この時使われる道具はほんの有り合せのもの、身近のものであった。陶工たちの指先を延長し、それをさらに器用にしたものでよかったわけだ。

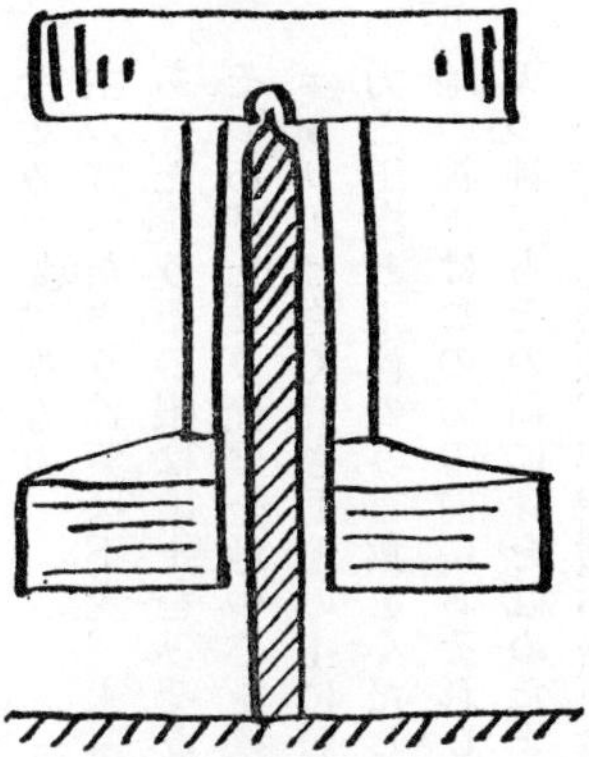

けりロクロ（日本）

文様で飾る

さきにも書いたようにやきものはもともと代用品として出発した。自然物や木器や金属器などがその原型だった。そこで古代の陶工たちはやきものにも木器や金属器と同じような外観を与えようとした。また籠の編目を模倣した線も入れた。金属器を接合している鋲の姿もとりいれた。またその外側に縄状の文様を入れて器全体を包むこともあった。

だがこれらの文様は単なる木器や金属器の模倣であったのだろうか。陶工たちはにせものをつくろうとしたのか。なぜかれらは無用とさえ思われる縄のしるしで外側をとりまいたのか。

そこにわたくしたちは古代人の心情の働きを考えねばならない。彼等のもっていた呪術的な論理を。彼等のもっていた論理は、現代のわたしたちとは全く別個に独立した体系となっていたことを—。粘土で壺をつくり、鉢をつくる。その形は自然のもの、或いは金属器と同じ形をえらぶ。なぜならそれらはたしかにやきものより堅固であるから。やきものがもろいものであることを、すでに彼等は知っている。それに木器や金属器のもつ堅牢さを期待するにはどうしたらいいか。結局同じ外観を与えてやればいい。そうするとこのもろい弱いやきものも、木器や金属器と同じような堅固なものとなるだろう。またその外側を網目や縄目で包んでおけば、網で包んで運ぶのと同じように安全性が期待できるだろう。古代人の心情はこのように屈折した。日本の縄文土器、その表面の文様は縄をおしころがしてつけたものであることはよく知れている。だがなぜそうしたのか。縄文期の日本人はそうした抽象文様の面白さを知っていたのか―そうではない。縄目を壷の外につけておけば、縄でくるむのと同じ効果が期待されたのだ。破損をさけるひとつの呪術だったのである。だからこうした文様をもつものは、まず実用器だったということになる。

神に捧げた文様

「エンリルの命令は遠きにまで達し
そのみ言葉は聖なり
主の宣べたまう言葉は不変、永遠の運命を宣したまう
あげたまうその眼は国土をみそなわし
そのあげたまう光は全地の心を探ぐる
エンリルは白く高き聖壇の上に誇らかに座し
力と王権と王位のみ言葉をくだしたもう
地の神々はこの方の前におそれひれふし
天つ神々もその前に身を低めたまう……」
（エンリル讃歌、佐藤輝夫、植田重雄訳より）

紀元前三〇〇〇年の西アジアのスメール人は、もうこのようにはっきりした全能の神や、天地に住む多くの神々の存在を信じた。人びとは神を仰ぎその全能の力を信じる生活をもっていた。当然そこには華やかな祭儀が生れ宗教的な儀式が執行される。高き聖壇の上に座す神には新鮮な供物が供えられ、人びとは高らかに祈りの言葉を捧げる。

そうした供物をのせる器にまた実用以外のやきものの利用があった。それらは聖壇の上に置かれて祈りの声に伴奏するものでなければならなかった。古代の土器で彩陶、或いは彩文土器と呼ばれるのはこの一群である。それらは特に念入りにつくられ、表面はなめらかに仕上げられ、それから赤や黒の絵具で飾られた。次にその一例としてペルシアの彩文土器に与えられたさまざまの文様が、実は深刻な古代人の生活を反映しているものであることを記してみよう。

ペルシア、今のイランは砂漠の世界である。そこには地平を限る直線があり、その上に大きな青空があった。そしてするどく三角形にとがった山の峯が、奇怪な形をして空に迫っていた。風と太陽に灼かれて風蝕した山は、実にふしぎなまでの姿をしめす。それこそ広大な天と地をつなぐ媒介物だった。曲線と三角形、菱形はまず世界の表現だった。

乾燥の世界ではまた水は生命のシンボルである。流れる川とともに、泉によってつくられる池が、古代民族の生命をつなぐものとなっていた。

神は人間に近く人間ならぬ姿をしていた。肩の高さにまで手をあげて、天空のシンボルを両手にもつのが神だった。神は天空にあり、彼は鳥のように翼をもっている。のちのペルシアの神、アフラマズダの神は立派な鷲に似た翼をもつのである。

月は一月に四回その姿をはっきりと変える。三日月は世界に月が現われ或いは消える最初と最後の姿である。その三日月に似た角をもつ動物が彼等のまわりにいた。野山羊と牛である。

しかも角は成長した。大きくなった。とすれば角はそれらの動物の生命力の集中した場所である。そこには明らかに三日月との共通点がある。そこで月の神の乗る戦車をひくのは牡牛の役となった。また神のいる天には生命の水をたたえる池がある。そこに泳ぐ鳥は、神の使者でもありこれまた人間の魂のシンボルとなった。のびてゆく木が生命をしめすものとして崇拝されることはいうまでもない。

やがて牡牛に対立するライオンが現われる。牛が月ならばライオンは太陽、牛が冬ならばライオンは春である。春と冬の争いは二種の動物の争いとなった。ザクロはそのなかに多くの紅い玉をふくむ。これも太陽のシンボルとなった。このように古代の陶工たちは、彼等の祈りを表象するものを、つぎつぎと創作しつづけ描きつづけたのであった。

彩文土器の製作
—パキスタン

西パキスタンの夏は耐えがたいほど暑い。インダスの大河が国土を養なうこの地は、イラン、アフガニスタンなどとは異って湿熱の国だ。じりじりとした白い太陽が音もなく照りつけて、むっとする湿気がいっぱいにたちこめる。そん

西アジア彩文土器文様の一例

な時は人はひっそりと家に閉じこもって熱気をさけるだけだ。朝のいくぶん涼気のただようころ、また夕ぐれの陽の落ちたあと、はじめて村も町も生気をとりもどす。

パキスタンの村にはたいてい鍛冶屋、大工、陶工と三種の職人が住み、村の人びとの日常の生活用品や道具類を製作する。その実状をみるために、わたくしが訪れたのは、インダス河の下流にあるラルカナの町の近くの村だった。村にはインダス河の水をひく大きな運河が流れて灌漑は割に便利だ。運河には何頭もの水牛がどっぷりと水につかって動かない。岸近くには粗末な小屋がけした一集団が住みついている。この運河は毎年定期に水がひきいれられ、灌漑の用に供される。同時に水にともなって多くの魚もやってくる。この魚をとるのを生業とする人びとが、定期的に移動してきて住むのだ。そして運河の水がやがて止められるまで漁業に従事する。いえば流浪する漁民の群なのである。彼らはすべて貧しい。

漁民のキャンプとやや離れた一帯に農耕民の住む村がある。村の建物はどれも天日干しの煉瓦をつみあげた箱型のものにすぎない。その一隅に陶工の工房がある。このあたりの陶工は今もなお完全に古代的な手法の土器をつくる。近くにある名高い先史の大遺跡、モヘンジョダロで発掘される土器類とほとんど変らぬ彩文土器が製作されるのだ。ここ数年間、継続して京都大学が発掘しつづけている、西パキスタン北部のチャナカデリーでも同じことだ。発掘中の遺跡は大宮殿の跡と推定されるが、土器は整理に困るくらい大量に発掘される。たいていは赤い文様のない土器片だが、なかには彩陶もある。しかもそれらの形はチャナカデリーの村や、近くのマルダンの町で売っている土器とちっとも変らない。釜、水壺、皿、茶碗、どれも現代のものと変らぬタイプなのだ。

村はずれの工房は小さな家だった。家の前にちょっとした庇を出して陽除けとし、その下で成形が行なわれる。ロクロはけりロクロ。地面に穴を掘ってロクロ全体を埋めこみ、ロクロの天板が地面とほぼ一致する高さにある。そこで人は穴のへりに腰かけて作業するわけだ。西アジアにはこの形式が多い。もちろん地上に台を築きあげてロクロを据える方法もある。イランは大部分そうだ。日本でもこの据え方が使われていた。丹波立杭の一軒でわたくしはこの式をかつてみたことがある。しかしそのロクロはもう使われてはいなかった。

さてパキスタンの村の陶工の仕事ぶりをみよう。原料土は小屋のなかに掘った凹みのなかに、こまかく砕いて積みこまれそれに水を注いでやわらげる。土間の上でよく土をねり、さらに素焼の板の上でぐいぐいともむ。この土をロクロにのせて成形する。最後に底をロクロから離すときには、糸で切り離す。いわゆる糸切りという方法だ。

また原始的な巻き上げ法もある。底は素焼の型があってそこへ原土をのばしてつめこんでつくる。原土を太い棒状にして底の端の方から螺旋状に巻きあげて胴部ができあがる。外側の仕上げには布や革きれを使っていた。そのほか中側に凸起のある素焼の型をあて、外から木の板で叩きながら形をつくり出す方法もある。出来上った成品の肩先に、細かな雲母の粉をふりかけて装飾とするのも珍しい。

成形がすんで適当に乾いたものに、鉄分を多くふくむ絵具で彩文をほどこす。絵具はベンガラ風のものを水にといたもの。筆はロバのたて髪の部分の毛をたばねた直径一センチ、長さ六センチほどのものだった。別に木製の台の上に小さな円板を釘止めして取付けた道具がある。壺の口に素焼でつまみのついた蓋型のものをあてがい、底は台の上の円板にのせる。右手で蓋のつまみ部をつまんで指先でまわすと、底を支える円板は釘で軽く台にとめられているので、容易に回転する。そこで右手で壺に回転を与えながら、左手にもった筆で文様を画いてゆく。だからこの簡単な木の台は、いえば小さな回転作業台なのだ。ロクロが一方にありながらそれを使わず、べつに作業台を使うのは、両者の成立が別の歴史をもっていることをしめすかとも思われる。そしてこの手にもったささやかな筆、こんな簡単な道具と職人の熟練が、あのみごとな彩文土器の文様をつくりだすのであった。

しかもこれを焼成する窯は、これといったものがない。窯の所在をたずねると、彼等は笑いながら小屋の横手の焼けただれた地面をさした。すこしばかり焼けかたまった煉瓦状のものがころがっているだけだ。ここに製品を積みあげて焼くのである。つまり露天焼きなのだ。それだけでけっこうあの硬そうな赤い土器が焼けるのである。日本でも弥生式や縄文式の窯とみられるものはみつかっていない。それらもきっとこうした野天に積みあげたまま焼かれたのであろう。べつにたずねた北部の村では、コの字形に低い垣がつくってあって、そこへ積みあげて焼くのだった。またインドのある村では小高い山形に成形した品を積みあげ、その間に家畜の糞を干し固めた燃料をはさみこんで焼いているのをみたこともある。家畜の糞は乾燥した国ではたいせつな燃料だ。糞は水でねられた小判型にのばされてから地上にならべたり、土塀や家の壁にはりつけて乾燥される。たいてい女子供の仕事であった。こうしてみてくると窯というものは、やきものの工程では決して必須の設備ではないのである。むしろそれは量的にも多く、かつ質もすぐれたものが要求されるようになってから生れた設備だった。

基本工程
—酸化焰と還元焰

日本の弥生式の土器などは赤い色をしている。この色は原土中にふくまれている鉄分が酸化したためのものだ。鉄がさびると赤くなる。つまり酸化鉄の赤い色が現われているのだ。しかし同じ土器でも日本のスヱ器といわれるものは灰色か黒。これも土のなかの鉄の色である。しかしこれは鉄のそのままの色が出たのである。鉄は黒い。

なぜこんなことが起るのか。それは焼かれる時の焰の性質のためである。焰には酸化焰と還元焰のふたつがある。前者は空気、つまり酸素が豊富に供給される時の焰だ。こうした焰で焼かれると、すべてのものは酸化する。そこで鉄だったら酸化鉄、つまり赤くなる。ところが酸素の供給が不十分だと一酸化炭素ができる。これは還元力、もとのものに還してしまう力をもつ。そこで原土中に酸化した赤い鉄が含まれていても、それをもとの鉄に戻してしまう。そこで色は黒くなる。

だからやきものを焼成する時も、空気の流通がいい時、焰の性質は酸化焰になる。そこでやきものに現われる色はすべて酸化物の色になってしまう。さきに記した野天積みの焼き方なら、酸素が豊富だから酸化焔で焼けていることになる。だから製品の土器は赤い。はじめに書いた京都の幡枝の窯も、イランのテペ・シアルクの窯も、円筒形で天井がなく吹き抜けになっているのでまことに空気の流通はいい。つまり酸化焔焼成である。

しかしこうした円筒形の窯でも、窯の上端にやきものの破片などを積み重ねて蓋にすると、通風はわるくなる。酸素の供給が減る。するとこの場合は還元焔になる。だからこのとき鉄分は黒くなる。そういう点からみるとこの種の円筒形の窯はまことに便利にできている。通風をよくすれば酸化焔。鉄は赤になり、銅をふくめば緑色になる。蓋をして通風を防げると還元焔になる。鉄は黒になり銅は赤色となる。この還元、酸化の二種類の焔の性質を知って使いわけると、やきものの色を自由に変化させることができる。いえばこの二種の焔の性質の認識が、はじめてやきものに色の変化を与えることになった。

基本工程
—灰釉の発見

彩文土器はそうした酸化焔を利用したひとつの装飾法だった。またこれとは別に極端な還元焔による焼成—そのとき多量の煤が出て器物はいぶされる—によって黒くなったものをみがいて使う方法も生れた。これもひとつの装飾である。と同時にある時間、熱や煙のなかに置いておくことは、また土器に耐久力を与えることでもあった。南太平洋中のニコバル諸島のなかでは、チョウラ島の住民のみが土器を製作する。彼等は焼きあがった土器を、ある特定の樹皮を束ねたものですり磨いて銅色に着色する。また焼きあげた土器のまだ熱いうちにヤシの実の殻を置いてこげつかせ、黒い文様を着けたりすると、イギリスのE・H・マンは報告した。

しかし窯の上部がある程度とざされていると、燃料の灰は空気中に全部とばないで、その一部は窯の内部に浮遊し、器物の上にふりかかってくる。いうまでもなく灰はカリウムをふくむアルカリ性のものだ。これが高熱となった器物の原土の中にある珪酸分に化合して珪酸アルカリとなる。すると一種のガラスに似たものができて、器物の表面をおおうことになる。これが灰釉である。この灰釉は恐らく自然に生れてきたものだろう。そして人びとは、この灰釉のかかっている部分が美しい光沢をもち、同時に器体はこれまでより丈夫になっていることを発見したのだった。そこで意識的に灰と泥を混ぜ合せたものを器物全体に塗って焼いてみるようになる。こうして釉を具えた土器は、ひとつの新しい段階に達した。

この灰釉はどこで発見されたのだろうか。中国の河南省安陽の小屯の遺跡、つまり殷代の後期の都の跡から発掘される陶片に、灰釉のかかったものがあった。薄くかかった釉だが緑色がかったもの、褐色のもの、黒くなったものいろいろである。しかしどれも人工的に灰をまぜた泥をかけたことは明らかだ。しかもその色は還元焔や酸化焔でさまざまの状態となっている。こうした体のものは他の文化圏では知られていない。灰を利用した釉の概念は、まさしく中国のものであろう。しかもそれは北方中国だけではなく、揚子江沿岸から南にかけての地方からも、この種の灰釉のかかった陶器が知られている。そのなかにはしぜんに灰がふりかかって出来たと思われるものと、人工的にかなり厚くかけられたものとがある。

しかしこのように釉のかかったものよりも、ふつう多いのはやはり釉のかからぬ灰色、黒色、赤色の陶器であった。これらの色の違いは、いうまでもなく焼成技術の差から生れる。灰色とか黒色は還元焔で焼かれたか、いぶされたかであり、赤いのは酸化焔焼成のために鉄分が酸化したものである。釉がかかり特殊な色と光沢をもつのは、特殊な用途の器、つまり祭儀用ものだった。現在知られている釉のかかった器の形は、たいてい青銅器の形にならったものであり、釉のないものは釜とか鉢とか壺とかどれにも生活の匂いのしみついたようなものである。古代中国の祭器は青銅器が本体だったから。灰釉の緑がかった色は青銅の連想を呼び、祭器の代用品として適当であったろう。そして釉のないものは消耗品であり日用品だったことになる。

自然釉から発達した灰釉を用いた器物は、中国の伝統となった。これに対して西方ではどのようにやきものの表面を飾ったか。さきの彩文土器や、いろんな刻み目を入れた板で表面をたたいて、格子形の文様とか、波形とか平行線を入れるのは東西どこにもみられる手法である。そして東の灰釉に対し、西ではガラス質の釉で器物の表面をつつんだのである。

基本工程—ガラス質の釉

最古のガラス質の釉がかかったものには、上エジプトのバダリで発見されたビーズ玉がある。しかしその発明の径路は分っていない。これ以後古代のエジプトではファイアンスといわれる釉が発達した。ファイアンスは粉末石英を主体とし、それにソーダを加えたものである。色はごく少量加えられる金属によって出された。これを成形したものの表面に塗って焼いたのである。エジプトの陶器に多い濃青色の釉は銅を使ったもので、その成分についてはルカスの分析がある。尤もこれは大分後のローマ時代に属するものだが。

ファイアンスはふつうの粘土の多い素地にはつきにくい。ルカスの素地の分析は、それをよく示している。つまり珪酸が九五％、これはほとんど石英そのものに近いものとなる。だからエジプトのファイアンス釉は中国のものとはまるで違った、一種のガラスの応用だった。エジプトでは第十八王朝（前一四〇〇年）頃にはガラス器が使われていたことは名高い。そのガラスはソーダガラスだった。その成分はファイアンス釉に比べて珪酸が少く石灰が多い。こんな点からみると、エジプトの釉は、ガラスと併行に発達したものと思われる。

エジプトでは、ファイアンス釉による装飾はひろく用いられた。これは天然ソーダがエジプトに豊富で用いやすかったことも原因していよう。ヘロドトスがその著「歴史」のなかにミイラの作り方を三通り記載しているが、どれも天然ソーダを盛んに利用している。エジプトの職人にとって、ソーダはなじみやすい材料だった。

メソポタミアでもエジプトと同じようなソーダガラス系の釉が使われた。しかしエジプトに比べると一千年ほど遅れているし、あまり多くの器物には使われていない。せいぜいビーズ玉や印章、護符などの小物ばかりである。メソポタミアではエジプトほどに釉の使用は普及しなかったらしい。

ファイアンス釉とならんで、フリット釉というものがある。これは今でも用いられている釉だ。ファイアンスは前にも記したように、ほとんど粉末石英を主成分とするけれど、フリットは長石が主成分となり、それにガラス質の粉末がまぜられたものだ。このガラス質の粉末がフリットである。その作り方を、前一世紀頃のローマの工学者、ウイトルーウイウスが次のように彼の著書「建築書」のなかに記している。

「これはアレキサンドリアではじめて発明された。……砂をソーダの結晶とともにすって、小麦粉のように粉砕する。そこへキュプルスの青銅をヤスリでけずった粉をまぜてねる。手で丸めて球状として乾かす。これを陶器の壺に入れて、この壺を炉に入れて焼く……」

つまりソーダと砂でアルカリガラスができる。そのなかに銅が入っているので青いガラスの粉末ができるわけだ。

フリット釉は銅を含んでいることが多い。そこでこれが七〇〇度ぐらいで焼かれると、酸化銅の色となって、美しい青緑色となる。けれどもファイアンス釉とちがって、光沢に乏しい。これをかけたコガネ虫型（スカラベ）の護符とか印章は、エジプトではひろく普及していた。しかしフリットはガラス質なので、七〇〇度以上の高温で焼くと全体が一様のガラス状となってしまう。そして青は薄れて緑色となってくる。もともとエジプトでは青色が貴ばれた。フリットやファイアンスではいつも青色が求められた。しかしなかでも理想の色として尊重されたのは濃青色、すなわちラピス・ラズリー色だった。名高いツタンカーメンの黄金のマスクを見たひとは知っているだろう。あれは黄金のマスクとはいうものの、一面ではラピス・ラズリーのマスクともいうべきものであると。たしかにあの巨大なマスクの半ばは黄金だが、その他の部分はほとんどラピス・ラズリーなのだ。太陽の子たる王は太陽の色の黄金と、あくまで深い天空の色ラピス・ラズリー色とを兼ね具えなければならなかったのだ。

ラピス・ラズリーは一種の炭酸銅。アフガニスタンの東北部、バダクシアンで産する。今日ではその産額も減り、良質のものは少なくなったが、古代西アジアで最も珍重されたのはラピス・ラズリーだった。歴代の王や王妃貴族の身を飾ったものには、この石がまことに多い。その色を求めたのがファイアンス釉の濃青色であり、フリットの青色であった。イランを中心として産出するトルコ石の青も、その理想と希望の一端である。空の色、水の色、青は乾燥地帯では生命の色だった。生命のシンボルだった。トルコ青色の明るい釉は、イランではのちのイスラム期の陶器釉の特徴的な色である。それもかつてのエジプトの色につながるものなのだ。

ところがイギリスのターナーが分析した、アッシリア出土の紀元前八―六世紀頃とみられる、鮮紅色のガラスはめずらしい成分を示した。分析表（五七ページ）で分るように、これは酸化鉛を二二・八％も含んでいる。つまり鉛ガラスに似た成分をもつものだった。紅色は十四％近く含まれている銅分の色である。

そしてこの鉛ガラス質のものを釉に用いた一例は、前十七世紀のトルコの遺跡で発見された。この質の釉はファイアンスに比べて低温度でとけるし、厚くかけることができる。しかもファイアンス釉のように石英の多いものばかりではなく、陶器質の素地のものにかかりやすい。

メソポタミアからは楔形文字といわれる古代の文字を使って記録文書を記した粘土板が大量に発掘される。この文字を読み解くことによって、メソポタミアの古代史がしだいに明らかになってきた。そうした粘土板のひとつに鉛ガラス質の釉の処方を記したものがあった。ティグリス河岸のテル・ウマル出土のものである。それを前の鉛ガラス成分とならべて示しておいた。

けれどもこれは鉛釉といっても、鉛は表でみるように少く釉の中心はやはりアルカリ性のガラスなのである。漢のものとは本質的にちがう意味のものだ。しかもこの種のガラスや釉はほかの例がまことに少ない。ずっと後までエジプトでも、メソポタミアでもソーダガラスやソーダ系の釉、すなわちアルカリ釉が一般だった。鉛釉が復活し、その特徴的な緑色の釉が用いられるようになるのは、はるかのちのローマからビザンチン時代にかけてのことである。

東方の中国ではさきにも書いたように灰釉がすでに紀元前十四世紀の殷代に出現している。しかし鉛を用いた釉の出現は、おくれて前七—三世紀ごろとなる。この点からみて灰釉は中国の発明、中国の鉛釉は西方からの渡来だとふつう説かれてきた。

基本工程
—鉛釉の発見

しかし西方では鉛ガラスも鉛釉もまことに例が少ない。メソポタミアの記録や、ターナーが分析した鉛ガラスの一例など、たしかに鉛ガラスや鉛釉の利用は古代にあった。しかしその例は余りにも少ない。一般に普及していたのはソーダ釉でありソーダガラスだった。そして鉛ガラスや鉛釉はローマ時代になって、復活して盛行しはじめる。

そこで鉛釉の中国起源論も考えられるのである。すでに一九三八年にセリグマンは五四例の中国の漢また漢以前のガラス玉やガラス片の分光分析を行なった結果、四三例は一〇—三〇%の鉛を含んでいることを知った。そして彼は西方はソーダガラス、中国は鉛ガラスであり、特にバリウムが含まれていることを結論した。つまり鉛やバリウムの含まれない中国出土のガラスは、西方から伝来したものと考えた。ただロードス島出土の一例のみは例外で、これは鉛ガラスなのである。この例からみても西方では鉛ガラスの類は例外的な存在となる。ロードス島はローマ時代の大博物学者プリニウスやジオスコルジスなどが「白い鉛」またはガレナ（方鉛鉱）の産地として記録している地である。ヘロドトスもロードスやその他の小アジアのガレナの産地はリジア、イオニアの銀細工の原料を供給すると記している。これらの記録は、ロードスが鉛ガラスをつくり出す一条件となるとも思われる。

鉛釉は酸化鉛を主成分とするものである。ところが酸化鉛は鉛丹と呼ばれて中国では早くから知られていた。鉛丹は顔料として用いられるとともに、中国の錬金術師の重要な材料のひとつだった。彼等は西方の錬金術師と同じように、多くの鉱物性薬物を収集して、各種の実験をくりかえしていた。丹というのはもともとは丹砂、つまり水銀のことだが、それに似通った一種として鉛丹が貴ばれた。たとえば朱子長という仙人が造った丹は炭酸銅と鉛丹と水銀の混合物となっている。

酸化鉛七〇%、珪酸二七、八%、炭酸銅（緑青）二、三%を成分とする鉛釉は、鉛ガラスとともに中国の漢代にはひろく用いられていた。銅が酸化して発色源となるので、青緑色または緑色の釉となる。この種の釉がたっぷりかかった漢代の器物は、美術館などでよく見受けられるものだ。しかしその多くは、変質して美しい神秘的な銀色に輝いている。この現象は銀化といわれるけれど、べつに銀がふきだしたわけではない。釉が長い間に薄い層に分離してその間に空気が入り、このため外光を屈折分散して、オパール現象を起しているものといわれる。もっともこの現象は鉛釉や鉛ガラスに限るのではなく、アルカリ系の釉でもソーダガラスでも同じように起る。ただ鉛ガラスや鉛釉は風化しやすいので、この現象が起りやすい。紅や紫などの美しい色をしめすまでに風化したソーダガラス（イラン採集）を分析したことがある。銀化した部分はまるで蝶の鱗片がはげ落ちるように、ふれるとすぐにひらひらと落ちるものだった。その結果、表面層ほどカルシウムが少くなっていることが知られた。カルシウムは永い歳月の間に地中に失われていったのだろう。だから各層ごとにその質がかなり変化しているわけである。そうした構造の差による外光の屈折がこの現象の原因らしい。いえばニュートン環の現象に近い。油を水面に流すと、それが五彩の虹のように輝いて見える現象に。

日本の鉛釉

漢代に盛行した鉛釉はそののちも中国ではずっと続けて用いられていた。六世紀中頃、北斉が鄴南城を築いたが、その瓦は「黄丹鉛錫」を用いたと記録されている。またその技術は日本にも伝えられた。奈良の正倉院に伝わる文書のなかに天平六年の「造仏所作物帳」と題される記録がある。そこには四個の口径八寸（二四センチ）の鉢、口径四寸（一二センチ）の鉢三一〇〇に使う鉛釉の記録がある。それは酸化鉛を主体として、緑青やベンガラを発色剤とするものだった。これは緑青―緑、ベンガラ―黄、茶、黒などの色を出すことができ、いわゆる三彩陶、二彩陶の釉薬なのである。

また同じ記録には鉛ガラスの材料も記されている。たとえば、

「黒鉛　九百八十三斤　熬得丹小一千一百五十八斤
赤土　小三斤
白石　二百卅斤

土　三百六十斤　玉和合壺料　河内国石山郡土
炭　二万一千六百斤」

黒鉛は丹の原料。それを焼いて丹＝酸化鉛ができる。赤土は発色用の鉄分を含んだ土。白石は珪酸の類である。三百六十斤の土は原料熔解用のルツボの材料。このルツボで炭二万一千六百斤をもやして、丹、赤土、白石の原料を熔解して、鉛ガラスができることになる。このガラス玉の色は黄、茶色、黒などになったはずだ。そのほか青や緑色を出すには緑青をまぜた。しかし黒や赤の玉は染められたらしい。この製法のなかに朱砂、漆、墨、キリン血などの顔料があげてあって、顔料で着色したガラスもあったようだ。ガラスの最も大きな用途はビーズ玉で、四二六〇個とか二五万五、九九六個、一五万一、一八八個などの大量のビーズ玉の製造記録がのこされているし、その実際の美しさは東大寺法華堂本尊の不空羂索観音の宝冠のガラス玉などで十分うかがうことができよう。

この伝統は平城京から平安京の時代にもひきつがれた。平安京の大極殿や東寺、西寺などの大建築の瓦はすべて緑釉の瓦であった。藤原道長の建立した法成寺の瓦も青く輝いていたが、小右記には「道長は豊楽殿の鵄尾を取りはずさせた……鵄尾は鉛で鋳造されていた。この鉛を法成寺の瓦の材料にあてた」（万寿二年八月）とあって、この青瓦が鉛釉だったことが明らかにされている。

一方中国でも渤海国の東京城の瓦は三彩の色で鉛釉を用いており、北宋の時代（一〇九一年）に書かれた「営造法式」と呼ぶ建築技術書には、やはり同じように鉛釉を用いた瑠璃瓦の釉の

		SiO_2	Al_2O_3	FeO / Fe_2O_3	CaO	MgO	Na_2O / K_2O	Cu_2O	PbO	年代
エジプト	ガラス	63.72	1.04	0.54	9.13	5.20	21.04			B.C.1400
	ファイアンス釉	69.13	3.34	1.08	3.47		16.74	5.77		
アッシリア	ガラス	71.54	7.95		4.82	3.07	13.58			B.C. 600 ～
	ガラス	39.50	4.35		4.4		11.62	13.58	22.80	〃 800
漢	ガラス	41.9	4.4		4.5	19.2	4.5	tr.	24.5	B.C. 200
	緑釉	29.91	0.81				0.94	2.60	65.45	
テルウマル泥版成分	釉			72				16	12	B.C.1600
造仏所作物帳	ガラス	37		有				有	63	A.D. 734
	釉	43		有				有	57	

古代の釉とガラスの成分

配合量が記されている。朝鮮の高麗時代の瓦も鉛釉だし、元の上都の遺跡で発見された青緑の瓦も、やはりスペクトル分析によって鉛釉であることがたしかめられている。鉛釉は中国の伝統として久しく用いられつづけてきたのだった。

ふたたび西方の様子をみよう。

ギリシアの壺絵

ローマ時代になると陶工たちは鉛釉を用いた。彼等は一旦素焼してから釉をかけた。素焼した壺に、膠、油、糊などをふくんだ薄い泥水を塗る。次に酸化鉛を粉末にしていちめんにふりかける。

そのあと焼くと黄色を帯びた不透明の釉でおおわれるようになる。つまり二度焼いていた。また点々と銅の粉をふりかけておけばそこは緑色になる。銅は青緑色にもなり、時には紅色を出すにも用いられた。またこれに鉄を用いるとさらに多くの変化を与えることができた。

不透明の鉛釉と同じ効果は、酸化錫を用いてもできる。これはメソポタミアではじまった技法で、ずっと後の九世紀ごろとみられる。この種の釉は白く光沢のない外観をしめすので、鉛釉とみかけはほとんど同じである。同じような効果はアンチモンや亜鉛でも出すことができる。だから外観だけでは鉛釉か錫かアンチモンか区別しにくい。

ローマの陶工は素焼きをして二度焼いた。しかしそれ以前の、ローマの文化の源泉となったとふつう考えられているギリシアの壺は一度焼きである。つまり素焼をしていない。ここにギリシアの技法とローマの技法の大きな差異がある。しかも次に述べるように釉も全くちがう。この明白な技法の切断—それは何によって起ったのか。理由ははっきりしない。そこでギリシアの壺の製法をすこし記してみよう。

ギリシア、ことにアテネの陶器は精選された鉄分を多くふくむ粘土を原料としている。だから酸化焔で焼かれると赤くなる。また大きな曲線をもって自由に構成された形は、粘土がきわめて細工しやすい粘り気の多い強いものだったことを物語る。成形された表面は注意深くけずられてなめらかにされた。

ギリシアの壺の特徴であるさまざまのモチーフによって画かれた黒色の絵—それは彩文土器に使われたベンガラ風の顔料でもなく、釉のように厚く器物の表面をおおうものでもない。原料はベンガラ状の鉄分を多く含む粘土だが、アテネの陶工たちはそれをまず水にといて重く大きい粒子をとりのぞいた。つまりていねいに水飛したのである。そしてそこへアルカリを加えた。この調合された材料で陶工たちは、壺を飾るさまざまの絵を画いていった。

まず生乾きの壺の表面に薄く粘土をといた水をいちめんに塗る。その上にさきの絵具で画をつける。また細いヘラで線を彫る。文様は輪郭の細い線からはじまり、しだいに太くなり、次に輪郭のなかが塗りつぶされ、バックが塗られた。仕上げに赤や白の絵具や、彫文が加えられる場合もある。彫文は時にはスタンプを利用することもあった。陶工たちの使う色は、初期は赤と黒が主調だったが、のちには白色が加わりさらには青や黄、ピンクといった多彩な絵具も使われるようになっている。

そして焼成の段階はやや複雑であった。最初は通風をよくした酸化焔、次は空気の流通のよくない還元焔、そしてふたたび酸化焔と焔の性質を変化させて焼いた。こうした焔の性質の調整は、円筒形の窯ならばさほどむつかしいことではない。燃料と窯の上端の蓋を加減すればいいのである。そして一旦還元された鉄分によって黒く現われた文様が、ふたたび酸化によって赤くならないためには、その部分を厚く塗っておけばよかった。しかし時にはこのくりかえしだけでは望みの色が出なくて、二度焼くことも行われたらしい。

ギリシアの壺の絵具は、アルカリを含む精選された粘土をといた水だった。ということはこの水は成分的にはたしかにアルカリ釉であった。しかし壺の表面を飾る各種の彩画は筆を用いて画かれ、彩文土器の系列に入るものである。とすればギリシアの壺の技法は、まさに釉をかけた陶器と、彩文土器の中間型に相当する。そしてギリシアの延長といわれるローマの陶工は、もう明らかに現代風の釉を用いていた。鉛の釉とエジプト風のアルカリ釉の両者を。それは都市国家として成長したギリシア文化と、軍事国家として東西に拡大したローマ文化の性格の差異を示すのかもしれない。前者は内的な発展による自閉性の文化。後者は軍事的な拡大による外延的文化。そのときローマの陶工たちはエジプト、メソポタミア、さらには東方中国の文化を自由に吸収して、釉の使用技術を確立したのであろう。

高温度でとける釉への転換

ローマ時代、西方ではついに現代的な釉の原理に到達した。そして中国でも自然の灰のみを釉の原料としていた時代から、灰に新しく長石または石英の珪酸分を混合して釉と考える時代がはじまる。つまり長石、石英などの珪酸質原料を、灰などのアルカリで調整する時代である。それは大きな観念の転換だった。灰のようなアルカリを釉とみていた考えから、酸性のものを釉と考えて、それにアルカリを加えてその性質を弱め、ひいては釉の熔融点を下げる、この大きな技法の観念の転換こそ、のちの中国陶磁器を飾る美しい単色釉、高温度でとける釉への出発点であった。しかしその転換は何を契機として起ったか—それは全く不明としかいいようがない。さきに述べた漢の緑釉—鉛釉とならんで、この高温度でとける釉、つまり青磁釉が中国の陶器を飾りはじめたのである。

青磁の成立—中国

その転換は早くも漢代になされている。一九二一年、河南省の信陽県擂古台の土木工事で、漢代のものとみられる古墓が発掘された。そして後漢の永元十一年の銘のある煉瓦とともに、十個以上の陶器が発見された。素地の土は灰色に焼けて堅牢であり、かなりの高温度で焼かれたことが推測された。釉は暗いオリーブ色のものであった。これが今日知られている、中国最古の高温度でとける釉を意識的に使用した例である。この種の釉は、ふつう漢代のみの特殊な器形とされる器にかけられている例もあり、漢代の末にはもう青磁釉が存在していたと考えられる。

漢につぐ三国、魏晋南北朝の時代になると、この種の青磁がひろく使われはじめた。この暗いオリーブ色の釉のかかるものが、ふつう越州青磁といわれるものだ。越という語は中国では古くから使われ、はじめは南方の総称であった。そののち語意はしだいに変化して、越州青磁といわれる時の越は、浙江省の紹興を中心とする地方とされる。

一九三五年、浙江省の杭州の西、宝叔塔で道路工事の際に楼閣の形の青磁の器が発見された。屋根の隅には鳥がとまっている。これとともに永康二年に曹氏が造った、と銘のある煉瓦もあった。全体に薄い緑の透明な釉がかかり、かすかに黄色を帯びている。釉はよく素地についてはげにくく、素地も堅く焼かれていて、叩くとすんだ音を発するものであった。

三六年にはやはり浙江省の紹興附近で、道路工事の際に多量の青磁の器物が発見された。ここには多くの古墳群があって、その多くは南朝時代のものだった。なかには隋、唐、宋にまで至る墓も少数あった。しかしこの発見と発掘は組織的な学術調査ではなかったので、実状は十分明らかではない。そして大部分は海外に流出し日本にも相当多数が渡来している。そのほかイギリスあたりの収集家にも多く購入されてしまった。

第二次大戦後の新中国の調査によって、新しいデータが得られはじめた。五九年には江蘇省の宜興県、湯渡村で青磁の窯址が発見されている。その釉はかすかに黄味をもった緑色で、うすく透明なものであった。しかし技術はまだ十分に完成せず、窯址で得られる破片の出来工合はあまりそろっていない。素地も厚くつくられ粗末なものである。しかしすでにサヤが用いられていたことは注意される。サヤは現在でも焼成に用いられる道具のひとつで、粘土でつくった円い平たい底の鉢だ。このなかに成形した品を入れて焼くと、直接火焔があたらぬので、還元焔焼成が容易となる。窯の通風を加減するよりも、器物そのものをカバーしてしまおうとした知恵である。青磁の色は釉のなかにふくまれた少量の酸化鉄が還元してできる色だ。だから還元焔で焼かねばならない。このようなサヤの利用は、やはり自然の灰を中心にした灰釉時代の技術とははっきり断絶するものだ。なぜならばサヤに入れればもう灰のふりかかることは期待されない。というよりも灰のかからぬようにカバーしたのである。

だがサヤの利用を思いつくのは簡単だったろう。今でもよく行われることだが、大型の器と小型の器を一緒に焼くときには、小型のものを大型のなかへ入れこんでしまうことが多い。限られたせまい窯の空間を、徹底的に利用しようと思えば当然考えつくことだ。ところがこの中へ入れた小型のものがきれいに仕上り、或いは外の大型のものとちがった色になった―という ことが必ず起ったはずだ。なぜならば外側の大型器が酸化焔で焼かれ、灰がいっぱいにふりかかっていても、中にいれられた小型器は空気が流通しにくいので、しぜん還元焔焼成となり、また灰もかかってこない。そこで同じ釉をかけてあっても色が全くちがうものとなる。こうした経過でサヤに入れて焼く方法が発見されたのだろう。

宜興の窯と同じように青磁を焼いた四世紀ごろの窯はそのほかにもいくつか発見された。ことに大量に出土した紹興系青磁の大部分を焼いたのは松村雄蔵発見の紹興九巖窯であり、そのほか廟下、王家楼、また蕭山の上董などが調査された。

あいつぐ新発見

さらに重要なのは同じ浙江省徳清県の窯址であった。これはすでに一九三〇年、当時杭州の日本総領事でありかつ中国陶磁のすぐれた研究者であった米内山庸夫が発見したものである。彼は窯址で発見した破片についてこう記している。

「第一に青磁の破片、大抵大形の磁器で釉は緑色がかった褐色、小貫入あり、豪胆な篦目の文様があった。胎は厚くして灰白色、釉なくして火にかかったところは褐色を呈して居た。

第二は天目手の破片。釉は帯褐黒色、胎は灰黒色。

第三は波型文様のある破片。胎は灰白色で堅く焼きしめられ、緑釉の脱落した形跡あり。外側に櫛目の波型バンドあり。

これ等蒐集品を概観するに、その器物の形、文様、釉の色合等から見て、何うも宋代以前の気分が濃厚に看取せらる。ことに波状平行線のバンドは漢器、六朝器などによく見受ける手法で、唐宋以後の器物にはあまり見かけない。青磁、天目手のその釉も、宋代以後のありふれた釉色とは余ほど異なる……」（支那風土記）

貫入というのは釉にこまかいひびの入ったものをいう。胎土、すなわち素地が焼けて収縮する率と、釉が収縮する率がちがうためにひずみが起ってひびを生ずるわけだ。また天目手というのは鉄の還元焔の焼成でできる色で、黒茶色をしたもののことだ。

新中国での発見
――江　南

五九年の三月、浙江省の文物管理委員会はふたたびこの窯址を発掘調査して窯の一部を発見した。そして青緑、青黄、黒褐、黄褐などの色の釉のかかった多くの完品や破片を採集した。それらの破片はまだ技術的には低く、釉のかけ方も不平均なものが多かった。花文をつけたものはない。壺、便器、鉢、茶碗、硯、水注、茶碗など器形はさまざまだった。そのうちの一部は南京で発掘された永和元年、四年の墓から出たものと一致し、四世紀の東晋時代の窯であることがはっきりした。また円筒の上端が波型にきざまれたものが採集された。これは窯のなかで器物を支える道具である。

このように高温度で堅く焼かれた素地に、やや不安定な暗い緑色の釉のかかる陶器、すなわち初期の磁器は成長しはじめる。つまり高温で焼かれたため、素地はガラス質に近いまで固く焼かれて磁器に近づいた。やがて釉は明るい色を帯びるようになり、また安定するようになって陶器は磁器へと進歩してゆく。しかしそれらの器形はなお金属器、ことに青銅器の姿を写すものが多かった。やきものはまだ代用品の域を脱することはできなかった。やきものがやきものそれ自身の特性による美しさを獲得するには、次の時代を待たねばならぬ。

そこで現在まで新中国で多く発掘、調査されたこの時期、いわゆる魏晋南北朝時代（三―六世紀）の新しい事実を総括しておこう。

現在知られている窯址はすべて楊子江以南にしかない。それも大部分は浙江省にある。そのうち余姚窯は一九三〇年、大谷光瑞の命を受けた飼田万太郎が上林湖のほとりで発見したもので、唐の越州窯址とされて有名な地点である。またこれらの窯址とならんで、多数発掘された墓から出土した青磁器も多い。

江蘇省では南京を中心とした多くの墓が発掘された。そのなかには青磁の便器で「赤烏十四年会稽上虞師袁宜造」の銘のあるものがあった。赤烏十四年は紀元二五一年に当り、上虞の地では窯址も発見されている。また「甘露元年造」の銘のものもある。これは一対の羊の像で青緑の釉がかかっていた。そのほか鳳凰二年(二七三)、太康六年(二八五)、元康二年(二九二)、元康五年(二九五)、大興三年(三二〇)、永和元年(三四五)、太和元年(三六六)、太元八年(三八三)、太元九年(三八四)などの銘のあるものが発見されている。

しかしこれらのうちでも一九五四年に発見された宣興の墓は重要なものだった。晋の元康七年(二九七)の銘のある煉瓦で構築された周処という者の墓だったが、そのなかから青磁の器は実に四二個という多数が現われた。どれも墓に副葬したものであり、当時青磁の器物が盛んに用いられていたことがよく分る。各種の形式の壺、鉢、酒壺、盃、熊の足の形の脚のついた硯、香炉などがあった。なかでも香炉はなかなかの優作で、球形の炉体の上半には三角の切り透しがあり、球の頂上には一羽の鳥がとまっている。そして全体はさらに三脚のついた円皿型の上にのっているというデザインである。形もバランスもいい。当時の工人の技能の冴えがよくみられるものだった。

浙江省でも五二の墓が発掘された。そのうち十九は呉の天璽元年(二七六)から南朝の大明六年(四六二)にわたる銘文があって、時代が正確に知られるものである。そのうち杭州の東晋の興寧二年(三六四)の墓からは、黒釉のかかったものが十六個出土している。この出土品は前に記した徳清窯址から発見された黒釉の破片と同類のものだった。

湖南の長沙では永寧二年(三〇二)の墓が知られ、そのなかから青磁の像がいくつも現われた。人間の立像七三、坐像二三、騎馬像二〇という多数である。人形の胴には角形や円形のス

		SiO_2	Al_2O_3	Fe_2O_3	FeO	MgO	CaO	K_2O	Na_2O	TiO_2	MnO	CuO
A	素地	79.02	12.74	1.96	1.29	0.64	0.54	1.70	0.97	0.92	—	—
	釉	62.24	16.17	1.99	—	2.79	13.25	1.48	1.16	0.77	0.25	0.07
B	素地	77.84	14.16	1.68	1.08	0.50	0.40	1.84	1.01	1.41	—	—
	釉	60.79	11.03	2.60	—	2.25	17.95	1.42	0.74	1.14	1.16	0.14

A：壷上部，B：底部

宜興出土青磁器成分

タンプの装飾がほどこされていた。そのほかにも斉の永元元年（四九九）とか、東晋の寧康元年とか、年代のはっきりした墓がなおいくつも発見されている。そのほか四川省、福建省、広東省、江西省などもそれぞれ墓が発掘され多くの青磁器が知られたのであった。この種の青磁に関する分析例を上にかかげておこう。

新中国での発見 —華北

このように盛況をきわめる江南地方の青磁に比べると、華北の例はまことに寂しい。しかし河北の景県の東南七・五キロ、俗に十八乱塚と伝えられていた古墓群が一九四八年に発掘された。これは北魏から北斉につづいた封氏一族の墓で北斉の河清四年（五六五）の年号のある墓誌が出た。墓誌とは墓の主の略歴を記載したものだ。ここからは青銅器、青釉、黄釉、茶褐釉のかかった磁器、陶器、人像、ガラス器、メノウ器、銅印など三百余の品物が発掘された。ことに大型の青釉のかかった壺は立派なもので、蓮弁文様や花文が六層、七層とつくられ、文様を彫りこみ、また土をはりつけてつくる手法と、両方を用いて飾っており、江南の品にくらべてはるかに装飾意識の濃厚なものであった。しかしこの類のものを製作した窯址はまだ発見されていない。

そのほかには河北省呉橋の東魏武定二年（五四四）、河南省僕陽の北斉武平七年（五七六）の墓から出土した青磁器が、北方で発見された主なものである。そしてこれらの青磁器の素地は、さきの宜興のものに比べて酸化アルミニウム、酸化チタンの含有量が多いという。だからそれらは明らかに江南の諸窯とはちがった窯の産物となる。このような北方と南方の差異はなぜ起ったのだろうか。それは将来に残された問題である。

青磁と白磁

一九五四年、陝西省西安の近くでひとつの墓が発掘された。墓には立派な墓誌が納めてあって、葬られた故人は、隋の大業六年（六一〇）に六二歳で歿した姫威と称する官吏であることが解った。彼は竜泉、敦煌二郡の大守をつとめた人物である。墓からは男女の陶製の人形一二〇とか、犬、鶏、鴨、猪などの像とか多くのものが発見されて、七世紀はじめの有力官吏の生前の生活をしのばせたが、なかでも珍しかったのは三個の白磁の器があったことだった。色はやや黄色を帯びた白色で光沢もまだあざやかだった。高さ三六センチ、口径十二・五センチの蓋付の壺、高さ十二・五センチ、腰のところが細くなったやはり蓋付の壺だった。また小さな杯が二個あったが、これには緑色の釉がかけられていた。

同じ西安の近くでもうひとつ隋の墓が発掘された。それは貴族だった李静訓の墓で、彼はわずか九歳で大業四年（六〇八）に死んだが、貴族の家柄らしくその墓は豪華だった。そしてここからも青磁、白磁二種の壺類が発見されたのである。これらの少数の隋代の白磁は、青磁とならんでまた新しい技法の存在をしめすものだった。かつては一九二八年、李済が河南の小屯で隋の仁寿三年（六〇三）に五三歳で歿した処士卜仁の墓を発見したことがある。この時は多くのすぐれた青磁器が出土したが、それとともに少数の白磁器もあった。このように隋代にはもう優れた白磁の技法が完成していたことが明らかとなったのである。

白磁はこれまでの青磁とはまた異った技法である。その白は釉の色ではない。素地である胎土の白さである。精製された白い原土でつくられた器の表面に透明な釉がうすくかけられて、その白さを保護し美しい輝やきと光沢を与える。青磁は釉のなかにふくまれる鉄分がこまかに釉のなかにコロイド状に分散して発色する。ところが白磁の釉は堅牢でありガラスのような働きをもって、胎土の白さをきわだたせるのだ。この釉は透明で灰釉である。とすればこの白磁の釉は古代の灰釉の正統的な系列のなかにある。

磁器と陶器　陶器に対する磁器、「つちやき」と「いしやき」のジャンルは、こうして、はっきりと区別されるようになった。陶器は粘土つまり酸化アルミニウムを主体としてつくられ、割に低い温度で焼成される。けれども磁器は長石系の土、カオリンを主体としてつくられる。そこで珪酸が主成分となる。カオリンは粘土にくらべて硬いので、つきくだいて粉にし、適当な粘性のある粘土と配合しなければならない。また焼成温度も一〇〇〇度以上、一二〇〇度ぐらいにならねばならぬ。そのため陶器の焼けあがった素地は不透明だが、磁器は半透明となり、たたくとするどい金属的な音を出す。磁器は高温で焼かれるから、窯も燃料も、陶器の場合よりはるかに進んだ熱効率のいいものであることが必要だ。

基本工程
—釉下彩画

白磁の技法は唐代に入ると急速に発展した。透明な釉で胎土の白さを浮び上らせる白磁と、釉そのものを乳白色にした白磁である。それとともに黒磁も進歩し端正な作品が多く生れるようになった。単色釉としての青、白、黒と中国における釉はほぼ完成に近づいた。もちろん唐ではあの有名な唐三彩の釉があり、日本の正倉院に蔵される三彩製品とも連関する。しかしこの問題はのちに西アジアの三彩とともに考えることにして、今は技術的な発展の跡を追ってみよう。

ところで唐代に新しく生れた技法としては、最近湖南省長沙の銅官窯址で発見された釉の下に文様をほどこす、つまり釉下彩画（下絵付）の技法がある。この窯は瓦渣坪《がさへい》窯ともいわれ、一九五八年に五ヶ所の窯址が発見された。そのなかにたっぷりと白釉をかけた枕があった。白釉の下からは、ぼんやりと鉄で発色した褐色の草花文様がみえる。また胴のふくらみも堂々とした水注があった。全体には青磁の釉がかかっているが、この注口の下にもヤシの木かと思うような植物の絵が画かれていた。同じ青磁釉のかかった碗のなかにも、褐色や緑色で点描の花文が画かれたのも見出された。

これらはきわめて重要な発見だった。成形した素地の上に鉄や銅分をふくんだ絵具で文様を画き、その上に透明になる釉をかけて焼くと、釉の下にある絵や文様は、透明釉の下から美しくすけてみえるものとなる。もしこの絵具にコバルトをふくむものを用いれば、それはもう現代わたくしどもが使いなれている染付の磁器になってしまう。そしてこの染付の器こそ、のちに青花器といわれ、中国の特産として西方世界でひろく珍重されたものであった。純白なつめたいまでに澄んだ釉の下から、あざやかな青色で描かれた文様がくっきりと現われる、青と白の二色によって完成する染付。それこそ中国磁器を西洋にひろめ、ついには西洋にも多くの模倣を生んだ中国磁器の精華だった。

染付の源流は？　この青花染付の技法は釉下の彩画である。ではこの起源はどこにあるのか。これは従来から非常な難問とされていた。なぜならば中国の青花磁器の最古とされるものは元の至正十一年（一三五一）の銘文の入った壺である。これは古くから有名なものだ。ところがこの壺はすでに完成された技法によって造られた青花の壺である。決して技法が成長しつつある時期のものではない。だから青花、つまり染付技法は元にはもはや完成の域に達していたのである。

この釉下に文様をつけるというのは、かなりむつかしい技術である。第一に釉は透明釉でなければならぬ。無色でも有色でも、とにかく下に画かれた文様がすけてみえねばならぬ。しかも焼成中に文様を画いた絵具と上にかけた釉とがまじり合ってしまわぬために、密度の高い釉である必要がある。第二に文様を筆で画く技法。すこし趣味的にでもやきものを試みた人なら御存じだろうが、素焼した器物の上に文様を画くのはなかなか容易なことではない。筆にふくまれた水分が、たちまち素焼の地肌に吸いとられてしまうからだ。そして絵具がたまってしまう。

ところがこの筆で文様を画く技法は、実は中国ではずっとなかった方法だ。唐代までの中国の陶磁はすべて黒とか白とか、青磁といった単色の釉で飾られていた。唐三彩を例外として。

いえば中国の美の伝統はモノクロームだった。そして文様は彫りこんだり、別に粘土で花文などをこしらえて貼りつけたりした。そしてモノクロームの釉のなかに、光と影の美しさを求めていたのである。

しかし染付の美しさはそれらと全く異った次元のものだ。青と白という色の対比は、水墨画の黒と白というように極端な対比をしめす色である。そして筆で流麗に描かれる文様は、絵画的な性格をもつ。草花にしても何にしてもすべて筆で画いた絵画的文様としての美しさなのだ。モノクロームと光と影の組合せの美とは、あまりにも異質である。

彩文土器やギリシアの壺のところで書いたように、筆でやきものの上に文様を画くのは、西方の古い伝統だった。早くから筆と墨で字を書き文を書き絵画を画くことを知っていた中国で、かえってふしぎに陶器の上に筆で文様を画くことがない。ところが西アジアでは筆で文様を画くことは、すこしもとだえぬままに行われてきたのである。

エジプトの護符

しかも釉の下に文様をつける伝統もふるい。エジプトの発掘品中には、青いファイアンス釉をかけた小さな護符がよくある。そのなかに時折、青い線の文様が釉の下にひそんでいるものがみられる。その線はラピスラズリーの粉末絵具で画かれているらしい。そしてその上に密度の高いガラスのようなファイアンス釉がのせられたのだった。しかし釉と絵具の分離がうまくゆかず、たいていは色がにじんでしまっている。

このように古代にまでさかのぼる釉下の彩画は、そののちも西アジア各地でひろく行われていた。ことに九世紀になると、コバルトを主成分として絵具で文様を画き、上に透明釉をかけた陶器がひろく分布している。素地は赤や褐色のあまり質のよくない粘土である。これで成形した上に白い粘土を水でといたものを塗って、素地を白くみせる。その上にコバルトの絵具で文様を画く。その上に透明釉をかけて焼く。初期のコバルトの絵具は、マンガンを多くふくむので、色は黒っぽくなっていることが多い。この種の破片は西アジアの各地でかなりひろく出土する。文様はどれも筆で画いてある。しかしこれらはすべて陶器。磁器は中国の特産なのだ。

唐代、西アジアと中国の交通が盛んだったことはよく知られている。中国と西方をつなぐ砂漠のオアシスには、どこにもイラン人をはじめとする西方の人びとがいっぱい住んでいた。紙の製法がタラス河畔の戦で敗れた唐の高仙芝の軍の捕虜によって、西に伝わったことは名高い。そして中央アジアの要地サマルカンドは、紙の名産地となったのである。

こうした交流のなかに釉下彩画の方法が中国に伝わってきたのではないか。しかも中国にはすでにすぐれた磁器の技法が存在していた。青磁、白磁の完美なものを焼成する技法をもっている工人にとって、釉下彩画の方法を受けいれることは、さほど困難なことではない。白釉や青磁釉をもってする実験的な釉下彩画の試み―それがこの湖南の一例ではないか。もちろん時代のみをみれば、中国の方が古い。しかし新中国の考古学的発掘の盛大さにくらべて、西アジアの発掘は比較にならぬほど少ない。だから時代の先後を発掘品のみで簡単に云いきるわけにはゆかぬのである。

二、東と西の交流

西アジア——イスラム

このころの西アジアはイスラム世界となっていた。イスラム、日本で回教というもの。イスラムは仏教、キリスト教とならんで世界の三大宗教といわれる。アラビアのマホメットが開いた教えだ。彼はメッカに生れ神の啓示を受けてその教えを宣べ伝えた。そこでマホメットは予言者といわれる。しかし彼の教えは当時の多神教徒の怒りをかったので、紀元六二二年七月十六日、マホメットはメッカからメジナへ逃れた。これがイスラム暦の紀元元年となっている。彼はメジナで布教して多くの信徒を得、その地に世界最初のイスラム教の聖堂モスクを建てた。その後ふたたびメッカに戻り六三三歳で歿した。

イスラム教は三大宗教のうちで最も歴史の新しい宗教だ。その背景にはユダヤ教やキリスト教があって、ある面ではずいぶん合理的な宗教だ。神はアラーただひとり、そして唯一の神アラー以外は、ことごとく平等な人間である。イスラムには神と人間の仲介者となる聖職者はいない。神の声を人間に伝えたのはマホメット唯ひとりである。そこでマホメットの教えを記したコーランが、唯一無二の聖典となる。そして不完全な人間は、いつも神の指示に従って生きてゆかねばならぬ。イスラムが人間の生活のすべてをきびしく規定するのはそのためだ。一日五度の礼拝、年一月の断食、メッカへの巡礼、貧しい者への喜捨など、イスラムの信徒はいつも神のおきてのままに生活をいとなむ。しかも現代世界にも、イスラムは多くの信徒を擁している。その数は四億七千万。フィリピンからジブラルタルまで、といわれる広い範囲の世界に彼等は住む。東南アジア、西アジア、北アフリカ、いわゆる、A・A諸国には特にイスラムの信徒が多い。A・A問題といわれるものは、イスラムに対する深い理解がなければ、とても了解できぬといわれるのは当然のことだ。さらにイランやパキスタンのように、イスラムを国教として憲法にはっきり明記してある国も多い。また国民の九割がイスラム信徒という国も、西アジアや北アフリカにはことに多い。パキスタンが西パキスタン、東パキスタンと、その間にインドをはさんで一国となっているのも、彼等がイスラム教徒という共通項をただひとつもっているという理由からである。イスラム教徒の団結がどんなに強いかがよく分ろう。宗教と政治を分離したのが、ヨーロッパの近代国家の誕生だった。しかしイスラムにあっては宗教と国家は分離できぬ存在である。ヨーロッパに近いトルコは、第一次大戦後のケマル・アタチュルクによる改革でイスラム教を国教の地位からはずした。しかし現代、他の多くの国々はイスラム教国家を維持しつつ、近代化に進もうとしているのである。

イスラム世界の技法

さてこのイスラム世界が西アジア一帯に成立したのは、ほぼ七世紀の中頃だった。ウマイヤ朝の成立であり、首都はダマスクスである。しかし七五〇年、スペインのコルドバに西イスラム王国が生れ、七六二年には今のイラクのバグダードに東イスラム王国が成立して、以後イスラム文化は東部、西部の二中心で発達することになった。そののちエジプト、インド、イランが独立したが、その基礎となる信仰は変らない。十三世紀には一時モンゴルの侵入と征服があってイルカン国が生れ中国文明との交流が盛んだったが、その時期はみじかかった。

この広大なイスラム世界は、かつてのエジプト、メソポタミア、さらにギリシア、ローマの伝統を伝えて、東の中国に対抗するイスラム文化を開花させた。やきものもまたそのなかでイスラム陶器、或いはペルシア陶器といわれるゆたかな色彩にみちた製品を生み出している。

イスラム世界がはじめて成立したころ、西アジアはすでにいくつかの陶器の技法を完成させていた。第一は錫をまぜて乳白色を出す釉である。第二はコバルトの使用。これは例のラピス・ラズリー、またはトルコ石の青を追求するうちに、その代用品として発見されたものだろう。コバルト青釉の使用は、西アジアは中国に比べてはるかに早い。第三はエジプト以来の青緑のアルカリ釉、第四は鉄を用いた褐色、または黒い釉、第五はラスター釉。このラスター釉は東方ではついに発見されなかった西アジア独特の釉だ。これはメソポタミアかエジプトでの発明らしい。

ラスター

ラスターとは、すでに釉をかけて焼きあがった陶器の表面に、黄土を混ぜた酸化銅のこまかな粉末で文様を画く。そしてこれを還元焔で焼けば金属酸化物は還元され、きわめて細かな粒子となって釉の表面に焼きつく。粒子の層が厚い時は完全に銅色となって赤くなり、薄い場合はまるで玉虫のように光る。この技法は九世紀にはメソポタミアにひろまり、十世紀にはペルシアでも行われたが中心はエジプトであった。そののちは地中海沿岸からヨーロッパにまで伝播した。

このラスター彩画の効果はやはり金属器の代用だった。銅色に、或は褐色に、玉虫色に輝やくラスターは、金属器の感覚であった。金属器は高価である。そこでこの安価に金属的感覚が得られるラスター釉の使用に人気が集中したものらしい。よくこの流行をバグダードにあったアッバス王朝の全銀器使用禁止令と結びつけて説く人もあるけれど、宮廷貴族は平気で金銀器を使用しており、禁令が強力に行われたことはないようである。やはり安くて手軽というところが人気の源だったろう。

第六は多彩な釉を用いて飾った陶器。これは中央アジアの要地、サマルカンドや、今のイランの東部にあるニシャプールが中心だった。第七はいろんなスタンプで文様を捺したもの。釉をかけないで堅く焼いたものと、鉛系の緑色の釉をかけたものとがあった。ことにスタンプの文様技法はすぐれていた。こうした各種の技法をもっていた西アジアは、東方では唐の時代から接触をはじめる。西アジアの遺跡ではまだ唐以前につくられた東方の陶器は発見されていない。

シルクロード

東西の陶磁の接触と交流の役割をになったのは、イスラム世界や地中海岸の商人たちだった。彼等は陸上にも海上にも交易路を開いた。長いラクダによって編成されたキャラバンは、中央アジアの砂漠を越えるシルクロードを通って中国に到達していた。また海上ではペルシア湾沿岸のバスラ、シラーフなどが対インド貿易の中心であり、のちにはホルムズがその中心となった。バグダード、アデン、カイロもまたその基地であった。インドに達した商人たちは、さらにマレー半島を経由して中国の南、広東、泉州ついには江南の楊州にまで来ている。なかでも広東はそれらの貿易の大中心地として繁栄した。西アジアから中国までは、ふつう二年を要した永い苦しい旅であった。それでも利を追求してやまぬ商人たちは、モンスーンの吹きすさむ海上を帆船で航海し、或いは乾燥した大砂漠地帯を生命の危険にさらされながら往来したのである。

バグダードの北にサマラと呼ぶ都市遺跡がある。この遺跡は紀元八三六年に建設がはじまり、一時は首都として栄えたが八八三年に放棄された町だ。だからこの町の生命はわずかに五〇年、しかもその年代がはっきりしているので重要なものである。そこで約五〇年ほど前に、ヘルツフェルド、ザールの二人がここを発掘し多くの陶磁片を得ることができた。

そのなかには明白な中国製の白磁があった。また暗緑色の釉のかかった青磁があった。その青磁はまさしく前に記した上林湖畔で発見された越州青磁と同種のものだった。サマラの栄えた時期はちょうど唐代。中国と西アジアとの交流が実証されたわけである。

エジプトの首都カイロの南にフォスタットの遺跡がある。ここが栄えたのは九世紀の後半だった。一九一二年からこの地の発掘が行われ、九世紀から十五世紀にわたる大量の遺物や建物が発見された。ここで出土した陶片の一部が大原美術館に所蔵されている。ここでも越州の青磁片が発見された。そのほかのちの宋代から元、明に至る青磁、白磁も多く発掘されて、永い交流の跡を証明したのだった。

イスラム世界の好み

こうして実物が流入したことが、西アジアの製陶技法に影響を及ぼしたのは当然のことだ。ことに磁器は中国の特産、西方では製作困難な品であった。白磁、青磁、それらのモノクロームの端正な美しさと、堅牢さは西方の人びとの眼をひいた。すぐに白磁の模倣がはじまった。すでに使われていた錫を用いる乳白釉で全面をおおう方法である。しかし西方の人びとは、中国のように白磁の白い空間のみで満足することはできなかった。白のごとき無限にも似た空間感覚に対する畏れ、かれ等はそこをコーランにみる悦びの文句、祈りの文句で飾らねばならなかった。或いは呪術的な威力あるシンボルの図像を画かねば不安であった。彼等のもつ空間全体をぎっしり隙なく埋めるデザインは、のちに中国に逆輸入される。元、明ごろからはじまる中国の染付磁器が白地にコバルト青でいっぱいに文様を画き、或いは吉祥の意味の文字を書きこんだりするのは、この西アジア的感覚の影響なのだ。

いまひとつ、中央アジアの要地サマルカンドやイランの東北ニシャプールを中心として多くつくられたものに、三彩風の陶器がある。白地に鉛釉で緑、黄、褐、紫などの色を流れるように美しく配したものだ。これを見たひとは誰しも中国唐代に爆発的に流行し、以後遼三彩となってのちにはほとんど消えてしまった、唐の三彩陶を思い出すだろう。それらはまことによく似ている。ただ西方イスラムのものにはマンガンで発色する紫色の釉が用いられていることは、ひとつの特徴だが、それにしても両者の色の感覚はあまりに近い。そこで誰でもこれはどちらかが本家だろうと考えてみたくなる。唐三彩の起原問題だ。中国起原を主張するひと、西アジア起原を主張するひと――と。

三彩の源流は?

中国起原論は発掘結果からだ。中国で発掘された唐三彩の破片は、西アジアのそれより古い。だから三彩は中国起原――と。しかしこの論理はすこし無理だ。最近の中国では発掘が非常に高い密度で進められている。しかし一方西アジアの発掘はさほど進んでいない。ましてこれら三彩の大産地と目されるサマルカンドもニシャプールも、ほんの一部が発掘されただけだ。学術的な発掘は中国に比べて問題にならぬくらい少数の例しかない。これでは東西を比べるわけにはゆかぬ。

わたしは三彩は西方起原と考える。第一にその色の配合感覚。もともと中国の感覚はモノクローム。白磁とか青磁、または漢代の緑色の釉も、すべて単色のなかに美しさを見出そうとするものだった。古代の灰釉時代もそうである。自然のなかから自から現われてくる効果を、彼等はじっと待っていた。

しかもさきに染付のことでふれたように、筆をもって絵画的にイメージを表現してゆくのが、西方の感覚だった。同時にそれらの絵画をさまざまの色彩でいろどってゆく、カラーフルな感覚が彼等のものだった。そして青、黄、茶褐といった三色を主調とする色配合、つまり三彩の感覚は、西方ではまことに古い歴史をもっていたのである。

三彩の愛好　紀元前六世紀、アッシリアの盛期は過ぎて新バビロニア人の時代が来た。エルサレムとソロモンの寺院を破壊したネブカドネザル二世は、ふたたび首都バビロンを再建した。町は八個の市門をもつ城壁で厳重に囲まれる。イシュタル門の外壁は、マルドゥク、アダド、イシュタルの神々のシンボルである竜、牡牛、ライオンによって飾られた。またイシュタル門から南へのびる王の行幸路の左右は、やはりライオンを浮き彫りにした煉瓦で飾られていた。家々は平たい陸屋根のものだったが、そのなかに聖書に伝わる巨大なバベルの塔がそびえていた。それは今日ジグラートといわれる巨大な祭壇で、エ・テメン・アン・キすなわち天と地の基礎の家と名づけられた。四五六×四一二メートルの広大な聖域のなかに天日干しの煉瓦を用いて、高さは九一メートル以上、底辺の正方形もまた一辺が九一メートルという階段ピラミッド型で神と王の権威を十二分に表現したものだった。

頂上には神殿が設けられた。神殿の壁はすべて青緑釉のかかった煉瓦ではりつめてあった。神の住居は天空と同じく青く輝くものでなければならなかった。また城壁の外壁も青い煉瓦ではってあったが、そこに浮き出したライオンや牡牛などは、白、緑、黄褐の釉で彩色された煉瓦でつくられた。ここにこそ三彩の源流となるべき色の配合があった。

この伝統はペルシアに伝えられた。紀元前六世紀、キルスによって創められたペルシア人の帝国アカイメネス王朝は、新バビロニアの王国を滅ぼして西アジアの覇権を確立した。これから西アジアの中心はメソポタミアからペルシアに移るのである。

けれどもアカイメネス王朝は、多くのバビロンの遺産を継いでいた。王国の冬の都スーサには、壮大なジグラートや、王宮が建設されたが、その王宮の壁はやはり色釉のかかった煉瓦で飾られていた。そしてここで用いられた色も、黄、青緑、茶褐という三彩調のものだったのである。王宮の建設の材料として黄金はバクトリア（今のアフガニスタン北部）、ラピスラズリーはソグディアナ（中央アジア、アフガニスタン東北部）から運ばれ、煉瓦工はバビロニア人、石工はイオニア、サルデイア人を使用した。バビロンの都市を飾ったバビロニア人の工人は、敵の王国の首都を同じ技法で飾らねばならなかった。恐らく彼等煉瓦工は捕虜としてペルシアに連行され、その技術をもって敵国に仕えねばならなかったのである。三彩的な色感は、このようにバビロン以来の西アジアの伝統だった。

唐の三彩

この三彩の華やかな取合せは、中国の唐代では爆発的に流行した。西方から輸入したガラスの杯で葡萄酒を汲みかわして長夜の宴を張り、イランからやってきた美女たちの舞踏をたのしむ、貴族たちの日常生活をかざるエキゾチシズムが、この異国的な色彩を流行させたのであった。そして死後の幽暗な世界に、生前の豪奢な暮しを反映させるための多くの副葬品の製作に三彩技法はひろく使われた。しかも三彩の鉛釉を用いる陶器は、低温度で焼かれる。そのため器物はもろく弱い。実用にはあまり向かぬ。そこで死者の世界に送りこむ副葬品としては、まことに好適の技法であった。この種の副葬品を中国では明器という。

華やかな葬礼─唐

平和でゆたかな暮しを送っていた唐朝の貴族たちは、その死に当っても盛大な葬儀を行うのを常とした。たがいにその華やかさを競い、墓に送りこむ三彩陶の副葬品の優秀さを誇るのであった。葬儀は飾りたてられた祭壇を設けた葬場で行われたが、壇には墓に納められる精巧な人像や騎馬像、神像などがぎっしりと並んで飾られ、市民の眼を驚かせた。禁令は時々出されたが、ほとんど効果はなかったらしい。懿宗皇帝の娘、周昌公主は、咸通十一年まだ二十一歳というのにこの世を終えた。皇帝はふだんからこの娘を熱愛していた。そのための帝の悲歎は大きく翌年の正月に、盛大に彼女の葬儀をとり行った。黄金や玉でつくられたラクダ、馬、鳳凰、キリンなどの動物像はどれも一メートル以上もある大きなものだった。衣服や玩具もすべて生ける人のものと同じものが造られた。また人がかついでねり歩く飾りもの一二〇、木造の楼閣宮殿、竜や鳳凰、花や木などの作り物が無数につくられた。これらで編成された葬列は実に二十余里の長さに及び、都の人民はこれを見物するために仕事を休んで終日走りまわったと伝えられる。これはすでに唐の勢いの衰えかかった時代である。その時期にしてなおこのような豪奢な葬儀がいとなまれていたのである。

だから現在知られている美しい多くの唐三彩のやきものは、すべて墓のなかに死者のために埋葬されたものである。その量は莫大なものであり、今も唐墓の発掘のたびごとに、大量の美しい三彩器が出土する。文武官の役人たち、貴女たち、侍女たち、騎馬像、音楽を奏する楽師たち、西方の商人たち、十二支を現わす人形、各種の動物、牛車、かまど、井戸などの建造物のモデル、壺、鉢、皿などの容器など、あらゆる器形が知られている。

なかでも特徴的なものに鳳首壺と呼ばれるものがある。把手のついた細い水注型。頭のところが鳥の形になり、嘴の部分が注口となる。しかしたいていの注口は実際に孔がない。つまり実用の器でないからだ。この形は正倉院の湊胡瓶と同系のものであり、この型はまた西アジア古代の銀製水注に由来するものである。またその製作には二枚の合せ型でつくったものもある。つまり型の内側に粘土をおしつけて、器体の縦半分づつをつくり、後で泥水でつないだもの。これも大量の生産が要求されたためだろう。また胴を飾る多くの文様には、西アジアのそれとほとんど同じものがあることも、どんなに西方趣味が盛んだったかを想像させるものだ。

そのほか正倉院の鳥毛立屛風の絵や、浄瑠璃寺の吉祥天画像にみられるような、典型的な唐美人を写した女人像も多い。唐美人は大きな髻をつけている。顔は豊頰、つまり下ぶくれ、ふつう爪先まで届くゆったりしたきものをつける。足先は小さいほどよいとされた。掌の上に乗るほどと形容されるくらいだった。つまり逆二等辺三角形のスタイルが唐美人の典型なのだ。そして額を黄に塗ったり、眉は青く画いたり、顔は白く塗って唇には紅を点じ、さらには赤や緑で頬や額に梅鉢形の小点をつけたりするのが彼女たちの化粧法だった。そうした現実の女性をしのばせる多くの例が、三彩の唐美人像でみることができる。

これらの三彩の明器が出土するのは、河南省の洛陽、西安を中心とする一帯に限られている。だからその製作もこの附近で行われたらしい。唐の官庁のひとつに甎《せん》官署というものがある。これが明器製作の役所であった。宮廷所要のやきものは、すべてこの役所で製作されていた。

しかし西安、洛陽附近と想定される三彩を焼いた窯址はいまだに知られていない。ただ一九五七年、河南省の鞏《きょう》県小黄治の窯址からはじめて三彩の破片が発見された。同時に出土した窯で使う焼成用具のひとつに三彩釉が付着しているものもあって、三彩陶がこの地でも製作されたことは確認された。がそのほか多く発掘されている窯址からは、いまだに三彩陶の破片は見つかっていない。

美の成熟―宋　西方の技法と東方の技法が自在に交流した唐ののちは、五代といわれる乱世を経て宋代となる。宋は中国陶磁の歴史のなかではことに有名だ。それは成熟の時代であり、黄金の時代であった。

この時期での技法の革新と進歩をみよう。第一は青磁の焼成法が安定して、多くの優品が生れるようになったこと。唐代すでにかなりの技法の進展をみていた青磁は、いよいよ美しくなった。やきものがやきものとして独立した美しさをもつのは、まさにこの時期からである。そしてやきもののそうした美を発見したのは、まさに中国独自の創見であり、西欧ではまだ知られていないものだった。現代でも世界の美術品のコレクターの間で、宋の陶磁が最高のものとして貴重視されるのは、この理由によるのである。そして生産地も全国的にひろがり、各地に有名な窯場が生れた。政府もまた国営工場を建てて宮廷の使用品を製作させた。これが官窯といわれるものである。今日伝えられる宋代の名品は、すべてこの官窯の製品であることを注意しなければならない。官窯は厳格な規定と標準をもっていた。それに適合したものだけが使用され、他は破棄された。宋の陶磁は、すでに生産の時から厳密に選別されたのである。優秀な品しか残っていないのは当然であろう。けれども貴族や富豪以外の庶民は、やはり昔ながらの粗末な陶器を使っていた。

当時の有名な産地であり、かつ窯跡も知られているものには河北の定窯、磁州窯、河南では、湯陽窯、修武窯、登封窯、均窯、臨汝窯などがあり、陝西に耀州窯、浙江には宋代の後半、すなわち南宋の官窯だった修内司、郊壇の二窯、それに竜泉窯、江西ではことに名高い景徳鎮窯、吉安（吉州）窯、徳清窯、福建の徳化窯、泉州窯などがある。しかしそれ以外にも戦後の新中国の発掘によって多くの窯跡が発見され、五〇余の産地が知られている。その分布も広西、四川、雲南の辺境に及び、雲南でも青磁、白磁の破片が見出されており、宋代の陶磁の生産は、全中国の広大な地域で大量に行われていたことが知られる。

第一の進歩であった青磁、白磁の焼成技法の完成は、いえばモノクロームの伝統に忠実な歩みであった。第二の革新は各種の装飾技法がさまざまに試みられたことである。それも初めの間は素地に文様を彫りこんだり、スタンプで文様をくりかえしつけてゆくだけであった。がやがて新しい手法として、二重にちがった色の釉をかけて、上層の釉をかきおとし、下層の釉の色を現わして文様をつくる方法や、素地に文様を刻みこんで、そこへ別種の釉を埋めこむ手法も発達した。もちろんこれらの技法も、唐代には一部で行われていたが、それが全国的にひろがったのは宋代である。ことに後者の方法は西方にも伝えられて、今もペルシアの陶器のうち、ラカビ手といわれる技法は唐、宋のそれと全く同じ技法を用いたものだ。

また筆で文様を画く技法もしだいに発達しはじめた。唐代に早くも筆を使う技法は長沙の銅官窯で使われていたが、この方法もようやく各地で行われるようになってきた。釉の色の変化も各種各様となり、多くの名がつけられるようになった。それは釉の配合法が完成したことであり、同時に釉や文様によるやきものの美を、人びとが認識するようになったことを意味するのである。

技法の成熟—宋

そこで最近発掘された、陝西省の耀州窯のデータから、宋代の技法の実際を記しておこう。まず窯は耐火煉瓦でつくられている。その底面は楕円を短径にそうて半分にしたようなものだ。その形は図に示すようなもので、窯の手前に火室と深く掘った灰坑がある。燃料はここでもやされた。火焔は長くのびて天井に沿うて走る。天井は今は失われているが、恐らくドーム状になっていたのだろう。そして床にならんだ成形品を熱して奥にある煙孔を通り煙道から出てゆく。この窯の形は、中国古代の殷代の円筒窯よりは、

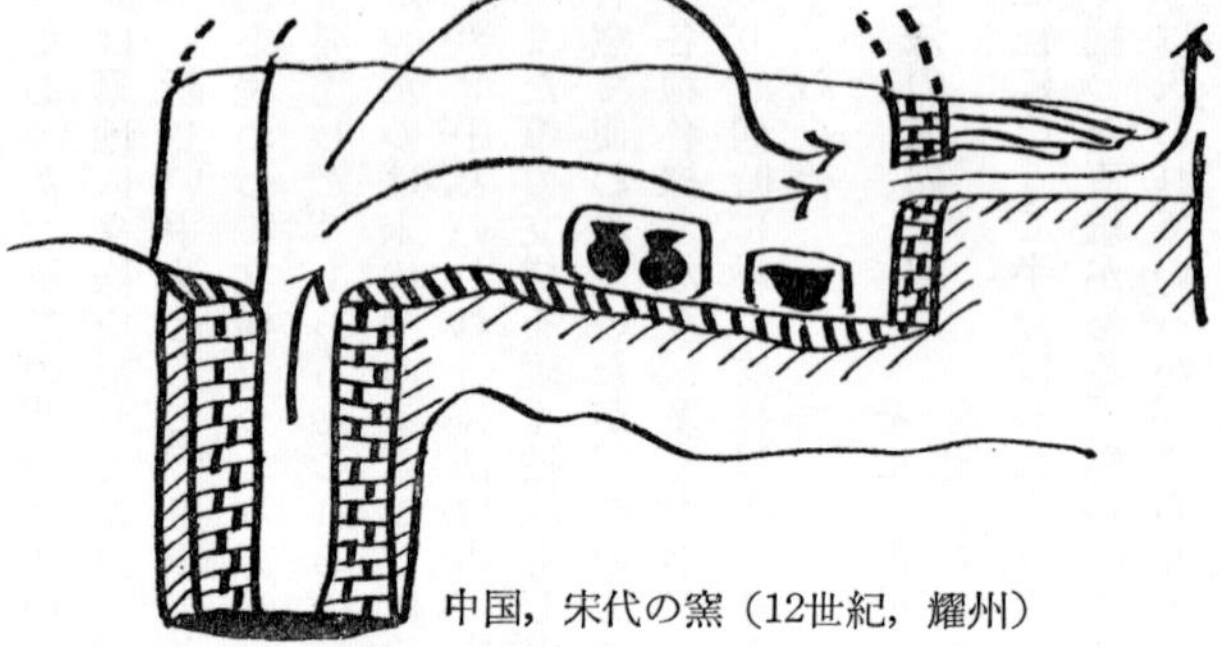

中国，宋代の窯（12世紀，耀州）

それ以前の竜山文化の窯の系列にあるものだ。

燃料には石炭が用いられていた。中国での石炭の使用は紀元前にさかのぼるけれども、宋代はことに燃料としての石炭利用が盛んだった。鉄の製錬作業にも石炭が使われていたことは有名であるけれども、ここに示した窯の構造も石炭のように、焔が長くのびる燃料を用いてはじめて可能だったろう。みじかい焔ではとてもこの大きな焼成室を十分には熱することができないから。もちろんサヤを使用している。

またこの窯に附属した工房の跡も発見された。出土した製品の多くは生活用品である。けれども華やかな多くの文様で飾られたものが多かったし、質もかなりすぐれたものであった。

再度の交流—元

宋代は中国がそれ自身としても大きく成熟した時代であった。内的な発展の時代である。これに次ぐ元は、名高いジンギスカンの活動にはじまるが、唐代の世界帝国の意識にも似て、中国はふたたび全アジア大陸をゆるがせた。中央アジアの草原と砂漠は、ふたたび東西交流の舞台となった。十三世紀、西アジアのペルシアを中心としてモンゴルによるイルカン帝国が建設され、東は大きく西方に進出する。しかも東方の征服者は、西方の工人たち、技術をもった工人たちにとって寛大であった。捕虜となった工人たちは優遇されて、元の宮廷の御用をつとめるようになった。

一二五三—五五年、フランシスコ修道会の修道士ルブルクのウイリアムは、フランス王ルイ九世の命を受けて、モンゴルに対する伝道のために、遠く中央アジアに入ってきた。それはせまりくる不可解なモンゴルの勢力に対する、西ヨーロッパ世界の不安と恐怖にみちた反応だった。それ以前にもプラノ・カルピニのジョン修道士、ドミニコ修道会士アンドルーなどが同じような目的でモンゴルに向って旅行していた。

ルブルクはその旅行記のなかで、カラコルムにパリ生れの黄金細工人の親方でウイリアム・ブシェなる者が住んでおり、五〇人の職人をもって仕事をしていたことを伝えている。ウイリアムはカラコルムの宮殿の入口に、酒を吐き出す木をつくった。木は銀でつくられ根元に銀製のライオンが四頭おりそれにパイプが通じていて、口から馬乳が流れ出る。木の幹にも四本のパイプが通りパイプの先は垂れ下って、そこに金製の蛇が巻きつく。四本のパイプからはそれぞれブドウ酒、精製した馬乳酒、蜂蜜酒、米酒が流れ出る。また木の頂上にはラッパをもった天使像が立っていた。天使のラッパは木の下の穴倉にかくれている男にパイプで通じており、必要な時に吹き鳴らすという仕掛だった。この仕掛は明らかにローマ時代から中世にかけて、ヨーロッパでひろく流行した自動機械だ。この例からも工人たちの移動によって、さまざまの技術の交流が行われていたことが知られよう。

元代の陶磁でことにめだって発展したのは、白地にコバルト色で多くの文様を画く染付—青花磁器—の技法だった。さきにも書いたように釉の下に彩画する方法は、唐代に一部試みられていた。しかしその方法は宋の陶磁の技法の極盛期にあってもさほど発展しなかった。中国の陶工たちは伝統的なモノクロームの方向を追求しつづけ、青磁、白磁などの優品を生みつづけた。

染付の完成—元、明

これに反して西方では釉下に彩画する方法が、盛んに行われた。素地を白い土でいちめんにおおう。すなわち化粧がけ。その多くは酸化錫をまじえて乳白色の釉の性質をもつ。そこへ紫や茶褐色の絵具で文様をえがき、その上へさらに透明な釉をかける。釉はときには青緑色の透明なものも用いられる。八世紀から十二世紀にかけて、この種の器物はペルシア文化圏のなかでは大量に生産された。文様は器物の表面の空間を、幾何学的に区分して画かれ、またマホメットとか幸福、祈りの文句、所有者の幸運などのめでたい言葉も文様化して画かれる。この空間の正確な分割と、そこをすきなく文様で埋める感覚、文字に呪術的な意味をふくませて装飾化する感覚は、西方独自のものであった。

モンゴルによって東と西の交流が盛んになったとき、これらの西方独自の技術は大量に中国に伝わっていった。中国陶磁の技術は、すでに西方をはるかに越える高度のものとなっていた。そこに加わった新しい西方の技法の刺激。唐にはじまって伏流のようにひそんだままとなっていた、釉下の彩画の方法は急速に発展して、磁器による釉下彩画、つまり染付磁器を完成したのだった。

染付はコバルトを青の絵具として用いる。西方でのコバルトの使用の歴史はふるい。しかし中国ではコバルトを用いることはながく知られていなかった。中国の伝統的な博物書に本草書と呼ばれる一群のものがある。そのなかで無名異と記されるのがコバルト、マンガンの混合物らしい。宋代、十二世紀につくられた「経史証類本草」には、無名異の記載があって、その産地は大食国、広州、宜州があげてある。大食国とはペルシアのことだ。つまりコバルト、マンガンは、中国の南方の産としてか、または輸入品として知られていたのだった。そしてのちには回青と呼ばれるものが、絵具として使われるようになる。

回青、これはイスラム教と中国で回教というのと同じように、西方イスラム世界の産物であることをしめしている。元代には回々司天台などがあった。イスラム式天文学による天文台の意味である。このように回の字はイスラムの代名詞として使われた。回青—すぐれたコバルト絵具は西方から輸入されねばならなかったのである。

コバルト中のマンガンの量は敏感に発色に影響する。マンガンが多いと色は黒ずんでくる。しかも低温の時、この傾向はつよい。しかし高温度の還元焔にあうとマンガン系の色は、コバルトの発色に押えられてしまって、かえってコバルトの色に深味を与えるようになる。輸入回青は、高温度で焼かれる中国磁器に応用されて、やや沈んだ色あいの青色をつくり出したのであった。

しかし西方では高火度で焼く磁器は発達していない。青い色を求めようとすれば、コバルト絵具を精選してマンガン、その他の雑物を除いたものとしなければならぬ。そこで西方で産するコバルト絵具はしだいにマンガン含有量が少ないものとなってくる。こうして精選された絵具が中国磁器に使用されると、コバルトの青は一層強調されて、いささか毒々しいまでのあざやかな色合になってしまう。元から明に、しかも明も後期になるほど、中国の染付の色がなまなましい青となってくるのはそのためだ。つまり良質となったコバルト絵具は、西方の低温焼成ではてごろの色となるが、高温焼成の東方ではかえって色がはっきりしすぎるのである。それでもなお輸入回青は貴ばれた。明代の陶磁関係の書物をみると、上等の青絵具ほど輸入回青を多く使うことになっている。そして一方では国内でこの種の絵具を発見しようとする努力もつづけられた。ついに明代の中期には、雲南、広東、浙江などの地方から、回青が産出しはじめるようになった。

釉《ゆう》裏《り》紅《こう》　染付と同じように釉下に彩画を行うものに、釉裏紅とか辰砂といわれる技法がある。現在その最古の作品とされるのは、元の至正元年（一三四一）の銘のある皿だ。鳳凰の文様、魚の文様などが画かれているが、これももう完成した技術による作品である。発達期にあるような初歩的なものではない。この技法がさきの染付と同じように、至正年間銘のものからはじまるのは注意してよいことなのだ。そのほかにもかなり元代の作とされているものがあるが、どれも元の染付と似た文様がつけられている。

釉裏紅の技法は染付と同じことだ。紅色、またはアズキ色で文様が画かれているのだが、これは銅分をふくむ絵具によって出た色だ。銅は赤い金属。だから銅が還元されてこまかい粒子となって釉のなかに分散すると、赤い色となってくるわけだ。しかし銅は八〇〇度ぐらいで蒸発してしまうので、不安定である。そこで釉裏紅の器物の文様は、文様の線の周辺に赤く色がにじむようになっていることが多い。これがかえってやわらかな感じの美しさをしめすので、中国では「朱霞」とか「紅霞」とか形容して悦ばれたものだった。紅色の春のかすみがただようようなおもむき、ということである。

銅分をふくむ絵具で文様を描き、その上に透明な釉をかけて焼きあげる。この技法もまた元代にはじまった新しいものだった。そこで思い出されるのは、西方独自の技法である、ラスターだ。ラスターは銅を含む絵具で描いた文様を釉の上に焼きつけたもの。これを釉の下に転用すれば、それで釉裏紅ができあがってしまう。しかも銅が美しい紅色を出すことを、中国の陶工はよく知っていた。宋代の均窯では、もう銅で紅や紫の色を出すことに成功していた。ただしそれは中国の伝統の単色の釉としてである。これにラスター技法が加われば、そこで釉裏紅は完成するわけだ。さきの染付といい、釉裏紅といい、ともに元代ことに盛んだった東西の技術交流によって美しい完結をみたものであった。西方の陶器技術と東方の磁器技術とのみごとな結合であったといってよい。

技術交流の意味

このような技術交流の考え方は、日本の陶磁研究家の間ではあまりとられない。日本の研究家はすべての技法を中国起原に求めようとする。染付も釉裏紅も中国起原にしようとする。年代のはっきりした染付、釉裏紅は至正年間にはじまり、しかもそれ以前の発達過程に相当するようなものが、なにひとつ発見されていないのにかかわらず、恐らく宋代末には発明されたのであろう、と結論するのがふつうだ。そのために時としては近年しきりに行われる新中国での発掘速報―そのなかにはよく速断もあって、のちに訂正されている―の誤まりが、そのまま権威ある書に引用されたままに終る、ということになってしまう。日本の陶工たちは、今も昔も中国陶磁をひとつの理想として追求した。それは作者としてはひとつの態度である。しかし研究者までがすべてを中国に求めようとする傾向は反省されねばならない。

いったい技術というものは、割に簡単に交流するものなのだ。ことに陶磁は日用品であるために、現物そのものが動きやすいし運ばれやすい。そして工人は、一般に異質のもの、未知のものにはふかい興味をもつのが常である。もたらされた物の一部分にでも自分のもつ技法と共通性があれば、彼等はそこから容易に未知のものをつくり出す技法を推定する能力をもつ。まして陶磁は、どこにでもある天然の材料を用いるものだ。ほぼ同質の材料であり、同じ原理の製作法なのだ。それに加わるごくわずかな技法の差異が大きくちがった効果を現わす。経験ゆたかな工人ならば、試行錯誤によって、一見異質のものとみえるものも、容易に自分の手中のものとすることができる。なにも工人そのひとが移動しなくてもいい。技術の交流と伝播は、もっと重要な要素として考えねばならない。世界の文化はなにも一元論で説かねばならぬ必要はすこしもない。進化論で、発展論で説かねばならぬということはない。むしろさまざまな自由な技術上の、またデザイン上の交流が多彩な文化を生み出したのである。

絹織物の場合

東西の技術交流の同じような例に絹織物の技法がある。法隆寺に蜀江錦といわれる美しい錦がある。いうまでもなく中国から渡来したものだが、この錦の文様は経糸でつくり出されている。これは古代中国の錦の特徴だ。恐らくは漢時代に成立したものらしい。

この華麗な絹織物は珍重された。シルクロードに沿うて、中国の絹は多く西方にも送られた。同じような蜀江錦が中央アジアの遺跡から発見されているのはその一証だ。そしてこの技法は西アジア、ことにシリア方面でも行われた。そしてここで技法は大きな転回をした。中国は縦糸で文様を出したのに対し、西方では横糸で文様を出すようになったのである。これは西方の遊牧民たちの織り出す文様が、ことごとく横糸を使っていたことに影響されたのだろう。横糸を用いる方が縦糸の数は減るし、文様もはるかに複雑なものをつくり出すことができる。

そしてこの新しい横糸式の錦は、反対に中国へ送り出された。現在正倉院に残る錦に「四騎獅子狩文錦」といわれるものがある。連珠文様で周を飾った円内に、馬にまたがり弓をひきしぼる騎士と、騎士と戦かうライオンを配したものだ。一見したところ、まことにエキゾチックで西方からの輸入品のようだが中国製。明らかにペルシアササン朝に流行した狩猟文様であり、これに似た図柄はササン朝の工芸にいくらもある。この文様のなかの馬の尻の部分には吉、山などの漢字が織り出されている。

ところがこの錦は横糸で文様を現わす西方型なのだ。とすれば六―七世紀のころ、中国では古来の縦糸で文様を出す方法をすてて、西方で生れた横糸で文様を出す方法に変っていたのである。デザインだけではなく技術も大きく転回していたのであった。そして以後の中国の錦、またそれをひきつぐ日本の錦も、すべて横糸で文様を現わすようになった。東洋の特産のように思われる精巧な錦などの絹織物ですら、その技法は西方にならって根本的な変革を受けている。

また糸のより方もその一例である。中国では宋までの糸のより方は一般に右よりだった。ところが西方との接触が盛んに行われるようになった元、明以後は左よりとなってしまう。麻のように割に長い繊維を糸にするには、すでに長くつないである繊維によりをかけるだけでよい。そこで右手で紡錘車をもってよりをかければよい。名高い信貴山縁起の絵巻のなかに、この紡ぎ方で糸をこしらえている女が描かれている。ところが羊毛のように短い繊維をつむぐ場合には、まず繊維を手でひきのばしてよりをかけながら、紡錘を回転させてよりをかけてゆく。そこで左よりになってゆく。中国でも元、明時代、遊牧民や西方の羊毛を使用する民族と多く接触することによって、右よりから左よりに変ってしまったのであった。つまり麻式から羊毛式へということになる。けれども直接的に羊毛式に接触しなかった日本では、今も麻式の右よりが正統となっている。異系の技術の接触はこのように大きな変化を与えるものなのだ。陶磁の技術も同じことである。わたくしどもは、もっと東西の接触を大きく評価しなければなるまい。

西方のデザイン　宋、元と中国側で各種の陶磁の技法、ことに磁器の技法が完成し、成熟しつつあった時、西方ではペルシアのセルジュクトルコ（十一—十二世紀）を頂点として、また多様な技法が開花していた。しかし磁器はついに生れなかった。これは中国側の特筆すべき成果である。

東方では単色の釉のもつ微妙な陰影が愛好されていたのに反し、西では多様な文様をゆたかな色彩で飾ることが流行した。しかもそれらの文様は古代の伝統をひき、文様自身に多くの意味をふくめたのであった。イスラム陶器の文様が、イスラム神学と結合してさまざまの願いをこめていたのと同じように、東方キリスト教会の諸国でも、美はいつも神学によって裏付けられねばならなかった。「怪力乱神を語らぬ」中国の世界では、美は美として早くから独立することができ、文様はいつも人間のために、人間の楽しみのために創作された。しかし神が人間の生活をコントロールし、人間の方向を指示するイスラム、神が人間を超越的に支配するキリスト教世界のビザンチンでは、美はいつも神の祕蹟のシンボルであらねばならぬ。キリストは皇帝として表現され、マリアは皇后として表現される。エルビラの宗教会議は一旦そうした偶像的表現を禁止したが、六九二年のコンスタンチノプルの公会議はこれを許可した。シカや羊は信徒である。シュロは勝利のしるしである。オリーブは平和。ブドウはキリスト。クジャクは不滅を表わし、不死鳥は復活をしめす。ハトは聖霊であり魂である。空をとぶ鳥やライオンは福音書の記者である。ことに魚のシンボルは多く用いられた。ギリシャ語の魚イクテュスは、「イエスキリスト、神の子、救い主」の語の最初の文字からできているので、魚はキリストのシンボルと考えられた。中国の双魚文といわれる二匹の魚を器底に泳がせた文様が、西方世界でことに愛好されたのは、そうした心理的背景のためであろう。数多い中国側から輸入されるデザインが、なにゆえにある特定のものに集中するか。それは受けいれるものの心理の反映である。そこで今日多くのペルシア陶器のデザインに、多くの鳥文がみられるのは明らかにビザンチン趣味なのだ。しかもクジャクはその羽に美しい斑文をもつ。これは一見するとまるで眼のようにみえる。そこで人間にわざわいを与える悪魔の眼を見返す威力があると信じられた。邪視の信仰といわれる土俗的なもので、原始信仰としては世界的なものだ。東南アジアの人びとの使う舟のへさきに、よく大きな眼が書きこんであるのも、水中に住む悪霊の視線をはねつける力のシンボルなのだ。女性がクジャクの羽をあつめてつくった扇も、その多くの眼による魔よけのためだった。けれどものちにはかえって多くの男性を悩殺する魔力ある眼となってしまったが――。この種の邪視信仰に由来する文様は、ペルシア陶器には多く見出すことができる。

元の染付と同じように、釉下に彩画することもきわめて盛んだった。それは青い透明な釉の下に黒で唐草文様、草花文様、アラベスクなどが黒く影絵のように浮ぶものである。ペルシア陶器として最も親しまれているものはこの体のものだ。西アジアの遺跡で陶片を採集すると、最も多くあるのはこのタイプのもの。そして元の上都からこれと同類の破片が採集されているのは面白い。また白高盛といわれる方法もある、黒の文様の代りに白い土で、文様を浮き出させてつける。その上に青い釉をかける。すると白土の部分のみが、釉をとおして白く浮き上ってみえる。この技法もかなり広範囲に行われていたようだ。

ミナイの陶器

けれどもペルシア陶器のうちで最も名高く、かつ愛好されているのはミナイ手の陶器だ。がこの器は十二世紀の中ごろから十三世紀の中ごろまで、ほぼ百年の間しか生産されなかった。ミナとは十世紀ごろはガラスの意味であった。つまりガラスにエナメルで絵をつける方法である。酸化鉛を基剤とし、これに発色剤としてごく少量の各種の金属を加えたエナメルを用いて絵を画き、それを焼けばよい。七宝と同じ原理のものだ。今でもイランにはミナと呼ぶ彩画法がある。陶器や銅器の上に色エナメルで文様をこまかに画く。文様はイランの伝統のミニアチュール（細密画）の技法で、精細に画かれる。そしてこれを焼く。わたしはイスファファンでこの工房を見たことがある。焼きつけ用の窯は重油を加圧、燃焼させていて、なかなかモダンなものだった。色エナメルもドイツ製のものを輸入して使うという。ただ文様のみが伝統的なデザインと技法で画かれるにすぎぬものとなっていた。いえばこれがミナイの現代版である。

十二、三世紀のミナイ手陶器の地色は、白、青、紫など。その上に色釉でミニアチュール風の画がつけられる。画題はミニアチュールからそのままとったものもあって、両者が完全に一致するものさえある。専門の画工たちは、伝承され愛唱される数々のロマンスから画材をえらび、またササン朝以来の伝統的な図柄である、王や騎士などを画いた。一三〇一年、カシャンの陶工アブル・カシムが書きのこした書から、ミナイ画工のパレットは七色であったことが知られている。

しかしこの華やかなミナイ陶は、イルカン国の建設によるモンゴルの支配によって衰えてゆく。しかし東方のモンゴルはさらに豪華な雰囲気を好んだ。せんさいな七色の組合せによる絵画の代りに、彼等は青く輝く釉の上に、金で彩色されたものを好んだ。青と金の対照のすばらしい効果が、イルカン時代の西アジアをいろどる。ツタンカーメンのように。がその文様は中国風の唐草であり、草花文であった。

これらの彩色陶器の技法は、地中海岸を西へ西へと流れてゆく。やがて酸化鉄、アンチモン、マンガン、コバルト、銅などの金属をさまざまに用いて、各地で多くの彩画陶器が生まれた。ラスター技法もこれに加わる。イスパノ・モレスクといわれるものや、マジョリカ陶器などは、すべてその延長上に生れた作品である。

染付の輸出　しかし何といっても中国で生産する染付は、西方にとっても魅力ある品であった。青白いまでに白い光沢のある地に、あざやかな青、その対比の妙は、中国以外の地でも熱狂的にむかえられた。元の至正年間の人、汪大淵が書いた「島夷志略」には、元末のころ東南アジア方面に染付を輸出する相手地を十八個所も記録している。その多くは竜泉窯や景徳鎮、そのほか南方の地方窯の生産品だった。そのため西方の各地には今もなお、青磁、白磁とともに、元、明代の染付が大量に残されているのである。明に至っては輸出向きとしての製品も多くつくられ、アラビア文字で文様を画いたものさえ多く製作されている。ことに十七世紀のはじめ、オランダ東インド会社が設立されて、ヨーロッパ諸国が争って東洋貿易に乗り出すようになってからのちは、中国染付はさらに大量が輸出されることになった。そのうえ輸出向きのみならず、オランダ側からの注文生産も盛んに行われていた。

このような輸出された染付が、現代最も大量に保存されているのは、トルコのイスタンブールのトプカプサライの博物館で十四世紀のものが三一点もあるという。またイランの西北にあるアルデビルのイスラム聖堂には八〇五点の中国磁器が所蔵され、そのうち十四世紀のものは三七点とされる。この一部は現在イランの首都テヘランの博物館に置かれている。そのほかイランのタブリズ大学、イスファファンの四十柱宮殿博物館、メシェド博物館にも少数の中国陶

中国製磁器：中国からイスラム世界へ輸出されたもの。輸出品らしくアラビア文字で飾る。

日本製磁器：オランダ向けにつくられたコーヒーポット。18世紀。

中国製薬びん：ココヤシの油を入れてヨーロッパへ輸出された。17世紀。

ホルムズ島：ペルシア湾のなかの小さな島。ここがかつての東西陶磁貿易の中心だった。今は人も住まぬ廃市である。

磁が蔵されている。

わたしは西アジアの各地を旅行したときにあちこちの遺跡で中国陶磁の破片をずいぶん採集した。イランではまず南の大都ケルマンの古城址で青磁片、マルコポーロの旅行記に現われるコビナンで染付、パキスタンに通ずる街道上の要地バムで染付、青磁を、また東西貿易の中心地となりペルシア湾にのぞむ古き港ホルムズ港のいくつかの遺跡に、多種多様の染付、青磁、白磁の類があった。またシルクロード上にあるアフガニスタンの北部では、シャーレホルム、バルフ、ガズニ、クンドズなどの各地でそれぞれ青磁、染付の破片を採集した。これからみると海上からも陸上からも、中国陶磁は西方へ盛んに運ばれていたことがよくわかるのだ。

代用品の製作

この中国陶磁によせられる西方の圧倒的な人気をみて、十七世紀はじめ、イランのサファビー王朝を建てたアッバス一世は、自国でも中国風の陶磁を製作し、それをヨーロッパに輸出して利益をあげようと考えた。そこで帝は中国から陶工三〇〇余人を家族ともども招いてペルシア人に技術を伝習させた。伝習はみごとに成功して、やがて中国風の染付の陶器が生産できるようになった。その中心はケルマン、イスファファンであった。ことにケルマン産は優秀で中国のものに劣らぬとの評判を得て、中央アジア方面にまで輸出された。またオランダ東インド会社の手によってバタビヤに輸出され、そこからさらにヨーロッパへも送られた。一六六五年には四、六四六個、六八年に二、二六八個、八一年にケルマン製の皿が四、五五六個もペルシアから到来したことを、オランダ側では記録している。六九年には日本にも送られたが、これは輸入が許可されなかった。がとにかく二五年間に年平均一、五〇〇のペルシア製染付陶器がヨーロッパに送られたのであった。それらに用いられたデザインは全く中国風で、山水、花鳥、楼閣などがなまなましいコバルト青で画かれていたが、池中に遊ぶ鳥とか、ザクロ、蓮の花の咲く池、スイカやブドウの文様、水草のなかを泳ぐ魚など、ペルシア的テーマを中国風に変えたものも多かった。

けれどもペルシアの染付は陶器である。だから手ではじいても磁器のようにすんだいい音がしない。また地色の白も光沢がなく白くにごった感じである。しかもペルシアの焼成用の窯は小さく一回の焼成量は少ない。ところがこれに反して日本や中国は、もう大型の窯で大量を焼成していた。ペルシアの染付陶はしだいにその評判がわるくなり、アッバス帝の輸出政策は不成功に終った。しかし錫で白くされた釉とコバルト青の使用による染付技法とデザインは、そのころオランダのデルフトでも盛んだった同種の製品に大きな影響を与えている。

染付の影響—デルフト

オランダ東インド会社が大量にヨーロッパに送りこんだ染付磁器は、オランダの陶工たちを刺戟した。十七世紀には鉛釉を酸化錫で白くにごらせた釉を地色とし、コバルトで画をつけた染付まがいのデルフト陶器は、ほぼ安定した生産に入った。これは同じ白い地色に、アンチモンと鉄を混合して得られる橙色を活用したイタリーのマジョリカ陶と、当時のヨーロッパ陶器の双壁だった。けれどもやがてデルフトの陶工は、白地の上に絵をつけたのち、さらに透明釉をかけて二度焼く方法を導入した。これはペルシアの染付陶から知った技法であろう。こうしてデルフト陶は中国の染付磁器に劣らぬ美しさをもつようになった。この技法は程なく十七世紀のヨーロッパにひろがってゆく。ことに英国のブリストルは中国風の染付陶を大量に産出するようになってきた。

このころの中国は明王朝の時代に当る。一三六八年の太祖洪武帝にはじまる明は、

明王朝

一六四四年までつづいた。明はモンゴルによる征服王朝元に代って起った漢民族の王朝である。元は西方の文化を自由に吸収し、伝統的な漢民族の文化に多くの変容を与えた。しかしこれを打倒した明は、儒教を中心とした漢文化中心主義をとった。元がイスラム教、ラマ教、キリスト教などの信仰にも自由な活動をみとめていたのに反し、明は儒教を基本とした「六諭」を公布して、儒教道徳を民間に普及することに努力した。いえば征服王朝期に外延的にひろがった漢の文化を、内包的に成熟させようとした動きである。従ってそこにあるのは伝

統主義であり古典主義であった。そこでやきものに対する好みも沈静にかつ端正なものとなっていった。元代にあった自由さ、奔放さは失われた。しかし明代も後半となると、こうした伝統を基本とする沈滞に対する反動が起った。これに加えてマテオリッチ等のキリスト教の宣教師がヨーロッパから渡来しはじめ、中国はふたたび海路を経て、異質の西洋文明に出会うことになった。オランダ東インド会社の活躍は、物質的な貿易上の交流にとどまっていたが、これら宣教師の来航と彼等の活動は、やがて伝統的な文化面にも新しい要素を送りこむことになった。こうして中国のやきものもまた、再び新しい技法の展開、変様の時期をむかえたのである。

明の染付

明ははじめ南京に首都を定め、宮廷用の陶磁工場御器廠を江西省の景徳鎮に置いた。南宋以来しだいに陶磁産業の中心となりつつあった景徳鎮は、こののち一層の繁栄をみることとなった。

明代三〇〇年の間に、技術的進歩として注意されるのは、第一に染付の完成である。元末から明初にかけて生れた染付は、十五世紀に至って完成した技法に達した。それは外に求めず内に求めようとした明の建国時の精神の展開といえる。素地のカオリンもよく精選されて不純物をまじえず白くなり、器形の製作にも熟練がみられるようになった。コバルト絵具は豊富に使われ、明るい紺青色となっている。文様も元代のように空間いちめんを埋める濃密さよりも、適当な配置、調和を考えて絵画風に画かれるようになった。しかも工人たちはすでに染付になれて、自在に筆を走らせて、染付はようやく洗練と優雅な感覚をもつものとなってきた。

けれども明も万暦の中期以後は、宮廷の御器は民間の請負焼造となり、動乱とともに不況が来た。そこで景徳鎮は活路を海外に求め、オランダ東インド会社との貿易によってヨーロッパへ大量に輸出しはじめた。デルフトの陶工に影響したのは、この期以後の製品である。また日本でも江戸時代の安定期に入り、中国製の磁器は貴重品として歓迎された。ペルシア染付の日本の輸出が試みられたのもそのためである。景徳鎮は輸出向きの品の製造にも熱心で、同時に海外からの注文製作も多かった。それらは木製、土製の型や図によって注文されていた。

多彩の発達　染付の完成とともに明代にはまた各種の色釉で飾る多彩が発達した。それには全部コバルト青で文様を画き部分的に彩色を加えるもの、コバルト青の輪郭線の上まで色を塗るもの、ぼかして色を塗るもの、コバルト青に匹敵する強い色を置いてその対比をねらうもの、コバルト青で輪郭を画きそのなかを色釉でうめるものなどの手法が行われた。これはすべて一旦磁器として焼成されたものの上に、各種の色を出す色釉（鉛をふくみ、磁器の上をおおう釉より低温度でとける）で画かれたのだった。そのうちでも万暦年間に製作されたものは、日本で万暦赤絵といわれてことに華やかなものだった。万暦の赤絵（五彩）の技法には、一度完全に染付風に文様を付けて焼いたのち色釉で彩色したもの、釉の下にはコバルトで画き、釉上にも緑、紅、黄の三色で文様をつけて焼き四色の乱れあうのを利用したもの、コバルト青を用いないで他の色釉のみを使ったものなど、多くの複雑な技巧がこらされた。

釉の上に彩画することは、ペルシアで盛行したミナイの技法、或いは十四世紀にまで行われた多くの加彩法を思い出させる。明の華やかな多色の装飾性、絵画性に富んだ文様は、これまでの青や白の磁器という静かな感覚とはまるで対極の姿である。これらの技法や華麗さは、やはり西方のミナイが元代にもたらされて、それが明代に中国風の変容を与えられて出現したのであろう。

また金襴手といわれるものがある。明るい緑釉とか真紅の釉の上に金で文様をつけたものだ。これもまさしくペルシアのイルカン時代に行われた技法だ。その華やかさ、その豪華さはたしかに王者の器にふさわしいけれども、儒教を中心とした伝統主義、古典主義の精神にはそぐわない。これらもペルシアから渡来した器、または技法によってつくられたエキゾチックな器、異国趣味にみたされた器なのだった。

工場の実態

新奇な技法にみちていた明の製陶工房は、ではどのような風景を展開していただろう。成化の頃の人、陸容は「菽園雑記」に次のように描写した。

「原料土は窯の近くから採取する。その他の場処までは出向かない。釉の原料石は山中から採取する。別に木葉を集め蓄えておいて燃やして灰にし、これに白石の粉末をよく水でこしたものを調合して釉をつくる。原料土は細かいのがよく、釉の調合にはなるべく純粋なものがよい。工人はロクロで成形し、また型で成型することもある。成形した後よく乾いたら釉を塗る。ついでサヤのなかにおさめ、これを窯につめる。正しくきっちりと並べてから薪で焼く。火の工合をよくみて、真紅の焔ばかりとなって煙がでなくなると、泥でたき口を閉じ、十分火気がなくなってから窯を開く。緑豆色で光沢がありきれいで傷のないものを上とする。生葉色は下。しかし上等品は高価なのでみな他処に売られていってしまい、県の役人ですらまだ見たことがないとのことである」。

これは竜泉窯の記事。青磁の産地であった。また明末十七世紀に書かれた宋応星著の「天工開物」は、中国の一般的な生産技術をくわしく記したものとして貴重な文献だが、そのなかの製陶の一部を次にしめそう。

「釉の材料はどこにでもある。江蘇、浙江、福建、広東で用いるのは蕨藍草という種類で、その草は住民の燃料となる。長さは三尺ほどである。枝や葉は杉の木に似ているが、束ねても棘が立たない。製陶家はこれを取ってきて燃やした灰を袋に入れ、水を注いで漉し、粗いものを去ってごく細かいものをとる。この灰二碗ごとに紅土泥水一碗をまぜ、よくかきまわして素地の上に塗る。これを焼くと自然に光沢ができる。北方で何を用いているかははっきりしない。蘇州の黄罐に使う釉も別に原料がある。ただ朝廷で用いる竜鳳器は、やはり松脂と無名異とを用いる。

瓶窯では小さい器を焼き、缸窯では大きな器を焼く。山西省や浙江省では缸窯と瓶窯を区別しているが、他の省では一つの窯を兼用している。

口の開いた甕を造るにはロクロをまわして上下半分づつを作り、それを接合したつぎ目は、木槌で内と外から叩き固める。口のせまった罎や甕も上下半分づつを接合するが、槌が使いにくいので、予め別の窯で金剛圏の形をした円瓦を焼き内側におしあて、外から木槌で叩くと土が自然にくっつく。

缸窯と瓶窯とは平地に作らないで、必ず台地の斜面に造り、長いものには二三十丈、短いものでも十余丈の長さに数十窯を連ねるが、みな一窯ごとに一段ずつ高くなっている。つま

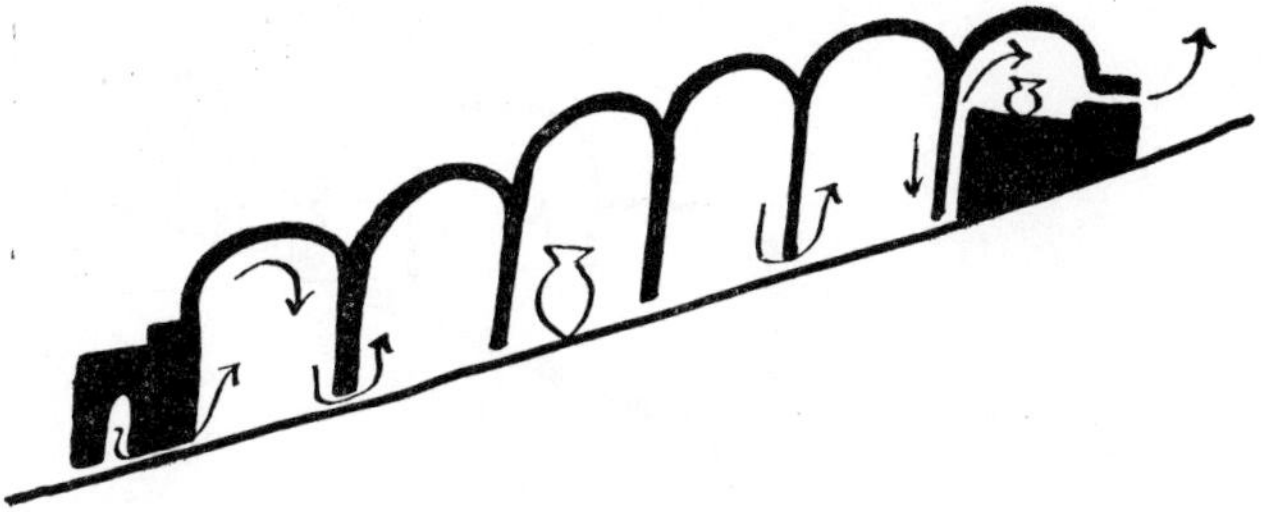

中国，徳化，磁器窯

り勾配を利用して川水にひたされる恐れをなくするとともに、火気が一段ごとに上に昇ることになるからである。数十窯で陶器をつくる場合に、値段の高いものは大して得られにくいが、多くの労力と資力とを合わせて造っている。窯が円く造り上ると、その上をごく細かい土で厚さ三寸ばかりに掩う。窯には五尺ほどへだてて煙を通す穴があり、窯の口は向いあって開いている。装入するにはごく小さい器を最下段の窯に入れ、非常に大きな缸や甕は最後の高い窯に装入する。火はまず最下段の窯から焚きはじめ、二人が向い合ってかわるがわる火加減を見る。大よそ陶器百三十斤について薪百斤を消費する。火が十分まわった時にその焚口をしめ、それから次に第二の焚口で火を燃やし、順次火をつけて最後の窯に至るのである」

ほぼ明末ごろの技術の内容を知ることができよう。ここに数十窯を連ねる窯のことが記されている。つまり登り窯だ。斜面に沿っていくつもの焼成室を連接し、低い位置にある焼成室の口にたきつけた火が、しだいに高い位置の窯に流れてゆくようにしてある。宋代の窯は、耀州の窯の発掘で分った

中国，四川，陶器窯

ように石炭を燃料とし焼成室が一個しかないものだった。けれども明代の一部では、斜面に数十の焼成室を連ねた大型の登り窯が使用されていたことになる。この連続する登り窯は中国では福建省の徳化、広東省の石湾、四川省、朝鮮などで用いられた形式である。

景徳鎮
—ダントルコールの手紙

けれども景徳鎮の窯は焼成室一個の窯だったことは、十八世紀はじめのフランス人宣教師、ダントルコールの書翰にも記されているし、以後の日本の旅行者も記録している。この一室の窯と、連続する登り窯とが中国に併存することはおもしろい。一室しかない窯は宋代以来の系譜、否それ以前にさかのぼる系譜を考えることができる。しかし登り窯形式の前史はどんなであるのか、それは現在のところよくわからない。

ダントルコールは、景徳鎮の窯について次のように書きのこした。

「窯はかなり長き前室の奥に在りて、前室はその

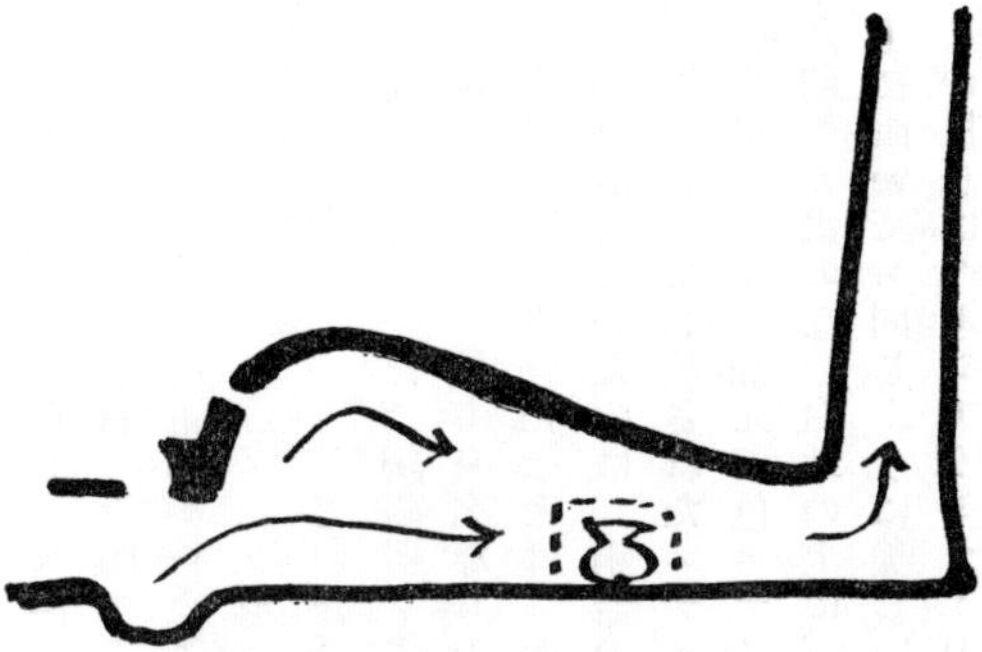

中国，景徳鎮，磁器窯

為にフイゴの役目をなし、又支柱ともなるものに御座候、それはガラス工場のせりもち室と同じ役目をいたし候、現今の窯は昔のものよりも大きく候、支那の書によれば、往時は高さ及び幅ともに六尺にすぎざりしに今日にてはそれは二尋の高さと四尋近くの深さとを備へ居候、穹隆及び窯体いづれもかなり厚くして、火に傾はさるる事なく其の上を歩行し得る程に有之候、この穹隆の内部は平に非ず、尖にも非ず候、それは奥へ長くのび、しだいに細まりて、後端に一大風孔を備え居り候、それより焔と煙とを上昇致し候。

この煙道の外に窯の頂部には其の眼とも申すべき五個の小孔穿たれ居候、此等をば破壷などを以て蓋致し候が、ただ窯内の火焔と空気とが幾分抜け得るやうには致し置候、此等の眼によりて磁器の焼成了りたるや否や判断仕候、大風孔より稍前に在る眼の蓋を取り、鉄火ばしを以てサヤの一個を開き申候、焼成適度なる時は窯内に白光あり、サヤはみな灼熱せられ、殊に諸色彩光輝鮮やかに発色致すものに候、その時に火を止め、窯門を一時完全に封泥仕り候、窯前にはその延長一杯に深さ及び幅それぞれ一二尺の火床ありて、窯内に入り磁器を配列する為には、之に懸れる板を渡り申し候、火床の火を発せしめたる時は直ちに窯門を塗塞して其処にただ一孔をあけ置き、長さ一尺位の細き薪材を之より投入仕候、先づ一昼夜の間焚きつづけ、それより二人の職工交代して間断なく割木を投げ入れ申し候、ふつうには一回の焼成に百八十束の薪材を費消仕り候、されど支那の書の之に就て記述する処を以て観れば此の量は十分ならずと存ぜられ候、それによれば昔は、その頃の窯は現今のものの半分の大さなりしに拘らず、薪材二百四十束を、雨天の際には之よりも更に二十束多く燃焼したる由に御座候……」（小林太市郎訳による）

ダントルコールは明につぐ清の康熙帝の時代（十七世紀）に中国に滞在していた。康熙、雍正、乾隆と清朝前半の時代は、清朝の文化が最も華やかな時代であった。陶磁器もまた新しい技法を得て、さらに華麗となった。この時に発達した技法のなかで、最も有名なものは粉彩又は洋彩といわれる手法だった。しかもこれが西洋工芸の影響の下に生れたことは、西欧文化がしだいに東方に進出してきたことを物語っている。

エナメル彩画——清

その源流となったのは、銅器の上にエナメルで画付けする、一種の七宝技術だった。白石一、鉛二を混合して調整されたエナメルで、銅器の上を完全にぬりつぶし、さらに、同じ白エナメルに少量の金属を加えて色エナメルとしたもので各種の文様を画く。これを窯に入れて焼けば不透明で光沢のない白地の上に、あざやかに発色した文様が現われる。また銅器の代りに陶磁の上に画いても同じように美しい文様が得られる。

この技法はペルシアのミナイの技法にはじまって、ヨーロッパで発達し、フランスではパリ、リモージュ、イギリスではバッターシーが名産地だった。これらの地で製作された美しいエナメル彩の器物が、西洋人の来航に伴って中国の宮廷にまで、多くもたらされていた。そこでこれを模倣して生れたのが粉彩だった。粉彩によって磁器を色どることは、ほぼ康熙帝の末頃には完成し、雍正、乾隆の時代には全盛だった。そのデザインや文様にも多く西洋の影響を受けて花籠とか、瓶に盛った花、貴婦人たちが画かれたりした。しかも粉彩はニカワや油でといたエナメルを筆にふくませて精密に画くことができ、絵画の手法も自由に応用することができる。そうしてダントルコールも「七宝と見まがうばかり」と激賞する精細な洗練された画付けが完成した。

前代の明に生れた五彩はこれに対して硬彩といわれ、洋彩、粉彩はまた軟彩と呼ばれた。硬彩に用いる絵具は軟彩と同じく鉛を含むけれど、ソーダなども含まれる釉である。そこで文様づけはどうしても粗くなる。画付けがしにくい。ところが軟彩のそれは完全なエナメルで釉ではない。従って画付けはやさしく自由である。また素地も硬彩は磁器そのものであるが、軟彩はいったん白エナメルを地色にかけ、その上に画付けする。だから硬彩の地は硬く、軟彩はやわらかだ。堅牢さからいえば硬彩の方がすぐれている。しかし七宝のような美しさの軟彩の出現は、硬彩の地位を奪ってしまった。硬彩は磁器の表面に思わぬ傷があった時、それをかくす方法として利用される程度のものとなった。

この軟彩によって、現在用いられている陶磁器の装飾技法は、ほぼ尽きた。単色の釉としての青磁、白磁。陶器では黒釉、茶褐の釉。また陰影による効果をねらっての文様の彫刻やスタンプ。次に単色の釉を用いた磁器に対する新しい装飾として釉下の彩画と釉上の彩画。釉下の彩画には鉄やコバルト、銅が用いられていわゆる鉄絵や染付、釉裏紅を生む。釉上の彩画には鉛釉の発色を利用する硬彩、エナメルの発色を利用する軟彩。今日使用される装飾技術も、結局はこれらの組合せやバリエーションにすぎない。

中国磁器の輸出　明の万暦年間にあたる一六〇四年、中国貿易から戻るポルトガル船カタリナ号が、オランダ船に捕えられたが、その積荷の一部はおびただしいみごとな中国産の磁器だった。その一部は競売によってフランス王アンリ四世の手に入った。もちろんこれ以前に多くの中国磁器は世界を航海して、ポルトガルやスペインに流入していたのである。

オランダ東インド会社よりやや前にイギリスの東インド会社も設立されて、東西貿易は著しく盛大となってきた。一六一〇年オランダの社員ヨンゲはアムステルダムに絹織物などとともに百枚の磁器大皿を発送し、かつ今後の重要な貿易品のひとつとして、良質の陶磁器があることを述べている。一六一四年のゲルデルラント号は六九、〇五七個の陶磁器を積んでいた。

またイギリス側では一六三七年のカザリン号で五三包の陶磁器がヨーロッパに運ばれ、一七〇〇年のマクリズフイールド号では、その量はさらにふえ、一七三六年のノルマントン号は二八五箱の陶磁器を積んでいた。一七五〇年、中国の広東に入ったイギリス船七隻は、陶磁器七八九箱をヨーロッパに運んだ。

こうしてヨーロッパに渡来した中国陶磁の約三分の一以上は、フランスで購入されたといわれる。さらにフランスには一六八五年にシャム（タイ）と親善使節の交換を行った際に大量の中国陶磁が流入した。ルイ十四世はすでに中国磁器の愛好者だったので、シャム王からルイ王へは、実に一五〇〇余個の日本及び中国の磁器が贈呈された。また一六九八年から十八世紀初めに二度にわたって中国へ航行したアンフィトリト号は、第一回に一六〇箱、第二回に九三箱の陶磁を持ち帰っている。これにつづくフランス商船による中国貿易は、多くの東洋の工芸品をヨーロッパの中心部へ運びこんだのだった。

フランスでの流行

十八世紀中頃のフランスで、中国磁器がどれほど貴ばれたかをしめす記録がある。それはフランス王室御用達の貴金属商、ラザル・ドウボーの売上記録だ。その一部をかかげよう。

- 一七四八年十二月二三日、ルイ十四世の孫娘ルイズ・アンナ・ド・ブルボン・コンデ　四角形三層香炉　九六リブル
- 一七五〇年五月二五日、マダム・ド・ポンバドウル　鶏置物一対　二四〇リブル
- 一七五二年二月十四日　マダム・ド・ポンバドウル　大花瓶一対　一五二〇リブル
- 同年七月二二日コンテッス・デグモン　大花瓶一対　一四四〇リブル

といった工合だ。これは中国製と明記されたもののごく一部分にすぎぬ。そのほか明らかに中国製と推定されるものには、

- 一七五〇年十二月十七日　ベルサイユ宮　銅製鍍金金具付青色磁水注二個　六〇〇リブル
- 一七五一年八月十八日　マダム・ド・ポンバドウル青色磁製煖炉飾一組（猫置物一対、金

具付竜耳瓶三個）一四八〇リブル

などと無数の中国磁器の売込が記録されている。

ベルサイユ宮は、このころより前からフランス宮廷の東洋趣味によって、多くの中国陶磁で飾られていた。十七世紀の末ごろには、一八八種、一〇〇〇余個の各種の磁器が所蔵されている。一六七〇年にはルイ十四世によって、トリアノン宮が建造されたが、これこそフランスで空想された中国風、中国趣味を装飾の基本としたものだった。そしてトリアノン風といわれる室内装飾の方法も現われた。その基調となる色はコバルト青と白、つまり染付の色彩だった。そこではすべての家具調度類が中国からの輸入品、或いは中国風に模造されたもので、夢幻的な空気をたたえていた。

フランスからの注文生産　このほかにもルイ王朝歴代の王、またその一族、貴族、財界、官界、軍人の有力者等はことごとく中国趣味であり、盛んに中国またはは日本製の陶磁器やその他の工芸品を収集した。そのうちには、わざわざ中国へ注文製作させたものもかなりあったらしい。さきのダントルコールの書翰は次のように記している。

「欧州へ輸出致し候磁器は、ほとんど常に新しく、しばしば奇異なる手本によりて造られ候故、製作困難を極むるのみならず、少しにても瑕出来候へば、完好を尊ぶ欧人は之を嫌ひ候により、陶工の手持と相成る次第に御座候、また此等は支那人の趣味に合ひ申さず候故、国内にてはさばけ難く候、よりて欧人の購入致候品の値段の中には、その嫌ひて取らざるものの価も含まれおるわけに有之候」

「前に申上候通り、欧人注文の手本によりて製作することの困難さも、亦磁器の価格を高くする一原因と相成居候、外国より来り候如何なる手本によりても製造し得るものにては無之候、支那にては出来難きものも有之候、それは此の国に於て外人を驚かし、外人の眼には不可能と見ゆる作の造らるると同じことに有之候。其の例を二三申上ぐ可く候。

小生当地にて一の磁製の照燈もしくは燈籠とも云ふべきものを実見致し候が、そは全部一体にて、その中より燭光一室を明るく照明仕候。此の作品は、七八年前に王太子より注文遊ばされ候ものに御座候、此の王子はなお種々の楽器、ことに笙と申す一種の小オルガンをも注文致され候が、笙は高さ一尺ばかりにて、十四の管より成りかなり好き音を出し申し候、されど是は制作不可能なりしことに候、フリュート、フラジョレット、及び雲鑼と称する楽器の焼成にはとにかく成功仕候」

これらの文から当時のヨーロッパ人の中国趣味の一端を十分にうかがうことができよう。以上のフランスに関するデータは、小林太市郎の研究によった。

三、日本の場合

縄文土器—日本　そこで最後にわたしたちの日本のやきものの歴史を素描してみよう。隣邦の大国中国、またせまい海峡をへだてて接する朝鮮半島、それらはいつも日本へ新しい文化の芽を供給した。やきものの場合も同じことだ。日本はいつもこれまで述べてきたような、アジア、或いは西方との交流の上に成立したさまざまな技法を輸入しつづけてきた。そしてそれを熟成させ変様させて日本のやきものが生れたのである。

無土器時代はさておいて、日本の最初のやきものの歴史は縄文時代にはじまる。縄文時代の土器は考古学上は複雑に分類される。しかしだいたいのところ、前期は尖底の不安定な形のもの、後期は平底の安定した形式のものとなる。尖底器は粘土の棒を螺旋状に巻きあげてつくったもの、平底のものは輪型にした粘土を積みあげて、そののち全体をたたきしめたものと考えられる。こうした土器製法は、古代文化でほぼ共通のことだ。粘土には繊維質のもの、より糸、小石等がまぜられて強化を考えている。表面装飾には貝殻のへりで押文をつけたり、より糸をころがして文様をつけたりしている。糸の目をつけることは、器物の外をより糸で包んで、強くする願いをこめたものだろう。酸化鉄や水銀朱で彩色したものもみられるし、ウルシを塗ったものもある。ウルシ使用の最古の例だ。その色は赤いが鉄をまぜたものらしい。

けれどもこれらの装飾には、西方の彩文土器にみられるような、一定の法則、思考、認識の姿などを考えさせるものはない。その点では中国の古代の土器が、甘粛省で出土した彩文土器を除いては、やはり西方風の彩文が見当らぬこととよく似ている。それに代って特徴的なのは、粘土のはりつけによる装飾が盛んなことだ。火焔型などといわれるほど、粘土の棒をはりつけて、中空に躍るような曲線をつくりあげる一群の器は、たしかにその底にある原始的な祈りの声を感じさせる。西方の古代人が彩文のなかに祈りと訴えをひそめているように、日本の縄文人は、粘土による立体的な運動的な造形のなかに、かれらの祈りをこめた。こうした異様なまでの感覚の土器は世界に類例がない。それは日本の原文化がまた独特のものだったことのしるしでもある。

弥生式土器　縄文土器の次の時代は弥生式の土器文化の時代だ。このころから日本人は定住生活をはじめ、金属器を用い、水田で稲作を開始する。現代の日本人の生活の原型が生れてきた時代なのだ。このころのやきものはその用途が割にはっきり分るものが多い。それは形態と機能がたがいに対応しはじめるからだ。人間の生活でのいろんな役割と要求、それに応じてやきものもつくられる。たいていの成形は輪型の粘土をつみあげてつくっている。そして表面をたたいたりヘラでけずったりして仕上げてある。そのほかヘラで文様を彫りこんだり、櫛目のような文様もつけられた。だが過剰なまでのエネルギーを感じさせ、装飾性を多分にもつ縄文式のものとはちがって、弥生式文化の土器はむしろ簡素で、器形を対称に正確につくることに努力している。縄文式のころ、やきものはそれ自体が人間とともに生きるものであり、人間のように生れかつ亡びるものであった。けれどもこの期になると、もうやきものは人間から離れた一個の道具、生活様式を完成させる一個の道具として扱われている。形を中心とすること—それは機能の重視である。

この時代、まだロクロは十分に使われていない。まず回転台程度のものであろう。窯ははじめに記したような京都の幡枝、伊勢の有爾などの例のように、円筒型の窯が使われていたのだろう。或いは野天に積みあげて燃料でおおい火を放って焼いていた。

スエ器の出現

ついで壮大な古墳に象徴される古代社会の時代がくる。三世紀から八世紀にかけて大和を中心とした古代国家が誕生する。それとともに朝鮮から新しいやきものの技法が伝来してきた。日本書紀には雄略帝の時代に新漢陶部高貴の渡来を伝える。崇峻帝の時代に瓦博士の来朝を伝える。ともに朝鮮から来た技術者たちであった。

そしてスェ器が出現した。スェ器は灰色に固く焼きしまったものだ。縄文、弥生の赤っぽい肌とはまるでちがう硬質の感覚のものだ。明らかにそれは異質の文化の匂いがある。しかも表面に文様はすくない。器形も変化してくる。

縄文、弥生の赤とか白茶色の肌は、それが酸化焔で焼かれたことをしめしている。例の幡枝や或は西アジアの窯のように、下方から空気が豊富に流れこみ、しかも上方に煙も火も吹きぬけてゆくなかで焼かれたのだった。しかしスェ器の灰黒色の色は、還元焔で焼かれたあとだ。空気の流通が悪いなかで焼かれたものだった。酸化焔で焼かれると原土中の鉄分は酸化して赤くなる。還元焔で焼かれるとこんどは還元された黒い色をしめす。

こうした焔のちがいは、これまでとはちがった構造の窯を用いたことを意味する。スェ器の工人たちはアナ窯といわれる窯をつくった。斜面を利用して斜に上に昇ってゆく穴を掘る。その先は煙道となってふたたび外に出る。いえば上向きの一種のトンネルだ。底にはしばしば物をならべるための階段もつくられていた。この形式の窯であると、煙の出方を加減することができ、窯のなかでいぶして煤を器物の表面に吸着させることもできる。また内部が屈曲しているので灰もたまりやすく、自然の灰釉が生れる可能性も十分にあった。窯の温度はかなり上ったようで一、〇〇〇度ぐらいにはなったと推定される。

日本書紀の垂仁紀では帰化した新羅の王子天日槍とともに渡来した工人が、近江の鏡谷でやきものをつくったと伝えている。この伝承からも、かなりの数の工人が渡来し、それぞれが原土の豊富なやきものに適した地を選んで窯をつくり、スエ器を焼いたことがわかる。かれらはすべて専門の工人だった。現在知られているスエ器の窯跡はずいぶん多い。しかもその跡が三〇—二〇〇というように集団的になっていることは、すでに専門工の集落があったことを物語る。今も須恵、須江、陶、末などの地名の残るものが多いが、その近くでは近世、または現代でも、やきものや瓦をつくったり、つくっている処が多い。

ロクロの導入

ところでスエ器の工人たちはいまひとつ重要な技術をもっていた。ロクロの使用である。ロクロ使用は工人専門化の一因であるとともに、量産の要素でもあり、専業の要素でもある。日本のやきもの技術はここに大きく変化した。スエ器の器形は多種多様である。それは生活の深部にまでやきものが入りこんできたことの証であり、技術の向上と変化のしるしでもある。

この新来の技術に対して、弥生的、或いは幡枝的伝統の土器は、日常生活の器物としての座をゆずらねばならなくなった。器形の多様さ、便利さ、丈夫さ、多量などという日常性はスエ器のものである。そして古代的な土器は土師《はじ》器として、祭祀中心の伝統世界に生きねばならなくなった。野見宿禰を伝説的な始祖とする土師部は、数多い巨大な古墳の築造に要求される多くの埴輪や祭祀用の土器の製造を担当し、手作りの土器の弥生的伝統を守ったのである。

けれども大陸の文化はさらに強くその力を発揮しはじめた。まず仏教の輸入。この新しい宗教の輸入と国家権力によるその宣教は、大きく日本の文化をゆるがせた。仏教は死を凶儀として忌む風をつよくする。古墳によって死者の未来世界を華やかに造型する精神は失われた。奈良時代の末、天応元年の六月に土師宿禰は凶儀に参与することを嫌って土師の姓を菅原姓に改めることを奏請したのは、土師が宮廷を中心とする公的な祭祀の世界から没落してゆくことであった。そして土器は民間の私的な雑器として生きつづけねばならなくなった。公的なやきものの歴史の表面は、今や大陸の文化を敏感に反映する中国系の技法によって彩られることになった。

中国陶磁の輸入　仏教文化とならんで第一にもたらされたやきものは、あの華麗な唐三彩だった。鉛を主体として低温度でとける釉の利用は、直ちに日本でも模倣される。緑釉で飾った瓦、三彩釉で飾った器物、正倉院三彩とか奈良三彩といわれるそれらは、奈良時代から平安時代まで各地で多数つくられた。その問題はすでに記したから、ここではくりかえさない。

同じころ中国では青磁の技法、ことに南の越州青磁の技法が完成している。そこでまず器物そのものの輸入がはじまる。ことに宮廷を中心とする貴族たちは、堅牢で美しい青磁を要求した。九州の福岡から最近多くの越州青磁片が発見されているのは、多くの青磁器が海路輸入されたことを物語っている。

しかしその数は要求にこたえるにはまだまだ少なかった。「久安記」にみる「青瓷、白瓷瓶子各一口」、「大饗雑事」にある「瓶子四口、白茶垸《わん》二口、青瓷二口」などの記載は、それら輸入品に関するものだろう。また白磁の碗はことに珍重されたらしく、宇津保物語には「白き陶垸」などと記されている。青瓷は「あおじ」と読む。青磁のことだろう。また「源氏物語」に「ひそく」の語のあることは有名だが、これは「祕色」つまり越州青磁のことである。

また「名目抄」などでは青磁は天子の食を盛る器であるとか、青磁や白い茶碗は大臣の食器であるなどと特記されているのは、それらが中国からの渡来品であり、ごく高級な器とされていたことがわかる。京都の仁和寺にある「仁和寺御室御物実録」と題する文書は、天暦四年（九五〇）に書かれたもので、宇多法皇の愛玩の品を記録したものといわれる。そのなかにも青磁鉢、青磁碗、青磁杯などの記載がある。また仁和寺の堂の跡からは白磁、青磁の合子が大正四年に発見されているし、そのほか平安時代の寺院の跡などから出土した例もかなりある。貴族たちが中国渡りの青磁、白磁を珍重したことがよくうかがわれる。

けれども貴族とても多くは生活面では漆器、金属器が中心だった。「ロクロ挽の御器十五、こがねの御器十五」と宇津保物語にあるのは、木器、金属器がふつうだった例なのだ。

青磁の模倣

輸入される青磁を模倣して、スエ器の技術も上昇してきた。最近の発掘と研究でことに有名になってきた愛知県の猿投山南西麓古窯群から大量に出土する陶片は、人工的な灰釉を使用し、細く彫りこんだ文様や器形なども、すべて中国の青磁の模倣の上に成立したものであった。しかもその用途は祭器、仏器、また宮廷貴族用のものが大部分である。輸入青磁の数に限りがあったとき、この多量のイミテーション産出は、中国趣味をもって最高のものとした王朝貴族の日常生活の要求に応ずるものだった。ちょうど近世ヨーロッパの宮廷が中国の輸入磁器と、デルフト産のイミテーション磁器で飾られていたのと同じことなのだ。

これに応じて窯も進歩した形式となっている。和泉の西陶器村で発見された一例では、長さは九メートル、そのうち焼成室は五メートル弱、約八〇センチ上りの匂配がつき、内部は底の広さ二・三メートル、高さ二メートル弱、天井は約四〇センチの厚みでスサ入りの粘土でアーチ形に塗りあげられ、左右両壁は二五センチほどの厚みに塗られている。しかも奥の方は幅もせまくなって四五度角で上昇するようになるという大型のものであった。さきの猿投山麓からも多くの窯が知られている。が、これも斜面に正確な上り匂配をつけてつくられたトンネル風の窯であった。

けれどもこの進歩したスエ器はもちろん庶民のものではない。庶民は小さな窯で焼かれた土器類を使用していた。深草の土器、嵯峨の土器、あかかわらけ、御瓦器などの言葉が平安時代の文献ではいくつもみられる。釉のかかったやきもの、美しく光沢のあるやきものは、庶民には縁遠い品物でしかなかった。

灰釉の使用—瀬戸

さて鎌倉時代、中国では陶磁技術の完成期たる宋代にあたる。この期に名高い藤四郎伝説があり、それに伴ってたしかに瀬戸を中心とする技術の大きな変革がある。陶祖とされる加藤四郎左衛門景正は、禅僧道元に伴われて浙江省の天竜山、径山にあって禅を学んで帰国した。藤四郎は新しい中国の技術を学んで安貞三年に帰国して、瀬戸で良質の陶土を発見して陶器を焼きはじめたという。確たる史料はまだない。けれども瀬戸の陶工たちが、中国陶磁をひとつの理想モデルとして注目し、かつ追求していたことが、この象徴的人物を生み出したものであろう。

さきにも書いたように猿投山の古窯群で実証され、延喜式にも「尾張国瓷器」とあるように、瀬戸はすでにスエ器の一大生産地だった。しかも中国風の灰釉を使用している。これだけの技術的基礎があったところに、鎌倉期の日宋交通によってさらに新しい発展が生れたのだった。その大きな変化はサヤの使用、トンネル状の窯は挿木孔を加えて高温度の焼成ができるようにしたことであった。灰釉の使用は一般化し、釉の変化の自発的な発見という新しい仕事が現われた。

この時代の最高の釉は黄瀬戸だ。けれども技術的にいえばそれは青磁の失敗品である。中国青磁を理想として追いつづけていた陶工は、その失敗の過程のなかで黄瀬戸を見出した。それを得たとき、瀬戸の陶工たちは新しい開眼をもった。従来の中国陶磁のどれにもない沈んだ明るさの黄。そこからかれらは自からの力による技法の改良の途をたどるようになった。そして室町に至ればこれらの技法はほぼ安定したものとなってくる。

瀬戸は原料土も燃料も豊富だった。灰釉をかけ高温度で丈夫に焼かれた瀬戸の器は、祭器、仏器、茶碗、鉢などを焼いて、金属器、漆器の日用器の分野に大きく進出した。瀬戸とともに常滑、信楽、丹波、備前、越前なども当時の大産地であった。けれども瀬戸以外の土地ではまだ人工釉の使用に至らず、スエ器の遺制をつぐものに止まっていた。

二石入り、三石入りという大瓶も造られるようになった。室町期の職人歌合図には、藍染め用の瓶にすでにこの種の大瓶が画かれている。また鎌倉期以後、都市では急速に酒の醸造業が発達したが、醸造用の需要も大きかった。建長四年の鎌倉での奉行の調査では、鎌倉だけで三万七千余の醸造用、貯蔵用の大壺が数えられた。陶器の普及はそれだけ庶民の生活内容の向上、庶民文化の発展を意味するものとなってきた。

磁器の製作へ　下剋上による権力の転換、価値の転換が進展する室町時代の末から安土桃山時代。日本の美学もまたこのころから王朝的な美学を離れて、下剋上の美学を生んだ。茶、香の発達がそれである。この新興美学の信奉者たちは、新しい要求を陶器に求めた。しかもかれらは実質的にも新時代の実力者たちだった。そこでこの新需要者層に対して、茶陶という新ジャンルのやきものが出現した。

それは金属の利用によるさまざまなバリエーションだった。志野、織部などの金属によって発色する釉の発見は、中国に刺戟されつつも、やはり独自のものということができる。さらには虚しい豊臣秀吉による文禄、慶長の朝鮮の役は、ひとりやきものの歴史の上に巨大な跡をのこすことになった。従軍した諸侯が伴い帰った朝鮮陶工によって、西南日本に新しく陶業が開始される。唐津、萩、高取、上野、平戸、薩摩などの生産地が活動しはじめる。これらの諸地には朝鮮李朝風の陶技が伝えられ、以後の近世窯業に大きな影響を与えた。

その第一は磁器の創始だった。磁器は陶器とは全く別のものである。しかも中国は元を経てすでに明の盛期。日本でも染付の存在は知られていた。けれども日本の陶技は陶器にとどまる限りそれを追うことはできなかった。志野あたりで試みられた筆による草花文、乳白色の長石釉の下にほどこした茶褐色の鉄分ある絵具で飾ったものは、染付の美しさに驚いた陶工たちがつくり出したものなのだろう。筆で画くという技法は、ようやくこのころからはじまってきた。

李朝の陶磁　朝鮮李朝の歴史はながい、その建国は一三九二年。その最後は明治の日韓合邦に終る。その間約五〇〇年。そして李朝の陶工たちが日本に渡来したのは、建国後約二〇〇年。李氏朝鮮はようやく独自の文化を発展させつつあった時代だった。けれどもこの文化の興隆期に李朝でいう壬辰丁酉の乱、すなわち文禄、慶長の役が起ったのである。

李朝の前は高麗である。高麗時代は仏教が全盛であった。しかしこれに代る李朝は儒教を中心とした。儒教は中国の伝統、その根本のひとつは礼の教えである。吉・嘉・賓・軍・凶の五礼を正しく実行することは、倫理道徳の根元だ。この五礼に用いられる祭器は、周以来の厳重な規定によって定められた独特の形をもつ。いわゆる殷周の青銅器の伝統。ところが朝鮮には銅の産出が少かった。そこで李朝は堅牢で美しい磁器をもって、青銅器に代用した。そのなかでも純白な白磁が貴ばれた。厳正な儒教の精神は青白いばかりに白い磁器で統一された。

だから李朝の官窯、つまり国営工場で製作されるのは完全な白磁が中心だった。李朝初期、官の磁器製作所は一三六、陶器製作所は一八五を数えたという。さらに世祖の九年（一四六四年）、全羅道の敬差官丘致峒が順天府で回青と似通った鉱物を発見し、これを用いて朝鮮最初の染付を製作して献上した。けれども朝鮮では回青つまりコバルトの産出は少かった。大部分は中国からの輸入にまたねばならぬ。そのため回青を用いたすぐれた染付磁器は宮廷、貴族用の器に限られ、庶民はその使用を禁止された。日本で悦ばれる李朝の鉄絵と称して、白磁に鉄の茶褐色でざっと草花文や動物文を画いたのは、実は民間の染付代用品なのだ。真の李朝磁器は透明で鋭い感覚の白、端正で厳格な表情をもつ白磁であった。

渡来した工人たち　渡来陶工たちの仕事を薩摩を例にしてトレースしてみよう。鹿児島の北東、串木野に到着した人びとは二二姓、男女約八〇人だった。その故地は全羅道の南原、慶尚道の青松のようである。串木野でかれらは日常の雑器を焼いた。発掘された窯は長さ十五、六メートル、幅一・二メートル、半円筒型のトンネル窯式のものだった。高さは二メートルぐらいと推定される。この窯跡からは水瓶の出土が圧倒的に多く、約七割をしめ、そのほかスリ鉢などもある。日常雑器が中心だった。

やがて陶工金海は瀬戸に赴いて茶器の業を伝習して戻る。李朝の陶工は儒教的な造型が中心だった。けれども当時日本の諸侯の好みは茶陶が中心となっていた。そこで金海はあらためて瀬戸、美濃の技法を学んで、薩摩の帖佐で新に窯を開く。これは現代もその一部が残っている。しぜんの岩磐の斜面を掘りこんだ一室の小型のもの。全長は約七メートル、焼成室は長さ四・二メートル、幅〇・九メートルである。

この種の小型の窯はやはり朝鮮系である。大正年間に山口県の佐野や大道で用いられていた鉄砲窯がこれで、長さ約八メートル、焼成室は約六メートル、幅二・四メートル、高さ二・一メートル、投薪孔を側面に二個もっていた。従ってこの窯では小型のもの、つまり茶陶系のも

（上）朝鮮，硬質器窯（下）磁器窯

のしか焼けなかったわけだ。こうして定着した李朝の工人たちは、やがて京焼の仁清風の伝統を学び、また肥前の染付を学んで三種の技法を具えるようになる。すなわち李朝風、京風、肥前風と。ところでその肥前風こそ朝鮮陶工が日本に与えた最も大きな影響、染付磁器の創始なのだ。

磁器の創製―有田

有田で金ヶ江三兵衛（李参平）が泉山石を発見して染付磁器に成功したのは元和二年（一六一六）といわれる。磁器は陶器とは異った原料土カオリンを用いねばならぬ。その新しい原料の発見からはじめねばならぬ。これ以後各地で行われた磁器の焼成も、まず原土の探索からはじめねばならなかった。これとともに磁器の焼成技術も伝えられた。前にひいた天工開物に記す登り窯や、景徳鎮の一室だけの窯はどれも磁器用の窯だった。そして日本で今も行なわれる磁器用の窯は登り窯の系列なのだ。

そこでよく日本の磁器窯は南方中国の徳化のものが伝来したのだといわれる。だが日本の磁

日本，有田，磁器窯

器技術と福建省の徳化を結びつける史料は何もない。ただ似ているというにすぎぬ。

ところが朝鮮には陶器用の窯と硬質器用の窯との二種があった。陶器用の窯は長く背の低いトンネル型の窯で、斜面に長くきずく。火はトンネルの下方からたき、またトンネルの左右には多くの挿木孔があって、ここからも薪を投入して内部の温度をあげてゆく。しかしこの形式の窯は内部の温度はさほど高くならない。

いまひとつの硬質器用、つまり硬く焼く陶器とか磁器は、このトンネル窯に隔壁を設けたもので焼く。隔壁の下部は孔がならび、火も煙もしだいに上方に吹きぬけてゆくようになっている。この形式になると、トンネル窯のように焔は直線に流れないで、仕切られた室ごとに渦巻くような火流となり、温度はトンネル窯よりはるかに高くなる。この形式の窯は今も兵庫県の立杭で実際に活動しているのがみられる。

これに中国風に各室の天井をまるくドーム風に積めばそれで磁器用の丸窯式登り窯ができる。中国から染付技法を学んだ李氏朝鮮は、その時景徳鎮式でない登り窯式の磁器窯を受けついだのだった。旧来のトンネル窯と、隔壁のある窯を使用していた経験からすれば、景徳鎮式の一室窯よりも登り窯式の方が容易だったはずであるわけだ。それが李参平等によって日本に伝わったのである。また大正四年の調査記録によると、朝鮮での磁器焼成窯は日本のものと同形式であるという。もちろんそれは明治の日本が伝えたものではない。朝鮮の伝統だったのである。なお染付磁器の創始とともに、けりロクロが導入されたことも特記しておこう。今も九州一円、或いは立杭等で行われるけりロクロは、どれも朝鮮の伝統だ。もっとも立杭のそれは、文禄、慶長以前の伝来のもののようだ。

磁器のひろがり　さてこの新しい染付磁器は、まさしく新興の製品だった。丈夫でやや半透明の白い輝やきをもつ磁器の肌、それへ画かれるコバルトのくっきりした青の文様。すでに徳川の封建制は完成し、各藩はそれぞれ藩の経済政策によって特産品の生産につとめていた。そのときに現われた有田の陶器は、新しい魅力をもって国内の陶器市場に大きな動揺を与えた。朝鮮渡来の工人を擁しつつ、しかも陶器の段階に止まらねばならなかった他の諸窯、宋磁の技法に従い、青磁を追求しながらついに陶器の枠内を脱け出すことのできなかった瀬戸などにとっては、この新規の染付磁器は大きな脅威だった。スェ器以来の伝統の上にあった備前、信楽、丹波などはいうまでもない。これらの諸窯の生産が江戸の中頃からしだいに衰え、わずかにローカルな需要をみたすだけになったのは、実にこの磁器の生産によるものである。加藤民吉によって磁器技法を瀬戸が導入したのもひとつの回生の策であった。肥前有田の工人から原料までを輸入して磁器を生産させた薩摩も、すべてこの肥前産の磁器に対抗せねばならぬ藩経済の上から生まれた活動だった。

日本，常滑，陶器窯

けれども泉山石などの磁器用原料が豊富にえられる九州は、磁器生産には好適な立地条件をもっていた。そして尾張の瀬戸や美濃は長石や珪石を粉砕して原土を調合せねばならぬという不利な条件にあった。けれども九州が原料の良質にのみ頼っている間に、瀬戸の陶工は原石の配合に苦心を重ね、ついに調合によって九州をしのぐすぐれた原料をもつようになった。加えてコバルト鉱も発見される。江戸時代の末、瀬戸は磁器においてもふたたび有田をしのいだのは、ひとつの歴史の皮肉とでもいおうか。

釉上彩画の開発　肥前有田は染付磁器についで、さらに新しい技法を開発することができた。酒井田柿右衛門と東島徳左衛門による釉上彩画（上絵付）の技法だ。柿右衛門手といわれるもの。これを伝えた中国人の名はさまざまにいわれているが、ふつう周辰官といい正保年間（十七世紀半ば）とする。

長崎の唐通事会所日録を検すると、寛文年間に「めあかし唐人」として黄五官、楊六官、周辰官の三人の名がある。この三人は正保元年に広東から渡来して目明し唐人として長崎に在住している。周辰官についてみてゆこう。寛文三年には家屋敷が火災を起し、彼は林仁兵衛に預けられた。四年には酒で乱酔のゆえをもって万治三年以来、町内預かりとなっていたのが許されたりした。十年には家内が九人あるのに扶持米は六人分なので米が不足する旨を申出て、飯米三人分の借用を願い出た。そののちも媽祖祭の菓子の販路を独占したりして、仲間の唐人目明しの娘から訴えられたりした。彼は他の二人よりずっと長く目明しをつとめている。けれども柿右衛門との交渉をしめすような記事はない。が伝えられる周辰官なる者は、たしかに長崎に在住し、唐人目明しとして日本人との交渉ももっていた。

輸入国から輸出国へ

金ヶ江三兵衛が白磁、さらに染付を焼いたのは元和二年（一六一六）とされる。しかし平戸、長崎を通じて中国の磁器はまだ盛んに日本に輸入されていた。けれども慶安三年（一六五〇）にはじめて中国の染付絵具、回青が日本に輸入された。わずか三〇余年の間に肥前の磁器産業はしだいに拡大し、ついに良質の絵具を中国に求めるまでになったのである。そして万治元年（一六五八）、最初の日本製の磁器がアジア市場へ送り出された。

オランダ東インド会社の記録によれば、この年にはもう中国磁器は輸入されていない。八〇〇キロ余の回青が輸入されただけだ。十月十六日、ベンガル向けの磁器四五七個を積んだゼーリーデル号が台湾へ向って長崎を出港した。つづいて十一月の五日、八日の両日、七隻の中国のジャンクがアモイへ向って出港した。舟には各種の日本製磁器が積まれていた。十一月十八日には二隻、二八日には六隻、どれも大量の磁器を積みこんでいた。今や日本は磁器の輸入国から輸出国に転じたのである。アジアの市場で日本磁器は中国産の磁器と競争を開始した。また万治二年（一六五九）にはすでに色絵、つまり釉上彩画の磁器が輸出されている。柿右衛門の発明からわずか十五年にみたない。それは赤と緑の画付けのある瓶だった。その翌年には外側は青く黄色か金の唐草文の茶碗が注文されている。

一六六三年にはさらに大量の磁器が輸出された。十月二三日、六隻のオランダ船は、長崎の出島をバタビヤ、マラッカ、トンキンへ向けて出港した。それらの船、たとえばバタビヤへ着いた一隻は、オランダ向けの日本磁器三、五四三個、バタビヤ向けの四一、四〇〇個、六、八九六個の磁器の荷を積んでいた。そのなかには色絵のものもあったらしい。五九〇個の青炉は赤く彩色されていたと記され、八〇個の瓶も彩色だったとある。

こうして天和二年（一六八二）までの二三年間に、オランダ東インド会社が取扱った日本製の磁器は十九万個にのぼっている。けれどもこの数字は中国の輸出品とくらべると、決して多いとはいえない。日本磁器をオランダ側はさほど歓迎しなかった。まず第一にコストが高くつきすぎた。何千、何万という大量の注文を消化することは、日本の職人には不馴れなことであった。この量産に対する未熟さが、注文をなかなか果せない原因となる。それに輸送手段の未発達も大きい欠陥だった。それに貿易に対する商業上のセンスもヨーロッパを相手にするにむかなかった。新しい製品でごく少数しかないものに、高い値段がついていることが、オランダ側には不可解だった。最初の試製品であるなら安いのが当然、というのがオランダ商人の考え方だった。それに幕府の貿易政策も高値の理由のひとつとなった。オランダ側はかなり熱心に日本磁器の買い付けを試みていたが、それに応じうる能力を日本側が欠いていたのである。
それでも輸出は幕末までほそぼそとつづき、以後も約三三万個の磁器がオランダ商人を通じて輸出されている。しかしその三分の二はバタビアやマラッカ、セイロンで消費され、ヨーロッパに送られたのは割にみない。一七二九年、中国が広東から直接オランダへ、約一九万個の磁器を輸出したのに比べて、そこに大きな開きをみとめざるを得ない。

ツンベルグの批評　一八世紀の末に、日本に来た植物学者ツンベルグは、その著「日本紀行」のなかで次のように述べた。

「肥前の地は亦みごとな陶器をもって知られている。私は既にこの陶器を市場又は商館で見てはいる。しかし私は旅行の途すがら原産地でできるだけこれについて知識を集めることを忘れなかった。この陶器は真白なごく上等の土でつくったもので、その労作は非常に手数のかかるものである。しかしこの陶器はこの上もなく白くかつ透明なのであるから、その労は充分むくいられるのである。

しかし彼の評価は一面ではきわめてきびしい。「日本の陶器は色においても形においても少しも愉快なところがない。野卑で肉厚く、支那の広東から出すものと比較してずっと劣等である。特徴は燃えた炭火にあっても、容易に割れない点にある。日本の陶器はワラで荷造されるが、荷造が非常に巧妙で、途でただのひとつもこわれることがない」

「陶器の輸出は少い。しかし内地人の間には盛んに売買されている。その原土は非常に美しいのだが、余り部厚で形及び色としても、支那陶器に比してはるかに劣る」

ツンベルグは冷静で公平な観察者だった。彼のこの批評は当時の実情をよく語るもののひとつであろう。

有田の盛況

けれども有田を中心とした一帯は、磁器の大産地となった。製品は多く伊万里津から積出されたのでよく伊万里焼ともいわれた。寛政十年（一七九八）に刊行された「日本山海名物図会」は各地の産業をあげているが、そのなかに「肥前伊万里焼」は大きく紹介されている。その図に画かれたのは、巨大な磁器用の登り窯である。

しかしこのような有田の盛況に対して他の多くの生産地は依然として古態を存していたらしい。文政十三年（一八三〇）刊の「嬉遊笑覧」には備前焼の新山の窯の記事がある。それによると「山の腹に口を開く、其幅九間、それより山の中をうがつこと竪に長さ三五間」とあって、なおスエ器時代のアナ窯のおもかげを残していた。文禄、慶長による朝鮮技術の影響は、九州一円、京都、瀬戸あたりにとどまって、それ以外の地にはそのまま古式を残したままで、生産をつづけていたのだった。

舶来品へのあこがれ

日本は大量の磁器を輸出していたが、また一方では中国からの輸入も多かった。ことに景徳鎮へは絵図や型を送って、日本むきの染付の磁器を注文した。そのため富士山型、紅葉型、結び文型、御所車型など、完全に日本趣味の染付器が多量に製造された。この種のものはふつう日本では南京染付、ちかごろは古染付と呼ばれている。

享保十四年二月二六日、大徳寺竜光院で茶会が行なわれた。その記録が「槐記」のなかにあ

るが、そこに

「引切　カザリ　南京ノ染付　遠州ノ好ニテ　大唐ヘアツラヘツカワセシ由、引切ノ形ニ少シモカハラヌシボリ手ニシテ　詩ニ句アリ」

と記されている。つまり茶道の祖のひとり、小堀遠州が中国へ注文した器だという。けれども遠州だけではなく海外へ注文を発するのは、当時の大名諸侯の間では流行だったらしい。オランダ東インド会社の記録によると、一六四一年にはカガ様が、六角と五角の大型の皿を注文した。足付のもので地は赤、青、白に染分けて花文をつけるという。別に木の型もそえられた。数もなかなかに多い。三五個一組の角皿、或いは円皿が四組、ほかに十五の茶碗がある。四五年には有馬様の注文がある。ただしこれはオランダ皿で、白地に文様のあるもの、十—十二枚。有馬侯はのちには二・四リットルと四・二リットル入りのオランダ製の壺の入った酒棚をも注文している。江戸の安藤様もオランダ製の杯と壺を注文する。そのほか五六年にはオイキヨ様がオランダ風の陶器を、高さは十五センチ、径十一センチの方形の壺とし、両側に把手があり、蓋にはうずくまった獣がつくというこまかい仕様書で注文がある。またキエモン様もオランダ製の皿三〇、絵入りの小皿三〇、別の絵入り小皿一〇枚を注文などの記事がみられる。

一六五八年十二月十四日のバタビヤからアムステルダムへの文書では、多くの大名の注文がのっている。稲葉美濃様は茶碗一〇〇、角鉢三〇、酒盃三〇、型は六種もある。大老酒井様は色絵、花文入りの酒杯八〇、別の杯二〇、予備を一〇づつ、加賀小納言様はオランダ風の草花文、黄、緑の色のついた杯二〇を注文した。

これらの大量の注文がことごとく果されたかは明らかではない。また大名諸侯らが求めたのは大部分はオランダ製だった。けれども景徳鎮ではすでに西洋向けのものが盛んに作られている。日本に送られたものも多くその類だったろう。

しかも長崎へ輸入される中国磁器は大量であった。オランダ商館日記の一部にみえるものを抄出すると次表のようになる。

	入港船数	個
1641（寛永18）	97	30,000
2	34	50,000
4	54	6,478
5	76	229,000
6	54	70,000
9	50	5,200
52（承応元）		5,670

完成品ばかりでなく材料の輸入も多い。花紺青、唐紺青、唐ごす、といわれたコバルト絵具や、「とうのつち」（粉錫）も輸入品であった。一六五二年、泉州から入港したジャンクは二〇〇斤の陶器用絵具を積んでいたし、前表の一六五二年の時には一六二〇斤の絵具が輸入されている。しかし「唐通事会所日録」では、一六九六年（元禄八）、茶碗器を大量に運んできた唐船があるが、高価につくので今後は持渡ってはならないと、輸入を禁止している。しかもその理由は国内でさほどの需要がないという理由からだ。これからみると元禄ごろからは、国産染付は多く国産のコバルト絵具でまかなわれるようになったものらしい。もう自給体制ができあがっていたのだった。そして日本のやきものはほぼ中国の技法を十分に消化し終っていた。

二、やきもの産業

一、個人から集団へ

やきものは人間が発見した最初の時代から、日用品であり、消費財でもあった。土より生れて土に帰る—そのもろく弱々しい性質は、たえず生産され、同時にたえずこわれて失われてゆく性格をもっていた。したがってやきものは、もともと消費財生産の産業に、たやすくのびてゆく本質をふくんでいた。

最初の陶工たち

最初の土器つくりは女子の手によって行われたとふつういわれている。たしかに原始的な文化の段階にある諸民族、たとえばアフリカでは女子が土器をつくることが多い。またアメリカ大陸でもプエブロ族などは女子が仕事をするけれどもナガ族では男子のみが従事することもあるし、男女ともに働く場合もある。ニコバル諸島では女であった。

ニューギニア島では女の仕事だ。巻上げ法でつくっている。パプア島も女だ。彼女たちは壺のまわりをぐるぐる回って形をつくり出してゆく。

ソロモン諸島でも女がつくる。ここでは粘土の塊の中を掘って器をつくる。そのなかへ大きな石を入れたり、拳を入れて外から板でたたいたりする。

ニューヘブリディーズ諸島では、昔は土器をつくっていた。サント島では今も巻上げ法と、土塊に穴を掘る方法との二通りで製作する。けれどもポリネシア民族が渡来して木器を伝えると、多くの島民は土器の作り方を忘れてしまった。

ニューカレドニア島、フイジー島でも土器がある。これを作るのは特殊階級に属する。粘土の塊のなかへ石を入れて作る方法で女の仕事だ。けれどもこの二島の土器は釉を使う。

さてロクロが製作工程のなかへ導入されると、すべての事情は一変した。陶工は男の仕事となった。ロクロはひとつの道具である。しかも回転という近代的な生産法を用いた道具である。しかもそれを回転させるにはかなりの力がいる。そこで仕事は女性に代って男性のものとなった。しかも道具は生産速度を高める。量産の開始。同時にロクロの使用には熟練がいる。ロクロの採用は専門の陶工を生む。

専門の陶工によって量産される土器は、売買されねばならない。そうでないと陶工とその家族は生きてゆくことができない。だから陶工のための有効な市場が成立しなければ、ロクロを導入することはできない。しかもこわれやすい原始的な土器類は、それほど遠方にまで売り出すわけにはゆかない。従って陶工の市場は彼の周辺にあるローカルのものでなければならぬ。とすれば一人の陶工とその家族を十分に養いうるだけの生産力をもった集落にまで、集落が成長しない限りロクロは使うわけにはゆかぬ。だからロクロの使用は、単にその便利さ、技術的な発達だけで使用されたのではない。そこにはやはり原始集落全体の生産力の発達が必要であった。前にも記したパキスタンの現代の例、——一つの村に陶工と鍛冶屋と大工が一人づついる——はこの事情を明らかにしめしている。

集団化する陶工

やがて陶工たちは複数化し、彼らのみの集団をつくりはじめる。彼らを支える集落が巨大となって、もはや一人の陶工では需要に応じきれぬようになるからだ。その集団の住処はまず原料土の存在によってきまってくる。良質の粘土や陶土はどこにでもあるというものではないから。そしてもうひとつの条件は、製品の分配—販売—に便利な地、つまり近くにいくつもの集落がある地ということになる。

アフガニスタンの首都カーブルの近くにあるイスタリフの村は、そのいい例だ。一村の三分の一が陶業をいとなむこの村は、原料の産地にも近い。陶工たちは集団で春になると一斉に山へ入って原土を採取して、一年分をまずロバで運んでしまい、それから製造にとりかかる。最大の市場首都カーブルも近い。同じような例はメラネシアにもある。陶工たちは半年分の原土を採取するために、一団となって一日行程の距離にあるファギュゾン島へ渡る。そしてめいめいのカヌーに約二トンづつの土をのせて帰る。ニコバル諸島ではチョウラ島民だけが土器をつくる。男がテレッサ島から粘土を運び女が製作する。そして年に一度各島の人びとは、必要な土器を購入するためにカヌーでチョウラ島へ渡る。これは諸島の人びとにとって一年の最大の行事となっている。これらは陶工たちの集落が、一個の工場のような役割をはたしていた、ひとつの例であろう。

一個所に定住して附近の村に陶器を売って生活をたてる集団と反対に、巡回生産を行なう陶工もある。クレタ島のトラプサース村の陶工は十—十二人が一組となって夏の間、約三個月島の各地を巡回して陶器を製作する。原料用の粘土、燃料、そして製品を販売できるだけの市場のある地点で、酒瓶などを製作してまわる。このチームにはリーダーがあり、ロクロ細工をする男、焼成に当る男、燃料を集積する男など、それぞれ分業になっている。巡回が終ると彼ら

インドの古風な焼成：野天に形成品をつみ上げ，燃料（家畜の糞）をはさみこんで焼く。

は村に戻って農業に従事する。

これはやきものが火によって生れるという、神秘性の上に成立した工人集団であろう。金工―鍛冶屋もそうであった。ふつうの岩石から、有用な金属を火とわずかの道具で取り出すことのできる、冶金師や鍛冶屋は神秘な技能をもつ工人とされていた。そのため彼らは魔術的な技術のもち主として、ある時は恐れられ、ある時は別世界の人間として差別された。彼らはふつう原料の鉱石と燃料とが発見されれば、そこですぐ仕事をはじめ金属具を生産したのち、また移動していったのである。クレタの陶工たちも、これと同じ性格のものであった。しかし定着した生活が、文明の中心となってゆくにつれて、こうした移動し漂泊する工人集団は消えてゆくのである。その意味でクレタの工人集団はまことに珍しい存在であった。

古代の工房

定着した工人集団の製作工房の最古のものは、紀元前二〇〇〇年ほどのヘブリディーズ諸島の遺跡で知られている。燃料にはカバやヤナギが用いられ、原料粘土とともに丸木舟で運ばれてきた。重い石製の杵で砂と粘土がつきまぜられて適当な成分にまで調合された。ついで土器は手でつくられたが、この時にはすでに回転台が用いられたようである。これらの仕事は男子の手でなされたが、仕上げは女子であった。

焼成に当ってはここでは二種の窯が用いられた。ひとつは火室の奥に成形品をのせる床のあるもので、火焰は斜に床へふきあがって焼成を行った。いまひとつは、火室からさらに低く掘りこんだところが焼成室となっており、火は斜に下へ流れこみ、さらに煙突によって上方へ抜けた。これらの窯はどれも石塊でつくられ、焼成室の上は大きな石で蓋されたのであった。完成品は男子の手によって、舟で各地へ売りだされていた。

紀元前五世紀ごろのギリシアのアテネの工場は、都市の陶工たちの様子を教えてくれる。工場には約七〇人の労働者が働き、例のギリシア風の絵は、特別な技能をもつ絵付師によって行われた。そのなかには女もいたのである。成形はロクロで、仕上げと絵付は別の回転台で行われた。原料土である赤い粘土はアテネの近くで産してケラモスといわれ、これが英語のセラミクの語原となっている。また表面を紅色で飾る特徴ある黄土はアッティカから輸入されていた。アテネは黄土を産する都市とは貿易協定を結んで、その窯業を保護する政策をとっていた。アテネで産する良質の陶器は、アテネが輸入する大量の穀物の見返りとして大切なものだった。陶器貿易が組織的に行われ、そのために工場が大規模な姿で活動していたのはアテネを最初とする。陶器の経済はここからはじまったのであった。

中国の例

中国最初の都市文化として知られる殷代の都市には、もうやきものの製造所があった。たとえば河南省の鄭州は城壁で囲まれた都市だった。城壁は東、南、北がそれぞれ約一・七キロ、西が二キロという長さをもっている。この城壁の中で殷の人びとは生活していたのである。そして市民に生活用品を供給するための工人の集落があった。青銅器の製造工房は二個所あって、ルツボや鋳型などが多く発見されている。やきものの工房には十四個の窯が集っていた。形式は前に書いた上下二室の形のものである。また専門工人たちの住居や作業場らしい場所も発見され、文様を彫ったスタンプや、まだ焼成されていない土塊なども知られている。そのほか骨器の製作所もあって、各種の未成品、材料などが出土している。中国ではすでに殷代、ギリシアにみるような陶器工房のシステムがあったわけだ。けれどもそれが自給自足の段階にあったのか、或いはさらに重要な交易品となっていたのか、まだ明らかではない。

では中国陶磁の歴史のなかで、最も大きい転換をしめした宋代ではどのようであったか。まず政府には東西ふたつの工場があった。これが官窯である。その製品はおもに宮廷で用いられたが、もちろん十分な産額ではないので、地方からも多くの精巧な陶磁器を貢進させた。宋代は貨幣経済が大きくのびた時であり、宋朝歴代の政府はいつも硬貨の原料としての銅の欠乏になやまねばならなかった。そのため民間の銅器を供出させたり、民間で銅器を使用することを禁じる法令がたびたび出ている。この金属器、ことに中国で発達した青銅器が使われなくなったことが、宋代の陶磁器の発展に大きな影響を与えた。朝鮮李朝が銅の欠乏のためにすぐれた白磁を生産するようになったのと、同じ事情が宋代にもあったのである。そこで単に官窯のみならず、民間でも多くの小工場があり、これに従事する人びとも多かった。

また地方の一例として、さきに窯の構造について記した陝西の耀州窯について記してみよう。この地は近くにすぐれた原土を産する。またサヤをつくるための耐火性の粘土もじかに得られる。銅川と漆水のふたつの黄河の支流が流れて水運の便もよい。白色の釉だけは輸入せねばならなかったが、そのほかの条件は好適の地であった。

ここでは四個の工房の跡が発見されている。十一×五メートル、七×七メートルなど、その広さは必ずしも一定していない。ある工房の隅には四個の陶製の瓶があり、下部は地中に埋めこまれていた。一個の瓶は痕跡があるだけで全く失われていたが、ほかの三個は白土の粉末がつまっていた。釉の材料だったのだろう。また石製の杵と臼もあった。鉄の杵も発見された。これらは釉の原料を粉粋する道具と思われる。また耐火煉瓦で築造した水溝もあった。成形時に必要な水をひきいれるためのものらしい。この工房は宋から元代にわたって用いられていたと考えられている。

生産と消費　この地で発掘された陶磁片は八万五千の多きにのぼった。その大部分は碗、壺、皿などの生活用具である。発掘されたサヤや窯の大きさから計算すると、一個の窯に約二六〇〇のサヤがつめられたものと推定される。燃料には石炭を用い窯内の温度を知るための色見板を用いるなど、その技術レベルはかなり高度のものだった。

またここには廟があって、「徳応侯碑」と題する碑文がのこっていた。宋の元豊七年(一〇八四)に建てられたもので、この地での窯業の繁昌ぶりを神に感謝する趣旨のものである。徳応侯は窯神であった。陶工たちはやはり彼らの仕事のなかに、神秘な火の力を感じ、感謝の意を表していたのである。東西どこにでも、このような火神に対する感謝は、ふつうにみられることである。日本でも窯のあるところには必ず神棚があって、火の神を祀っている。そして窯に火入れするときには必ず神酒をあげて礼拝する。焼成が終るとまた供物をし礼拝する。ちょっとした火加減の失敗が窯の内につめられた製品すべてをだめにしてしまう焼成作業、陶工たちが神に祈るのは当然のことなのだ。

こうして宋代にはやきものはこれまでの金属器に代って、あらゆる分野に進出し、その生産額も大きくなった。加えて宋代は都市生活の著しく進んだ時期だった。唐代の首都長安の華やかさはよく知られている。けれども宋になると首都(開封)をはじめ、地方都市も大きく成長した。その都市生活において、やきものは多くの需要をもつ重要な消費財だった。満員で混雑する食堂では、ボーイが左手に皿三碗、右手には実に二十碗をたくみに乗せて、客の注文する料理をすばやく運んでいた。特等の客にはカットガラスの碗が使われた。酒楼に上ると碗一組、平たい盃二組、果物や副菜類が十皿ぐらいならんだ。また宴会を開くときには、各種の器物をすぐ貸してくれる商売もあった。首都の繁栄ぶりを記録した「東京夢華録」によって首都の生活をみると、それはまさに現代都市の様相に近い。相国寺を中心として一ヵ月に五回の大市場が開かれ、そこではあらゆる生活用品が大量に売られていたのである。やきものの消費は大きかった。

元、明になると中国陶磁、ことに磁器の生産は江西省の景徳鎮が中心となり、その製品はのちには大量に海外に輸出されるようになった。陶磁は重要な輸出産業のひとつとなったのである。景徳鎮は南宋、元以来すでに政府が官窯を設けて官用器物を製作させていたが、明になるとその規模はさらに大きくなり、これにつれて民間企業も盛大になった。

生産組織—景徳鎮

明の太祖朱元璋は、景徳鎮に国営の御器廠を置いて宮廷や政府用の器物を製作させた。創設は洪武二年説、二五年説、三五年（一四〇二）説とあってまだはっきりしていない。当初は二〇の窯があったという。陶工は附近の数県から力役として徴集されたが、のちには各県は人の代りに金を納め、御器廠はこれで任意に陶工を雇いいれる方式をとった。また原料の購入経費も地方の負担となっていた。そのため江西省管下の各地は、御器廠の製造が盛大となるほど、重税の負担に苦しんだのである。

景徳鎮は元代にはもう分業が盛んだったが、明の御器廠は二三種の分業となっていた。その内訳は次のようだ。

1　大碗作　作頭四名　匠二二名（茶碗つくり）
2　碟作　〃二　十六（皿つくり）
3　盘作　三　二〇（大皿つくり）
4　印作　二　十六（スタンプ文様づけ）

5	鍾作	二	一	（壺瓶つくり）
6	酒鍾作	？		（酒器つくり）
7	錐竜作	四	十一	（刻花文様づけ）
8	写字作	五		（文字入れ）
9	画作	三	二四	（画つけ）
10	匣作	三	二四	（サヤつくり）
11	泥水作	一	十八	（原料の水飛）
12	色作	三	十三	（上絵つけ）
13	大木作	四	三五	
14	小木作	二	十九	
15	船木作	二	十三	
16	鉄作	三	三〇	
17	竹作	一	九	
18	漆作	一	三	
19	索作	一	八	
20	桶作	一	八	
21	染作	一		
22	東碓作			

23　西碓作
作とは工房の意味。二三作といわれた。作頭は工房のなかの職長である。13から21までは、製陶用の各種の木具をつくったり修理する工人たちであろう。また荷造、運搬用具もつくっている。索とか桶がそれだ。索はロープのこと。最後の東西の碓《うす》は、原料の磁土を粉砕する工房だ。職長、工人の数は、人数の不明のものも見こむと四〇〇人以上となる。これが十五世紀頃の御器廠の形勢だった。

工業都市―景徳鎮

御器廠成立のころ、琉球へむけてはや大量の陶磁器が輸出されている。宣徳年間には奉先殿で使用する白磁の祭器が製作された。竜と鳳凰の文様入りの染付であった。また四四三、五〇〇個の各種の磁器の製造も下命された。二〇の窯とすれば一窯当り二二、〇〇〇個、かなりの生産である。正統元年（一四三六）には一時御器廠の業は停止され、民間から五万個の器物が買いあげられた。一年五万ぐらいが官の必要量だったらしい。さきの宣徳年間には御器廠以外の均州、磁州などの名産地から毎年五万個ほどの酒瓶、壺類が購入されているのも、御器廠が大量の用命に追われていた間をうめたものであろう。

景泰五年（一四五四）には三分の一減産が命ぜられ、天順三年（一四五九）には一部の器の四割減産が下命された。工人の逃亡事件などもあって御器廠も多事である。嘉靖の末頃、すなわち十六世紀の中頃には、官窯は五八、民窯は二〇余といわれ、景徳鎮の窯業はいよいよ盛大となった。嘉靖三年（一五二四）の御器廠では上製磁器の碗が三六、三五〇、皿の類が三〇、五〇〇、杯六、九〇〇等が製作された。また二三年には一、三六〇組の磁器の製造が下命されている。その一組は二七個から成るものだった。隆慶五年（一五七一）には御器廠の在庫品を宮廷に送らせたが、その質が粗悪だったので改めて一二四、八一〇個の焼造が命令されている。

万暦十一年（一五八三）には各種の磁器九六、〇〇〇余の製造が命ぜられた。給事中の職にあった王敬民は上書して、碗や皿、瓶の類は宮中の必需品であり、祭器の類も欠くことはできぬ。けれども碁盤、碁笥、屏風、筆管の類は不急不用の品である。しかもどれも華麗な彩色が要求されている。今天下は飢饉が起り、江西方面の民力はきわめて衰えている。不急不要の品目をけずって器数を減すべきである、と述べた。火災、水害などの天災と、中央から派遣された砿税使の悪税によって、景徳鎮はひどい不況となっていた。しかしこの上書は容れられなかったのである。

万暦二五年、巡按の方河が御器廠の監督となったが圧制甚だしく、人びとはついに御器廠の門を焼打ちするに至った。民衆の運動ははげしく、真犯人はついに捕われなかった。二七年には潘相が砿税使となって、景徳鎮の窯業を取締った。ところが焼造を命ぜられた大瓶がどうしてもできず、潘相は工人をきびしく罰しようとし、そのひとりの童賓は火中にとびこんで自殺してしまった。この事件から潘相に対する民衆の反感はしだいに高まって、ついに三〇年二月、又も御器廠は焼き打ちされ潘相は身をもって逃げねばならなかった。通判の官にあった陳奇は民衆に説いて解散させたが、潘相は陳奇が民衆を扇動したものと報告し、陳奇はかえって捕われて投獄された。

明末のころの景徳鎮の窯は三〇〇〇余と、さきのダントルコールは記している。しかしこれはいささか誇大で、御器廠以外の民窯は約九〇〇ほどと推定される。一窯で一回の焼成に約一〇〇〇の品が焼かれた。そして一年の生産高は約十八万担とされる。一担は碗にして二〇〇程度である。清代には窯は二―三〇〇に減少したが窯の規模が四倍ぐらいの大型になったので、生産量はさほど変らず、約二〇万担程度であった。

清代には明式の官窯制度は廃止され、民間に委托して官用品を焼かせた。これには三種ある。御窯は皇帝御用のもののみを製造し、王公大臣用の窯、その他宮廷用の品を製造する窯があった。毎年ほぼ二万―五万個が、注文されたという。

このように明清時代の景徳鎮は明らかに一個の工業都市となっていた。官営の御器廠、中央の宮廷政府の注文によって経営される窯もあったが、明末以後その主流は民窯であった。工人は多数集って住み、陶磁商人たちは広大な邸宅をかまえて巨利を得ていた。人口は数十万、毎日米一万俵、豚一千頭を消費するという町であった。青と白の美しい染付陶磁は商人によって世界の市場に運ばれ、文明社会の注目をあつめ独占的な地位を保っていた。大量生産がたえず要求され、御器廠の二十三作にみられるように工程は完全に分業化し、多くのすぐれた工人がいた。この国際性をもった商品の生産は、しぜん資本主義的な経済をつくりだしてゆく。さきに一、二の例を記したように、工人の労働運動はすでに起っていたし、強大な商人或いは小工場の経営者と、工人との衝突も起りつつあった。この意味で、景徳鎮の陶磁業は中国のなかでも最も早く資本主義的になった産業だった。その原因は、なによりもその生産品が国際性をもつものだったことによるのである。

二、中世と産業革命

そこでふたたび、これら景徳鎮産の中国磁器、或いは日本磁器、ペルシア陶器に刺戟されて、新しい活動を開始したヨーロッパについてみてゆこう。それらはまず地中海航路によって、イタリア半島に最初の影響を与え、ついでオランダ東インド会社の活動によってオランダにはいり、さらに内陸のドイツに至り、最後にイギリスへ産業革命期ごろに到達するのである。

中世ヨーロッパの生産

中世ヨーロッパでは製陶用の窯は、火焔が水平に走るものと垂直に走るものとのふたつがあった。前者は地中に掘られた楕円形の穴のなかに、成形した器物をのせる台がつくられ、火を手前からたいて焔や煙を水平に奥の方の煙道からふきださせる型だった。天井は焼成のたびごとに臨時に泥でつくられた。けれども一般に用いられ、かつのちの西方の窯の基本となったのは、やはり円筒形の火焔が垂直にのぼるものである。その原理は先史時代のそれと少しも変らない。ただ容量は大きくなり、天井はドーム型となって、火焔は窯の内部をうずまいて流れるようになっていた。燃料は薪が使われた。ヨーロッパの各地にはまだ深い森林がどこにもあったのである。一回の焼成でだいたい二〇〇ぐらいの壺が焼かれた。またサヤに入れて焼くこともかなり普及していたのである。しかし焼成温度を測ることはまだ行われず、窯の天井のモルタルが落ちることなどで判定した。また砂時計によってコントロールしたこともあった。なおヨーロッパでは煉瓦やタイル、つまり建築材料を焼く窯も至るところにあったが、これらは垂直焔型ではあるけれども、全体はいつも角型になっていたことが注意される。

建築材としての煉瓦やタイルは、早くから大量に生産され、そのため窯も大型のものが多かった。時には窯自身も成形して乾燥された煉瓦素材でつくられ、同時に焼成することもあった。今日でも西アジアの諸地域では、この方法で煉瓦を製造している。十四―十五世紀のハル市では一年に一〇万個の煉瓦が生産されたが、一回の焼成には一万個が焼かれた。窯は数ブロックに分れた六×六×三メートルもある大きなもので、泥炭を燃料として五日ぐらいかかって焼かれたという。

16世紀，ヨーロッパの窯

十五世紀の末から十六世紀の初めまでの約五〇年、ヨーロッパの陶器の生産の中心はイタリアのトスカナ地方のマジョリカ陶だった。酸化錫をまぜて白くにごらせた釉をかけた白い地が、その特徴だった。いうまでもなくこの技法はイスラム世界から輸入されたものである。

技法の発展

けれども酸化錫によって白くされた釉には、銅による緑とコバルトによる青でしか彩色することができなかった。マンガンは黒褐色、鉄は黄色になったが、その色調はあまりいい効果とはいえなかった。釉の上へ彩画する絵具は、約一〇〇〇度ぐらいの温度でも十分安定した色をしめす性質をもたなければならない。そうでないと文様が乱れてしまう。だから釉上彩画に使う絵具の範囲はきわめてせまい。やがてアンチモンがオレンジ色を出すことが知られ、マジョリカ陶の工人のパレットに、新しい色を加えたのだった。十七世紀には酸化第二鉄による赤も用いられはじめている。

マジョリカ陶の技法が、イスラム世界の技法を基礎として完成されかかっていたとき、中国の青と白の美しい磁器がヨーロッパへ盛んに輸入されはじめた。これをモデルとして、マジョリカ陶が大きく変化したもの、それがオランダのデルフト陶となった。

デルフトの陶工たちは素焼を行なった。粘土でていねいに成形したのち、それを素焼してのちマジョリカ風の白い錫を含む釉をかけた。そして乾操したのちに絵付けし、さらに薄い透明な釉をかけた。デルフトの工人たちの精密な技法は、中国磁器の美しさをよく模倣し、新しいヨーロッパの製陶の中心となった。

磁器の探求

このような中国磁器の模倣による陶器の製造とならんで、ヨーロッパでも磁器をつくろうとする試みがたえず行われていた。現在知られているヨーロッパ製の最古の磁器は、十六世紀の末に、イタリアのフィレンツェで製造されたもので、メディチの磁器と呼ばれるものである。その素地は粘土と石英とソーダからできており、磁器というよりもむしろ不透明ガラスに近い質のものである。釉はやはり錫をふくんだ白釉がかかっている。

しかし真の磁器の発見にはもう一世紀以上の年月が必要であった。十八世紀のはじめ、ドイツのドレスデンの近く、マイセンにいた錬金術師ベッガーは、中国磁器と似た硬質の陶器をつくることに成功した。それは粘土に大理石を加えて素地としたもので、きわめて硬質の赤色のものだった。ベッガーはやがてさまざまの粘土を用いて実験したのち、ついに白色の磁器素地を作りだした。そして一七一〇年、マイセンにヨーロッパ最初の磁器工場が誕生したのである。ベドガーの死後、工場を引受けたヘロルトはさらに各種の素地の組成を検討し、完全に中国磁器と同質のものをつくるようになった。

彼等はカオリンを知ったのである。カオリンの使用こそ、磁器素地をつくりだす最高の秘密であった。カオリンに大理石などの石灰分を加え、一三〇〇—一四〇〇度の高温で焼成するものだった。石灰分はのちに長石分に変えられ、磁器はさらに硬質のものとなった。この製法の秘密は厳重に守られねばならなかった。

けれどもヨーロッパにはすでにかつての錬金術師の世界から脱け出した

化学との結びつき

化学者たちが、各地で中国磁器の秘密を解くことに努力していた。例のフランスの宣教師、ダントルコールは、中国から磁器の原料のサンプルを本国に送り、有名な化学者レオミュールは、その研究を行っていた。やがて同じアカデミー会員の科学者ブランカが、ついに磁器素地の製作に成功し、一七六六年、その製法はイギリスで特許を得ることができた。二年のち、フランスのセーブルで、有名な王立磁器工場が磁器製造に成功してマイセンの独占時代に終ったのである。

セーブルの王立磁器工場も永い苦難の日をもっていた。その創立は一七三八年である。四五年にはアカデミー会員のジャン・エロが主任技師となって研究を進め、彼の後をうけたマケルは、リモージュで発見されたカオリンを用いて磁器がようやくに製出された。実に三〇年の研究と実験の時代がつづいたのである。しかしセーブルで発見された素地はきわめて優秀なものであった。しかもここで用いられた釉上彩画の絵具は、やわらかくとけやすいものだったので、彩色はよく素地のなかにとけこむことができた。黄、青、青緑、薄緑、ピンク色など各種の色彩を豊富に用いたセーブル磁器は、十八世紀の末には、もう大量に製造されるようになった。

フランス、ドイツの成功にならんで、イギリスでもまた磁器の製造法が発見されていた。プリマスに住む化学者、ウィリアム・クークワージもまた磁器素地の研究を独力で進めていた。彼も二〇年に及ぶ研究ののちに、ほぼ磁器に近い素地の製作に達したのであった。工場はプリマスに建設されたが、燃料用の石炭の入手が困難だったので、やがて工場はブリストルに移転した。またこうした追究とならんでイギリスでは別に、骨灰の使用がすでにはじまっていたことを注意しておこう。イギリスで骨灰を素地に使用する特許は、一七四四年に得られている。

ヨーロッパと中国の差

これらのヨーロッパの発展のあとを、中国景徳鎮の実状に比べると、そこに深刻な差異をみることができよう。景徳鎮は大産地ではあったというものの、そこには利潤を追い求める商人と、その商人のために貧しいままに苦しい労働をつづけいてる工人があった。そして皇帝や政府の大官たちは、ただかれ等の周囲を飾るために、その唯美的な生活を完成するためにのみ、多くの磁器の生産を求めていた。しかもそれらの磁器を美しく飾る技法は、ことごとく無名の工人の手仕事の経験の上につくりだされ、彼らは何の報いをも受けることもなく消え去った。

これに反してすでに近代に入り、産業革命にその第一歩をふみいれていたヨーロッパは、中国磁器の美しさをわがものにするために、科学的な研究と産業的な開発をすすめていた。科学者という職業がすでに存在し、実験による研究という方法が、すべてのものの秘密を解く方法として盛んに用いられるようになった。しかも磁器の製造は大きな利潤を生むことは間違いなく約束されている。この利潤追求の精神と、実験、研究という方法とが結びついたとき、中国磁器の秘密は解明されてしまった。ドイツ、イギリス、フランスのほとんど時を同じくするカオリンの発見、そして磁器製造の成功は、当時のヨーロッパのもっていたエネルギッシュな資本主義形成期の活動のひとつの現われであろう。しかも特許権という新しい国家的な保護政策も、そうした活動をさらに一層促進するものだった。

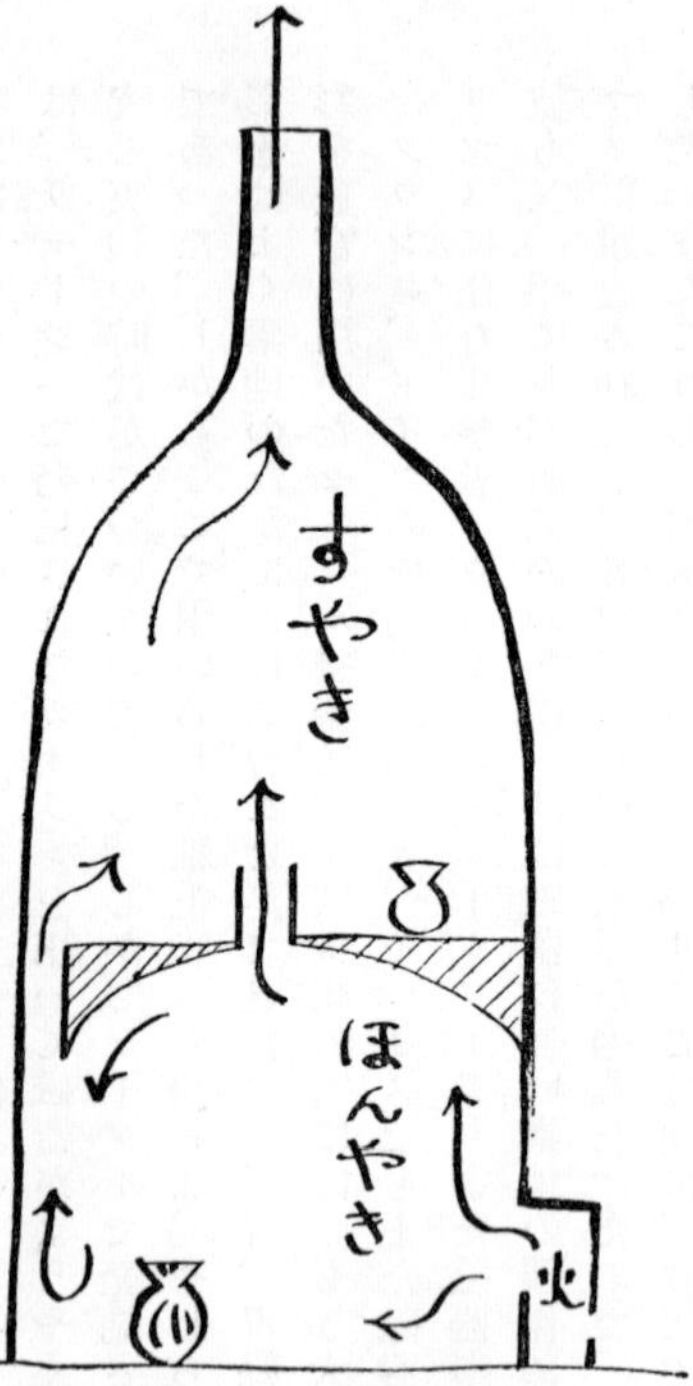

フランス，石灰窯

生産組織

技術上の大きな進展と

ともに、生産面でもヨーロッパは新しい展開を開始していた。製鉄業者が木炭燃料の欠乏になやみ、石炭のコークス化によって、石炭を用いる製鉄法に転向していった時、同じく燃料を大量に必要とする製陶業者たちも、森林を見すてて石炭に移らねばならなくなっていた。窯は煉瓦造りの巨大なものとなり、上部に焼成室、下部には広がった火室をもち、頂上に煙突をもつ徳利型をしたものとなった。

石炭とともに各種の機械や動力も入ってきた。原料の調製には水力が早くから利用されていたが、珪石の粉砕に用いられる粉砕機の運転には新時代の動力として知られる蒸気機関が用いられるようになった。しかしこのような技術の発展と改良によって、大きく変りつつあったヨーロッパの製陶業を、一個の工業の段階、ひとつの産業の位置にまでひきあげ、組織化したのが、イギリスのジョサイア・ウェッジウッドである。それは産業革命によるイギリスの生産工場のシステムが陶磁器製造という古典的な業種にまで及んだことをしめすものである。

産業革命 ーウエッジウッド

ウエッジウッドは一七三〇年の七月、すでにイギリスの陶業地として知られていたスタッフォードシャーに生れた。彼の家は代々製陶業をいとなみ、中流クラスの家であった。十三人の子供があり、ウエッジウッドはその最後の子である。九歳の時父親が死に、家業は長男のトマスがついだ。そしてウエッジウッドは九歳の時から工場で働かねばならなかった。けれどもその翌年に彼は天然痘にかかり、右脚が不自由になった。右脚が動かないとロクロがまわせない。それで彼は実際の製作に当ることは断念しなければならなかった。

時代は急速に変っていった。都市の人口は膨張し、それに対応して人びとの生活様式も大きく変化していった。ことに食事のメニューがふえ、料理の方法が発達した結果、どこの家庭でも多くの皿や鉢が必要となった。コーヒーや紅茶を飲むのも日常のこととなった。そこで高価な金属やガラスの皿に代る陶磁器の需要は急速にふえた。そのため製陶業者は多くの利益をあげてはいたが、その生産様式は古風な工房生産だった。工人はロクロで形をつくり、釉をかけて焼成するというすべての工程をひとりでする方式であった。工人めいめいが一貫作業をしていたのである。それは大量の需要がある時代、まことに非能率で不経済なシステムであった。脚が不自由なために、ウェッジウッドはしぜん工場の全体を観察できる立場にあった。そして彼は兄が経営する工場に対して、いくつもの改善策を見つけだした。けれども兄トマスは、弟が経営に参加することをこばみ、また彼の提案する新方法は危険とみて、それを採用することを好まなかった。

彼は兄トマスのもとで約二〇年間働いた。そしてついに自分の考えた新しい方法で工場を経営するために、トマス・ホィールドンという共同出資者とともに、バースレムで小さな製陶工場を開いた。一七五九年のことである。それはまことにささやかな出発だった。

まず彼は緑色の釉を用いた器物で盛名を得て、そののちスタッフォードシャーで行われているすべての種類を製造するようになった。一方彼は中国や日本、或いはデルフトから輸入された高価なセットものの破損品を補充する仕事をもひきうけた。この仕事はむつかしい上に、時間と金のいる仕事で利潤は少なかったけれど、そうした器物を使用している上流階級の人びとと接触をもつことができ、彼等を顧客とすることができた。進んで彼は古美術品の複製をも試みた。これもむつかしい割に利益のない仕事であったが、彼の工場の信用を高めるのに大いに役立つものだった。すでに彼の工場は小規模ながら分業生産を行ない、同時に彼はいくつもの実験を試みて陶器の改良に熱心であった。

エトルリア工場　一七六一年にマンチェスターとリバプールを結ぶブリッジウォーター運河が開通したが、その主任技師ブリンドリは製陶業にも関係していた。彼は原料の粉砕用のいくつもの機械装置を考案して、ウエッジウッドに供給した。その翌年、ウエッジウッドはリバプールへ商用で赴き、偶然のことからリバプールの有能な商人トマス・ベントリや、プリーストリ、ターナーなどの科学者たちとの交友をもつようになった。教育をあまりうけていない彼は、こうした人びととの交わりによって多くの知識を得、また新しいアイデアをとらえる機会をもつことができた。ベントリもウエッジウッドと提携してトレント、マーシー間の運河の建設運動に努力し、また彼の商会はウエッジウッドの製品を多く扱うようになっていた。

三十六歳の時、王室から最初の注文があった。それはドレスデン製茶器の王妃用のクリーム色磁器、国王用のタイルとミルク入れであった。彼はその素地を珪石と白色粘土で精密に調製した。それから素焼きをしたのち、鉛ガラスに近い光沢のある釉をかけて有名なふたりの画工に彩色させた。この精巧で美しい磁器は、たちまちに多くの顧客を獲得することができた。これはクィーン焼といわれる。彼はさらにそれを改良してパール焼をつくった。クリームいろの美しい器である。しかもその製造方法はわりにやさしく、そのために値段も安かったので、ほどなく多くの工場はみなこの式の磁器を生産するようになった。

そしてウエッジウッドはバースレムの近くに新しい製陶工場を建てて、第二の飛躍をこころみた。工程の分業化、工員や工具の合理的な配置、労働条件をよくすることなどが、この新工場で実行された。この工場はエトルリアと命名されていた。この工場の生産システムは友人のマシュー・ボールトンがバーミンガムのソホーに建設した、名高い家庭用金属製品製造工場に大きく影響されたものである。ソホーの工場は、近代的な機械生産体制をとった工場として歴史的に有名なものである。やがてベントリもウエッジウッドの工場の経営に参加し、有能な経営者を得た事業はしだいに拡大されていった。

ベントリの助力によって彼は工場に工作機械を導入した。成形に機械を用いることは、彼の工場の製品の精度を高めることになった。

一七六八年、カスカート卿がロシアの大使に任命された。彼はその任地にウエッジウッドのエトルリア工場に注文してつくらせた陶器セットをもっていった。これによってエトルリアの製品はひろくロシアの社交界に知られるようになった。ロシアの貴族たちは数千ダースのセットを注文してきたし、カザリン女王もまた九五二枚のクリーム色陶器を注文してきた。しかもそれには全部ちがったイギリスの風景を画く条件がついていた。九五二種の風景画をどうして集めるか。彼は暗箱を使って、エトルリアからロンドンまでの間で、多くの風景を写しとって、これを利用して注文をさばいてしまった。こうしてエトルリアの製品はひろく全ヨーロッパの上流社会で使われるようになった。

やがてロンドンにはベントリが彼の代理として住むようになった。すでにリバプールの名士として名高かったベントリの中央での活動は、さらにウエッジウッドの会社の名勢を高めることになった。そしてウエッジウッドはエトルリアの実験室で新しい陶器の発明と改良のための実験と研究をつづけた。

生産の機械化

一七八二年にはワットの工場から蒸気機関を導入した。この導入は蒸気機関の新しい販途を開くことになった。というのは、すでにイギリスの諸鉱山で用いられていたニューコメン機関は、ほとんどワット機関への取替えが終り、ワットは新しい用途を求めていたからである。これを契機として、スタッフォードシャーをはじめとする諸工業地に、ワット機関はつぎつぎに導入されるようになった。新しいこのエネルギー源は、イギリスの諸工業をやがて大きく変えるものとなろうとしていた。そしてエトルリアでは珪石の粉砕、絵具原料の粉砕、原料土の混合調製の動力として利用された。

ウエッジウッドの研究は、やがてジャスパーと呼ばれる製品を生み出した。それは人造宝石に利用できるもので、硬質で光沢も美しく青や緑や黄にすることもできた。デザインはギリシアの美術からとりいれられ、カメオなどはすばらしい人気を呼んだ。また彼は多くの高温に耐える容器を製作し、それは彼の周囲にいたプリーストリなどの化学者たちに便利な実験用具となった。世界の化学者たちは彼に注文を発するようになり、一七七二年には化学実験用の器具に関する世界最初のカタログを発行した。彼によってつくられた耐熱器具は、当時の化学の実験に大きな役割を果したのである。また彼自身も五篇の論文を書き、王立科学協会の会員にも選ばれていた。その論文には、粘土が高温になるにつれて収縮してゆくのを利用した、高温測定計などがふくまれている。

こうしてウェッジウッドによって、製陶業は純然たる一個の工業となった。生産様式は一般の工場と同じように組織化され、科学的な測定や計算によって管理されるようになった。経験の集積と熟練にのみ頼る時代は終りはじめたのである。エトルリア工場は、実用品、装飾品、人造宝石などの部門に分れており、一七九〇年には約一六〇人の職工が働いていた。職種は原料土の調整、ロクロ成形、型押し、仕上げなど、こまかに分類された工程によって分けられ、流れ作業による量産システムが成立していた。

エトルリアの製品

次に一七七三年当時のエトルリア工場のカタログを紹介しよう。二〇種類の製品がかかげられている。

1 メダル、カメオ類…古代の装飾品や現代美術をモデルとして正確に製作したもの。一七八七年までには一〇三二種のデザインを用意する予定。

2 レリーフ型メダル装飾板…同じく三〇〇種のデザインにふえる予定。

3 メダル類…王や女王、アジア、エジプト、ギリシアの人びとの画入り。一〇〇種のデザインにまでふえる予定。

4 六個一組のメダル…古代ローマ史に取材したデザイン。

5 メダル…ローマ貨幣のデザイン写し。四〇種ある。

6 ケーザル像…サイズは四種。
7 メダル…五二人の有名な王の肖像入り。
8 メダル…ローマ法王像、二五三種。
9 イギリス、フランスの国王及び王妃像のメダル…一〇二種。
10 現代名士の肖像入りメダル。
11 胸像及び小型全身像…少年をテーマとした胸像八〇種、動物像四〇種。
12 ランプ、燭台…大理石風や、岩石風、またジャスパー製など。
13 紅茶、コーヒーセット、チョコレート瓶、砂糖入れ、クリーム入れ、皿などを含む。竹色、黒色、白色、多彩、二色のみがきあげたジャスパーなど各種製品がある。
14 花瓶、植木鉢
15 古代風飾り壺…テラコッタ製。
16 古代風飾り壺…黒色磁器、レリーフつき岩石風のもの。
17 壺、飾板…焼付画で飾る。
18 壺、鼎類
19 インクスタンド、画具皿、眼科用具、乳鉢、その他化学用器具。
20 高温用温度計

このカタログの大略をみても、当時のウェッジウッド工場の多方面にわたる活動が推測できよう。九五年の一月、六四歳でこの陶磁器業の革命家はこの世を去った。そのころのイギリスの製陶業は二万の職工をもつ大工業に成長していた。そして約二〇〇人の名人といわれる職人がいたのである。

グラッドストンの批評　一八六三年、ウエッジウッドを記念する陶磁研究所の開会式に当って、教養高い大政治家として有名なグラッドストンは次のように演説した。

「ウエッジウッドは芸術と産業を結びあわせるという重要な仕事に一生を捧げました。こうした例は未だどの時代にもどの国にもみられません。

彼は当時のイギリスの工業の性格を変えました。彼はギリシャ芸術の美の精神を復興したのです。誰が陶磁器の製作のなかにギリシャ芸術の高貴な精神を生かし得ると予想できたでしょうか。かの有名なセーブルの作品といえども、ウエッジウッドの製品にはるかに劣るものであると、私はためらうことなく断言できます。十八世紀のイギリスの産業を見渡すとき、ウエッジウッドはまさにその最高に位置しています。しかもその製品にはギリシアの精神が生き生きとよみがえっているのです。単なる模倣でなく創造の息吹をもって――」

新技術の開発―量　産　ウエッジウッドを頂点とするヨーロッパの製陶産業の成立には、まだいくつかの技術上の革新があったことを忘れてはならない。工場制生産システムの採用、蒸気エネルギーの使用なども重要な変化のひとつだが、なかでも大切なのは鋳こみ成形の発明だった。

ロクロ成形も一種の量産法である。しかし木や金属でつくった型に、粘土をおしこんで成形するのも、手軽に早く成形する方法である。この種の型による成形は、十八世紀の中頃、ウェッジウッドの仕事が盛大になりかかったころに、ラルフ・ダニエルによってはじめられた。最初の型は鋳造した金属製で、これに粘土をつよく押しこんで精度の高い容器をつくることができた。ほどなく金属型に代って石膏型を用いることが知られるようになった。石膏でつくった型は粘土の湿気を十分に吸収して素地を乾燥させる。そこで粘土を水でといた泥水を型につぎこんで、水分を型に吸収させ、そののち型からはずして、薄手の器でも容易に作る方法が考えつかれた。同じように素焼の型も用いられた。

そこでまずデザイナーが器物の原型を木かアラバスターで製作し、これを石膏で型取りして鋳型とし、多量の品が生産できるシステムが確立された。今や陶磁器で完全に原型に一致するものを、いくらでも多量につくることができるようになったのである。原型をつくる職業は、陶工のうちでも重んぜられる職業となった。こうして製陶技術は個人的、手工芸的な性格から、量産化、規格化の工業的性格のものとなったのである。

成形が規格化され、量産化されるとき、その表面の装飾も量産化され、規格化されねばならない。鋳こみ成形に対応する装飾技法の発明は転写法だった。銅板に文様が彫刻される。そして金属の酸化物を油でねったインクで紙に印刷される。この紙を器物にはりつけて、インクで刷られた文様を写せば、それで絵具が器物の上にくっつく。

時には油で印刷したのち紙をはりつけて油を器物の上に移し、その上に粉末絵具をふりかけることもあった。また輪郭のみを印刷しておき、これを器物の上に移し、工人はかすかに移された文様の輪郭をたどって絵具をおいてゆく。こうすると手描きという工芸的な特長をそのまま残すことができた。

三、日本——藩経済

藩経済とやきもの

中国の景徳鎮における陶磁生産の産業としての発展、ヨーロッパの産業革命につらなる工場生産などが生れつつあったとき、日本の陶磁器の生産はどのようになっていたかをみよう。

十五世紀のはじめから、茶の湯の流行があったことは前にも記した。そしてやきものに対するさまざまの評価が生れた。ことに利休の国焼茶碗の尊重は、やきものの質を高めるには大きな意味をもっていた。もちろんその最初は中国或いは朝鮮製品の模倣であった。それに加えて戦国諸大名の関心の深さも大きかった。織田信長が尾張の瀬戸の陶業を積極的に保護し、銃丸までつくらせたというのは、彼の関心の深さを物語っている。そして十六世紀にもなると茶の湯はいよいよ盛んとなって、利休を大宗とする一連の茶の湯指導者には、古田織部のような大名や、堺から現われた多くの富める町人たちがあった。そして彼等の要求によって、各種の茶器の技術的な向上が生れたのである。それに加えて、朝鮮の役による朝鮮人技術者による新技法の導入も、質的な変化と発展に大きく作用した。

けれども陶磁器が真の商品として意味をもちはじめるのは、徳川幕府による封建政治が安定し、封建的な社会秩序が成立したときからである。諸藩はそれぞれ自国の経済力を高めるために、各種の産業の振興に努力しはじめた。そのなかでも磁器の製造に成功し、さらに柿右衛門によって他藩にさきがけて技術の革新を終えた佐賀鍋島藩の製陶業はひとつの典型だった。

鍋島藩の例　佐賀の藩祖とされる鍋島直茂は、朝鮮から連れ帰った工人を中心として、まずその保護をすすめ、一定の生産量に対し課税を行った。そのほか一般の古来からの民窯については、最初はべつに統制を行わず自由に営業させていた。けれども原料土の乱掘、燃料用の山林の乱伐、生産調節の必要などの見地から、寛永十四年（一六三七）には有田で七ヶ所、伊万里で四ヶ所、陶工は八〇〇余人、営業戸数は一五〇戸、ロクロは一五五個と制限した。泉山に磁器の原料土が発見されて二〇年のちのことである。

初代藩主勝茂に至って、皿山代官所の制度が設けられ、陶業地を統轄し、山本重澄がその任に当って諸税の取立てに当った。二代目の藩主、鍋島光茂は中国や朝鮮の官窯組織にならって、藩内での官窯組織をつくることに着目した。そして製品は将軍家や諸大名への進物とし、また自からの用にもあてることとした。そして京都の人、副田喜左衛門を登用して、青磁や李朝風のものの焼成を開始させた。しかしその技術が他にもれることを防ぐために工房は二度、三度と移され、延宝三年（一六七五）、三代目の副田勝次郎に至って、ようやく大川内に定着して大川内焼と呼ばれるようになった。また営業戸数は一八〇、絵付業は十一戸と改めたのである。

統制の第一は原料土からはじまっている。磁器の原料石は泉山から採取されたが、藩はまず各窯業地を内山、外山、大外山の三つに区別した。内山、外山は鍋島本藩の領内であり、大外山は支藩の武雄、蓮池に属するものである。そして泉山石を使用できるのは、内山、外山に限られていた。同じ内山、外山のなかでも大川内山などは、藩の御用窯であったので最上の原石を使用し、そのほかの山はそれぞれ格に応じて、中等、下等の石を用いることが規定された。柿右衛門の南川原山は外山に属していた。

官窯、すなわち藩の御用窯である大川内山では、器形も図案も官命によって定められた。そしてその図案は他の窯で用いることは禁じられた。ほとんどの文様は中国風の七宝文とか唐草文様で、コバルトの濃淡をみせず正確に画かれている。中国の官窯にみられる端正さ、厳粛さが大川内の製品にはそのまま現われている。色も黄、青、赤の三種を淡く用いるにすぎない。そこには刺戟的なものはすこしもなく沈静で武士的な厳格さがあった。

その組織は細工方十一人、画工九人、ひねり細工四人、下働き七人、計三一人であった。景徳鎮の御器廠とは比較にならぬこじんまりしたものであった。そのほか彩画を受持つ赤絵師、土とり、鍛冶屋、石工、薪屋に至るまでそれぞれ御用の定めがあった。細工方（陶工）には、年間三六〇石、金一〇〇〇両が給され、苗字帯刀が許され、一切の公課は免除されていた。士族待遇として優遇されたのである。しかし年間五、三一一個の器物を、下命された注文書のごとくつくる義務はきびしかった。しかも藩政府は製品の質についてたえず注意し、技法の上達を求め、たとえ代々の細工方でも技術の劣るものはこれをみとめないなどの方策をとった。こうして官窯大川内山の製品は驚くべき精巧な作品を数多く生み出したのである。

統制政策

さて御用窯を中心とした藩の統制政策はなかなかに周密なものだった。まず陶磁製造業は鑑札を与えて免許されるが、その鑑札について課税された。しかも免許は陶土、磁土の採掘からその運搬、また成形焼成に至るまで、それぞれの工程に応じて必要であって、その鑑札について課税したのである。しかも原料土などはその品質によっていくつもの段階に分けられ、その段階に対応して焼成用の薪に至るまで率を変えて課税された。いえばこの系列の課税は、特殊技能に対する課税といってよい。

これと平行に生産高に対する税があった。業者はいよいよ焼成にかかる前に、窯につめられる品物の総数を皿山代官に報告する。代官側は窯の各室のうち三室だけを選んで検査し、それによって届出数と合うかを調べる。この手続が終ったのち、はじめて焼成にかかる。焼成が終ると代官側の役人が封印をほどこし、窯から品物を取出すときは役人による封印の検査があった。そして全数量から焼成の失敗による破損品を三割とみ、その残高について六%の税がかけられた。これはさほどの重税ではない。ふつうの熟練した工人ならば、破損率は多くて二割ぐらいである。だから破損率を三割とみるのは、工人にとってはかなり有利であった。税金の徴収日は毎月五日となっていた。また不況の時には、場合によっては税額が減ぜられることもあった。そして佐賀藩の財政では地租以外の一般諸税のなかで、陶磁製造業関係からの徴収高は、実に七割以上をも占めていた。藩財政の見地からみても大きな意味をもっていたことがうかがわれる。

有田，日本の磁器の大産地。山あいを工場が埋める。

また肥前磁器の特徴は第一に華やかな絵付がほどこされていることだ。柿右衛門による彩画技法の完成以来、藩はこの特技が外部にもれることを厳重に取締った。寛文十二年（一六七二）の改正で、彩画磁器を製する赤絵屋は十一軒に限られていたが、彼等の住む場所も赤絵町といわれて制限された。しかし一〇〇年後の明和七年ごろになると藩窯以外の一般からも赤絵を希望する者がしだいに多くなったので、赤絵屋は十六人に増員された。けれども十六人を集団として居住させ、関係者以外の出入を禁じることは以前と同じであった。その技法は一子相伝とされ、次男、三男にも伝えず、女子も他処に縁づくものであるからというので技法を伝えることは禁止されたのである。

技法の秘密を守る

赤絵山ばかりではない。一般の工人の他国への旅などにもきびしい届出制をしき、罪を犯したものも追放などにしては技法がもれるので、その地で労役に服させるなどの手段をとった。

こうした厳格な拘束も、当時各藩がそれぞれ独自の産業政策によって、商品経済のなかでの激しい競争を演じていたことをみれば、当然のことであった。磁器、ことに赤絵の磁器は佐賀藩の独占であり、それあるからこそ藩経済も安定し、工人たちの生業も安定していたのである。市場を独占するためには技術を秘して独占しなければならぬ。いえば多くの制限と禁令は、藩側からいえば積極的な保護政策でもあった。そして一方藩政府は天災や臨時の設備費などについては、しばしば資金の貸付も行っていた。

販売政策　大川内の藩窯と朝廷御用の内山の辻窯以外の製品は、まず有田の陶器商人によって買集められ、ついで伊万里津の商人によって全国に売出された。元文元年（一七三六）の大阪港では移入される陶磁器の筆頭は肥前ものであり、これについで近江、備前、尾張、丹波などがある。また幕末の天保六年（一八三五）には、江戸売六万俵、大阪売三・六万俵、伊勢一・六万俵、など合せて三一万俵にのぼる大量の製品が伊万里津から積出されている。一俵には一升徳利なら十六入る、という風の定りがあった。そのための筑前、紀州、伊予、出雲、越後などの商人も伊万里津に集って、伊万里津は全国のやきものの大取引地となっていた。

しかし幕末期になって藩財政がしだいに苦しくなってきたので、藩はこの窮境を打開するために、藩自身による直営の販売をはじめた。享和元年には大阪に、嘉永五年には江戸にそれぞれ藩専属の販売人が置かれたが、ことに大阪には文化元年に陶器会所が置かれて、藩の姿勢はきわめて積極的だった。生産増加を計るために、製陶業の免許も二二〇に増され、伊万里の商人も十八人に免許が増された。また支藩の鹿島を通じて密貿易も盛んに行われ、藩財政の建直しに努力が払われたのである。

瀬戸の復興

陶器のことを「せともの」というほど、愛知県の瀬戸は窯業地として有名だ。織田信長は早くからこの地の窯業を保護していた。ことに加藤景光が信長に茶入れを献じたときは、在所において以後もやきものをせよとの意味の朱印状を与えたりした。また信長の茶器趣味に対応して、瀬戸からも多くの茶器がつくり出されたが、経済的には新しい変革とはならなかった。しかも文禄、慶長の役によって、新しい技術的革新を行った九州とは異なって、瀬戸には新技術も入らず、依然として山の斜面を利用したトンネル窯風のものが用いられていたのであった。

この停滞した瀬戸の窯業に新技術を導入したのは、さきの加藤景光の子、景延であった。彼は肥前の唐津に行き、ここで新しい朝鮮風の登り窯による焼成法を知った。この時から瀬戸でもいくつもの焼成室が連なる登り窯を用いるようになった。

慶長十五年（一六一〇）、瀬戸もまた新しい徳川幕府の封建体制のなかで、生きる道を求めねばならなくなってきた。尾張に封ぜられた徳川義直は、瀬戸の陶器を復興するために、当時美濃に移住していた陶工たちを帰還させ、それぞれ高十石と十両を与え、諸課税を免除した。この優遇策によってそののちも帰国するものがふえ、元文年間には窯数十六、陶工数四八となっている。この四八人の陶工は窯の所有者の使用人ではなく、それぞれ独立した陶工である。またそのほかにも原土の調製や運搬、薪用などにも職人がおり、ほぼ分業の形が成立していた。

また長石を粉砕するための水車場も享和年間には三二を数えることができる。

独占の弊害　しかし藩政府の保護政策にもかかわらず、瀬戸は不振だった。元文年間の窯数十六、陶工四八人は仲間の申合せによって、これ以上ふやさないことになっていた。そして古来の由緒をもたぬものはロクロ一台をもつことを許し、一代限りとし、またその製品は窯のなかでも不利な場所でしか焼くことができなかった。これらはすべて生産過剰を防ごうとした仲間意識の現われといってよい。

宝暦七年（一七五五）にはこの一代限りの規定を廃して実子一人に相続させることが認められ、明和七年にはふたたび養子を禁止するとか、生産品や燃料の価格の協定を行ない、極力同業者が増加することを防いだのである。永代ロクロに一挺、一家一人、二男以下の窯業への参加の禁止などがこのときあらためて厳重に行われたが、一方藩政府も瀬戸、赤津、品野の窯場は除地として免税し、窯元には資金や薪などの融通をするという政策をとっている。

安永九年（一七八〇）の数字では陶工の戸数は一四二、窯は二四、一四二の陶工のなかには永代ロクロ一挺の十一戸もふくまれている。しかしそのなかには二九戸も休業しているものがあった。瀬戸の不況ぶりが想像されよう。すでに諸藩はそれぞれ封鎖的な経済政策をとっている。さらに日用の器物類には、新しい有田製の磁器が大きく進出してくる。磁器の白さ、美しさは粗放な陶器の敵するところではない。瀬戸の販路はしだいにせばまり、不況はいよいよ深刻となっていった。ついに窯は当主一代限りとなり、天明四年（一七八四）には、陶工戸数一五三、窯数二四に固定することになった。

磁器の製造

　もちろん瀬戸でも有田に対抗するために、染付磁器の試作をこころみたけれども、すべて失敗であった。このころ名古屋に新しく開かれた熱田前新田に、瀬戸村の加藤吉左衛門がその子民吉とともに入植してきていた。技術の進歩がないときには、いくら生産統制をしても、同業者のふえることを防いでも、他国の優秀な製品には敗れ去らねばならないのである。

　一日、熱田奉行津金胤臣が巡見の際、この新田に働く農民が、いずれも農作業に甚だ不なれな手つきをみせているのを認めた。事情を怪しんだ津金はその理由を問い、大いに彼等の境遇に同情して、自分の知る南京焼（染付磁器）の方法があるからと、それを教えてとにかく一応の成功をみたのである。そして熱田に窯をきずいて新製窯と称したが、瀬戸ではこれを自村で開くことを願い、やがて瀬戸で製造されることになった。

　けれどもまだ九州有田の磁器にははるかに及ばない。そこで享和四年（一八〇四）、加藤民吉は、肥前の天草へ赴いて磁器の製法を習得することになった。佐賀藩の厳重な取締のなかで、磁器製法を知ることはまことに難事であったが、彼はついにその技術の習得に成功して、文化四年に帰国した。また同じく肥前磁器の技法を瀬戸に伝えたひとりに、副島勇七の名が伝えられている。瀬戸では久米姓で伝わっている。彼は鍋島藩窯、大川内山の工人であったが、罪を得て御用職人を免ぜられた。そこで彼は肥前を脱走し、尾張の品野に来て加藤久米八のところで磁器製法を伝授したという。これを知った佐賀藩は、さまざまの策をほどこしてついに副島を捕え、寛政十二年に大川内で処刑されたと伝える。

帰国した民吉はまず磁器用の原石を求めた。各地を探索し試掘したあげく、美濃土岐郡に良質の長石のあることが発見され、これを移入することによって、原土の問題は解決した。民吉の指導によって磁器焼成はしだいに盛んとなり、瀬戸はようやく回生したのだった。その後も新しい技術の磁器焼成は順調に発達した。弘化二年(一八四五)には在来の陶器製造工は七〇に対して、染付は九一と急速なのびをしめしている。その間約四〇年。慶応三年には陶器六四戸に対して磁器は九八とさらにその差は開いた。こうした瀬戸の変化につづいて美濃でも磁器の焼成がはじまった。

販売統制

生産統制を行なうとともに、一方の販売面では蔵元による統制が行われた。享和二年、新製窯の磁器ができるようになると、藩政府は「御蔵会所」を設立し、名古屋の陶器商人十六人、地元から十五人を蔵元に命じた。こうして蔵元による製品の独占販売権が確立した。製造業者は、焼成をはじめると代官所に届け出る。すると焼成が終って窯を開く日、代官所から役人が派遣され、その立会いのもとで品目や数量のすべてが記録された。そして製品はすべて蔵元に納入される。蔵元はこれを江戸、大阪、京都の指定商人に送って販売させ、三〇日後にその代金は商人から会所に納入され、はじめて業者に金が渡るというシステムであった。しかしこれでは流通にあまりに時間がかかりすぎて瀬戸の業者の資金が欠乏する心配がある。そこで文政元年には三都の指定商人によって永納金と呼ぶ基金が設けられ、これで製造業者にはすぐ支払いがされるようになった。文化年間蔵元に納入された品は、一年につき瀬戸で七・五万俵、品野、赤津などを合わせて九・五万俵ほどだったとされている。

窯を開いて蔵元へ納めるときに不合格の品が出る。これは下物といわれふつう廃棄されるものである。ところがのちにこれを買付ける仲買人が現われて、これもまたかなりの収入を会所にもたらしていた。しかし仲買人の勢力はしだいに大きくなり、ついには合格品までも下物として買い集めるようになった。そしてついに窯が開かれる日には、信州方面からも仲買人が集まってくるという状態になってしまった。今や蔵元に代って、仲買人の活動する新興の問屋層が大きな勢力をもつこととなった。仲買人の活躍、藩による統制力の衰えは、やがて来る明治維新を暗示するものだったのである。

陶磁業と藩

もともと陶器は農村的な生産品であった。半農半陶がふつうであった。しかし磁器ともなればそうはいかなくなる。まじりものを許さない純白の素地の調製、うすくひきあげるロクロの技術、それらは熟練した専門家の腕を必要とする。また上絵付などに至ってはなおさらのことだ。こうした性格の産業が、諸藩の経済政策、国産品、特産品奨励政策と組合わされると、藩政府による生産の統制、また販売の統制となり、さらに進んで藩直営の工場となり、藩の手による専売制度となる。農村を主体とする徳川時代の諸藩にとって、陶磁器生産はまことに手ごろな産業であった。ことに幕末、諸藩がひとしく財政的な危機に逢ったとき、陶磁業はその危機を打開する産業として取りあげられ見直されたのである。加賀藩の九谷窯、薩藩の苗代川窯など、どれもその好例である。それが日本の官窯=藩窯の多くの性格であった。鍋島藩窯などはむしろ例外的なものである。このようにみてくると、わたくしどもはそれらは中国の官窯と全く異った性格のものであることに気づくだろう。中国では皇帝、貴族の日常生活を満足するために生産された。従ってそこにはごく少数者のための極端な趣味性、貴族的な美学が働いていた。けれども日本のものは藩の経済振興のためであった。その対象はむしろ庶民、町人であった。ことに生活内容がいちじるしく向上し、新しいものを求めてやまなかった江戸、大阪、京都の三都の都市文化にマッチする必要があった。三都の町人の好みが、日本の藩窯の製品のすべてを決定していたといってもよい。

四、明治と近代化

近代化はじまる

そうして明治がくる。明治はいうまでもなく異質の西洋文明が、はじめて日本人の眼前に現われた時であった。東洋に対する西洋の存在がはじめて知られた時である。しかもその西洋は東洋とは異った論理と認識の上に自然科学を成立させていた。その自然科学、ことに十九世紀の科学と技術は、西洋文明の代表者的な存在であった。日本のやきものの世界もまたこれらの新文明の洗礼を受けねばならなかった。その背後にある世界というものについても。

そして今や、日本の陶磁器はその美学においても、その技術においてもさらには産業としての性格においても新しい視点と性格をもたねばならなくなったのである。せまい藩経済から脱却して世界経済に対応し、新しい生活様式に適応しつつ、国民一般の生活レベルの向上とその要求に対処することが必要となってきた。

明治政府のスローガンは名高い「富国強兵、殖産興業」であった。すべての産業を近代資本主義のもとの産業に育成するために、明治政府は多くの政策を強力に実行した。そのくわしいことはここではふれない。しかし陶磁の生産も当然そのなかの重要な一部となっていた。

明治六年、政府は当時の金で六〇万という巨額の金を支出して、ウィーンに開かれる万国博覧会に参加した。一月三〇日、博覧会事務局副総裁佐野常民は七七人の出張者をひきいてオーストリーのウィーンに出発した。参加目的としてかかげられたのは、第一に日本の物産を海外に展示して輸出の機会をとらえること、第二には海外諸国のすぐれた技術を学び、また日本の産業の近代化に役立つ諸資料、また東京に設立を予定した博物館の陳列品を収集することなどだった。このなかで各種の技術の伝習が重要な目的としてあげられ、そのために実際の職工が派遣されたことは注目されることがらである。けれども当時の日本政府の識者にも近代工業の本質、またそれを支える科学技術の性格について十分な認識は生れていなかった。そのためにこのとき伝習を受けた技術は、活字、ガラス、鉛筆、染色、陶器、製紙、塗装などの日用品的軽工業技術の輸入にとどまった。しかしこの結果にはげまされて、政府はその後ほとんど毎年のように海外諸都市での万国博覧会に参加をつづけたのであった。

鋳型製法の導入

さてこの博覧会において陶磁業で最も記憶されるのは、この時はじめて石膏による鋳型製法が導入されたことであった。ウィーン万国博の「工業伝播ノ報告書」では次のようにある。

「陶器はもっぱら日常飲食の道具に用いられ、また多くの娯楽、趣味の具となり、世界万国でこれを用いない者はない。日本は昔から製陶にすぐれその評判は世界に知られている。そこで陶器を輸出する人はきわめて多いが、その製法は昔ながらのもので、進歩していず、また石膏模型の法も知らぬ。そこでしぜん西洋人の下風につくことになりそうである。石膏模型の方法は、陶器だけではなく、銅器を製作するにも必要なので、できるだけ早く国内にひろげるべきである。しかも現在日本の陶器が海外に輸出されるのは趣味の具が大部分である。だんだんと西洋向けの日用品も製造しなければ、大きな利益を得ることはできない」。

（原文・文語）

この目的に応じて陶器の石膏鋳型の技法を学んで帰ったのは、納富介次郎、河原忠次郎、丹山陸郎の三人であった。参加報告書では次のように記されている。

「陶器は古来アジアの名産であって、ことに我国の製品は盛んに西欧人の賞讃を受けている。しかし今日ではフランスのセーブル、イギリス、オーストリー、ドイツなどの製品がすぐれるようになってきた。これはその形の風致、絵の精妙さ、製法の巧妙なことなどの理由によるのである。博覧会には精巧で美しい品が多くみられ、まことに感嘆にたえなかった。介次郎は陶器の絵付、忠次郎は製陶法の専門家であるので、共にボヘミアのエルボーゲン製造所に派遣され、製陶や絵付の技法を研究した。また日本にはまだないがきわめて緊急必要と思われる石膏鋳型製法を学習した。陸郎もまた製陶法を知っているので、彼もまたボヘミアのクロステル製造所に入って学ばさせた。介次郎はまた博物会の審査官となり、各国の列品をくわしく点検し、また帰国の時はセーブル製造所を巡視した。忠次郎もまたボヘミア各所の製造所を巡視し、ともに伝習の科目実験につとめた。その効果がよければ、すぐ国内の製造所に此法に倣わさせるがよい…」（原文・文語）

こうして石膏型を用いる製陶法は日本に伝えられたのである。

けれども石膏型法をもって帰国した介次郎は、いくつもの障害にあわねばならなかった。もともと石膏型は量産を目的として生れたものである。けれども徳川時代以来個人の零細な仕事が中心となっていた当時の日本の陶業では「一人ノ是ニ応ズベキ者アラザル」という有様であった。まず陶業の性格、組織そのものの改良が必要だったのである。しかしそれにこたえる人は全くない状態であった。

納富介次郎　帰国後の納富介次郎は内務省の勧業寮で、河原忠次郎とともに、全国の陶磁産地から集まった生徒に対し石膏型の利用を教育した。またひきつづいて参加が予定されたアメリカのフィラデルフィア万国博への出品のために、十数人の画工に図案をつくらせ、これを業者に頒布しまた自からも有田に出張して熱心に指導した。工業組織の改良はまだほとんど絶望的であった明治初めでは、まずデザイン面からの革新を試みた介次郎の着眼はさすがである。

しかし明治十年六月、政府はこれらの技術の伝習事業を廃止した。そこで彼も職を辞し塩田真とともに東京小石川区新小川町に江戸川製陶所を設けて自から製陶業に乗り出したのである。彼の志した工業改良も、技術の伝習もいまだ中道にすぎない。しかも伝習事業が廃止されては、彼が苦心してウィーンより持ちかえった技法も失われてしまうであろう。これが彼の決意だった。

工長は河原で瀬戸、九谷その他の陶業地から八十余人がつぎつぎに製陶所に入った。しかし彼らはもっぱら伝習のみを目的とし、技法を覚え熟練した者はすぐに帰国してしまう。そこで工場にある者はいつも新入の者ばかりという有様となった。これではとうてい収支が償うはずがない。工場は十七年までようやく維持されたけれども、ついに閉鎖となり彼は石川県に赴いて同地の陶業を指導することになった。しかしこの江戸川製陶所での教育によって、石膏型はほぼ全国にひろまったのである。

石川県では県内の物産を中国に輸出するための組合組織を計画して果さず、また工業学校を県立として設置させ、二七年には富山県高岡に工芸学校を創立させるなど、地方産業の育成やその基盤を固めることに、多くの努力を払ったのであった。今日も盛大に用いられている石膏型の伝来とその全国的な伝播に、大きな役割をもったこの三人の業績は、忘れてならぬものであろう。

ワグネルの来朝

石膏型をはじめとして、当時の日本の陶磁界に新しい技術を教え、かつ日本の陶磁器の世界における地位、また価値を新しく認識させたのは、ワグネルの功績である。

ワグネルは一八三二年、ドイツのハノーバーに生れた。同地の工芸学校を卒業後、ゲッチンゲン大学で学んだ。有名な数学者ガウスの講義も聞き、ワグネルは一生ガウスを深く尊敬していたといわれる。ゲッチンゲン大学でドクトルとなり、さらにパリに赴いてコレージュドフランスで聴講をつづけていた。その後は著述を業とし、またスイスの工業学校の教員などを歴任したが、一八六二年、たまたまパリで知ったアメリカ人トマス・ワルシの弟が、長崎で石鹸製造所を設けるに当って、技師として日本に来朝したのであった。三七歳の時である。しかし石鹸製造所は失敗に終った。がすぐに佐賀藩から招かれて明治三年四月から八月まで、有田で石炭を用いる窯を建設した。そのほか染付に用いるコバルトをはじめ各種の絵具についても指導した。しかし行政組織も産業政策もまだゆきとどかぬ明治草創期のことである。計画も指導も十分には発展できなかった。そこでワグネルは年末に東京へ出て東京大学の前身、開成所の教師となり、ドイツ語、数学、博物学を教えたが、それとともに日本の文化、ことに美術史や工芸品に興味をもって研究をはじめた。

六年のウィーン万国博には博覧会事務局の顧問となったが、ワグネルはこの準備にまた実際面に大きな足跡を残した。ワグネルは当時の日本にはまだ海外に出品できるような工業製品のないことから、もっぱら日本独自の伝統的な工芸品を中心に出品させた。ワグネルのこの方針は正しかった。ヨーロッパ人はこれまで日本を未開野蛮の国と考えていた。けれどもこれらの工芸品の展示は、彼等に日本が古くから独自の文化をもち伝え、しかもそれは独特の美しさをもつものであることを発見させた。日本に対する認識が大きく変ったのである。

それとともに出張させた人びとに各種の軽工業の技術を実際に学ばせ、彼らを帰国後はそれぞれの工業技術者の中心としようとしたのであった。そのほかヨーロッパ各地の博物館を調査させて日本に博物館を設立するための資料も集めた。

ウィーン万国博の終了後はふたたび東京大学の教師となり化学、物理を担任していた。明治九年のフィラデルフィア博覧会には、またも委員に選ばれた。十二人の委員のうち外人はワグネルひとりであった。いかに彼が重きをなしていたかが知られよう。けれどもこの海外旅行の活動でワグネルは著しく健康を害したといわれる。やがて彼の属していた東京大学附属の工業学校が廃止されたので、彼はふたたび七宝の研究をはじめた。

多角的な指導　明治十一年三月、そのころ東京とならんで文明開化のトップを進んでいた京都は、舎密局にワグネルを招いた。舎密はセイミ、オランダ語で化学のことで、京都府立の工業試験所ともいうべき性質のものであった。彼は十四年はじめまで京都にあって、工芸に対する化学の応用を指導した。月給は四〇〇円である。

ワグネルの着任とともに舎密局内には化学校が置かれ、一般生徒をも教育することになった。ワグネルは陶磁、七宝、ガラス、石鹸などの製法の教授改良に努力し、ことにこれまでの七宝や陶磁用の絵具が不透明であったのを改良して西洋風の透明なものを製出した。また西洋風の窯を局内に設け、また京都陶磁業の中心である五条坂に陶磁器試験場を設けて、京都の知名の陶工たちと共同で研究をすすめ、なかでも青磁の再現に熱心だった。またガラスでは紅色の美しいものをつくることができた。陶磁器の永楽善五郎、理化学用磁器の入江道仙、七宝の前田嘉十郎などはいずれもワグネルの教えを受けた人びとであった。

しかし十四年一月、京都府の槇村知事は元老院議官となって東京に去り、後任に北垣知事が赴任した。槇村知事は京都に各種の近代的な事業を起し、東京政府とならぶ殖産興業の政策をとっていた。けれども後任の北垣知事は必ずしも順調な成長をみていないこれらの勧業政策のすべてを廃止し、それに代って京都―大津を結ぶ琵琶湖疏水建設の大土木工事に集中する政策をとった。舎密局もこのため廃止となったので、ワグネルはふたたび東京に戻った。

東京では東京大学の製造化学を担任すること六年に及んだ。十六年からはさきに記した江川製陶所で新しい陶器の試験をはじめた。これがのちに旭焼と呼ばれたものである。十七年、東京職工学校に移り、二三年東京工業学校となったのちもそのまま教師の位置にあった。しかしワグネルは持病のリウマチスになやみ、一年の休暇を得てドイツに帰ったが全治することなく二五年帰来、この時にゼーゲル式温度計を日本に導入した。しかし健康は依然として思わしくなく、ついに同年十一月八日、六十二歳で歿した。

ワグネルは単に化学工業面のみの技師ではなかった。地震計の改良をはじめ、博物学、人類学にもひろい興味をもち、日本度量衡、貨幣制度論、中国哲学と音楽の関係などの論文も残している。また日本の美術工芸全般についても深い知識をもち、養蚕、製糸などの農業面に至るまで改良案を考えていた。彼は当時の日本の事情から、日本の工芸を近代的な産業のなかでどのように生かすかを常に考え、その方針をたてようと努めたのである。そこで次にワグネルのもっていた日本の工芸美に対する考え方を紹介しよう。

明治の博覧会

ウィーン万国博、つづいてロンドンの万国博、さらにフィラデルフィア万国博に参加した明治の政府は、博覧会が文明の進歩に大きな意味をもつことをはっきりとさとった。十九世紀は進歩の世紀だった。科学と技術はつぎつぎに大きな成果をあげ、人間生活の未来はバラ色につつまれるようにみえた。その進歩の現実を検証することが、これらの博覧会の第一の意味であった。そしてようやく帝国主義的な発展の終ったヨーロッパ諸国は、それぞれ自からの植民地経営を有効ならしめることに全力を注いでいた。進歩のシンボルはいかに植民地の経営が、能率よく有効に行われているかにあった。いえば各国の生産力の競争の結果が、進歩という標語のもとに集ったのが十九世紀の万国博だった。

政府は単に万国博に参加するのみではなく、日本国内で博覧会を開くことこそ、また日本の文明開化、富国強兵、殖産興業のスローガンの結果を検証する方法であることを知った。そして大久保利通の建議によって、明治十年、十二万二千余円の費用をかけて、上野公園で第一回内国勧業博覧会を開いたのであった。会期は、八月二一日から十一月三〇日、全出品点数は八四、三六三点、出品者一六、一七二人、来館人員四五万五〇〇〇人という成功をおさめたのである。ワグネルはこの博覧会についてもよき助言者として活躍し、終了後公表された報告書のなかで日本の陶磁業について、長文を草した。日本の陶磁器がその美しさだけではなく、産業としての地位にまで海外知識人によって正確に論評されたことはこれが最初である。原文は文語体だが口語体に書き改めておく。

ワグネルの日本陶磁評

「ここでは家庭日常の用品だけではなく、室内を装飾して美観を与えるものについても論じてみよう。現在国内で知識人たちが愛玩し鑑賞するような品は、海外の人びとも同じように鑑賞し買求めようとするもので、日本人であろうと外人であろうと、すぐれたものについての評価は同じことである。明治以前、日本がまだ海外諸国と交易を開いていなかったころから、陶磁器はもう大量に海外へ輸出されていた。そしてそれらはヨーロッパの博物館やコレクターの収集となって、最近はヨーロッパの美術工芸に大きな影響を与えている。このことは最近の海外の博覧会を観た人びとはよく知っていることである。けれどもこの種の優品は日本に現存することがしだいに少くなって、すぐ見出すことができなくなったのは、ヨーロッパの鑑賞家たちが、深く痛惜していることである。上野に開かれたこの度の博覧会も、その場内で古風を伝える香炉、皿、花瓶、火鉢などの類や、古来の珍しいものはごく僅かになっている。

また最近の陶工は、西洋風をむやみにまねて用い、多くの品物はむやみに多くの絵具を用いて絵付ばかりをしている有様である。そこには優雅か俗か、良いか悪いかの判断もないようだ。これは実に大きな誤まりである。もしこうした方法ばかりで器物を製造しているならば、誰も買わなくなり、安売りでもせねばならなくなるだろう。私は陶工がもっと販売に当る商人と連携してほしいと思う。このつなぎになるのは博覧会であるけれど、これでは十分とはとてもいえない。日本と海外諸国との交通もいよいよ便利となっている。陶工は大いに奮励すべき時ではないだろうか。これまでの陶工のやり方は顧客の注文を待つとか、一、二の人びとの指示だけで製作している。しかもその指示も詳細に聞くのではなくざっとしたままですますので、失敗も多いのである。

そこで現在はまず昔の形式のすぐれたものを集め、はじめはこれをまねてゆき、そのうちに新しい着想が浮べばそれを加えて変えてゆくべきである。しかもいつも固定してしまってはならぬ。こうして各人が独特の形式をつくり出すべきである。このようにしてすぐれた成果が上ったと確信ができたら、それから輸出業者に示してさらに彼の意見を聞いてまた反省すべきである。

もし注文生産の約束ができたら、まずていねいに注文者の意図をくわしく聞きとり、さらに器物の形体や染色の方法についてこまかにプランを考えて、これを手帳に記して誤まりのないようにすべきである。もし一旦生産を引き受けたならば、器物の製作についてはよく注意して励まねばならない。完成したのち注文者の意志に合わなかったときには、これを捨ててさらに新しい製品をつくるべきである。このようにしても最初から利益があるとは限らない。損失となることもあろう。しかしその利害に関せず製作を精巧にすれば、前回の失敗を償ない多くの利益を得ることができよう。こうしてAの客の意にかなえばBもまた喜んで求めてくれるようになる。これが顧客を増す方法である。こうすることによって陶工はますます繁昌するようになろう」

まことにかゆいところに手の届くような注意であり、好意にあふれた忠言ではないか。しかも彼のいう形式—デザインを昔の傑作に求めよ、というのも正しい注意であった。日本人は日本固有のデザインにもとずいて、新しい時代に適応するデザインを創作せよ、との言葉はごく当然の言ではあるが、西洋風におぼれかかっていた日本の陶工にはきびしい評言であった。ワグネルはまた「顧客にこたえるのに言葉でこたえるな、製作する器物によってこたえよ」という。今日にもあてはまる正しい言である。

また日本工人の欠点として製作の期日を正しく守らぬことを第一にあげる。また奇異の品ができると、これが高く売れるものと信ずることを指摘する。そしてワグネルはいう。「ヨーロッパ人が日本の陶磁器についてその形や飾の珍奇なこと、また材料が特殊であることに注目して愛玩することはたしかにある。けれどもそれは一時の流行にすぎない。真に永続性をもってヨーロッパで愛好されるのは、精巧良質古製のごときものである」と。単に異国趣味を喜ぶ外人の多いなかで、ワグネルのこの言は日本固有の工芸として陶磁器の性格をよく認識したものであった。

京都の製品―ワグネル　次に博覧会に出品された実際の製品について、彼の批評をかかげよう。日本陶磁の一大中心として知られる京都の製品について彼は述べる。

「其の製作技術はすぐれている。けれども西洋風をむやみにまねたのでかえって失敗した。また文様を日本の物語類からとったものは西洋では好まれぬ。買主にその意味がすぐ分らぬのはよくない。また小型の器はあっさりした図の方がよい。なぜ日本の陶工は墨画のもつ淡白で軽快な方法を用いないのか、惜むべきである。粟田焼の装飾は文様も方法もほとんど一様で、配合の工夫がない。……また使用する絵具に西洋絵具ばかり用いるのもよくない。日本の透明な釉はすぐれたものである。また金の使い方も余りに多すぎる……」

ワグネルだけではなく、明治の初めごろ日本に来朝した外人たちには、同じような理解をもっていた人も少くない。進化論を日本にはじめて紹介したアメリカ人モースも、よき日本の理解者のひとりだった。彼はその著「日本その日その日」のなかで、京都陶器の印象を次のように記した。

モースの観察

「見受けるところ、小さな男の子や女の子から、弱々しい体力で、ある簡単な仕事の一部を受持つ老年の祖父に至る家族の者だけが仕事に携わるらしかった。製作品は外国貿易の為の陶器で、日本語で「ヨコハマ　ムキ」すなわち横浜の方向、換言すれば輸出向きを意味する軽蔑的な言葉で呼ばれるものを除くと僅少である。この仕事には多数の家族以外の者が雇われ、十ぐらいの男の子が花、胡蝶、その他日本の神話からひきだした主題ではあるが、彼等の国内用品の装飾が繊美にも控え目であるのと反対に、これはまた胸が悪くなる程ゴテゴテした装飾を書きなぐっている。外国人の需要がある迄は直系の家族だけが、心静かに形も装飾も優雅な陶器を製作してたのである。今や構内あげて目の回るほど仕事をし、猫も杓子もその子供達も総がかりでバシャリバシャリ、何百何千と製造している。外国の代理人から十万組の茶碗と皿の注文があった。ある代理人が私に話したところによると、できるだけ沢山の赤と金とを使へというのが注文なのである。そして製品の―それは米国と欧州とへ輸出される―あわただしさと粗雑さとは、日本人をして彼等の顧客が実に野蛮な趣味をもつ民族であることを確信させる。しかもこれ等の日本製品が我国では魅力に富むものとされている。」

これが明治十二年の実状であった。ふたたびワグネルの結論を聞こう。彼はこう結ぶ。

「私が日本陶工に勧めたく思うのは、現在外国の機器、窯、製法をまねることのみに熱心にならずに、力を尽して日本で行なわれてきた製法を改良しその質を高めるのが急務である。そして時間や金の浪費を妨ぐように務めねばならない。……日本ではまだ外国風の大工場を建てる時期ではない……日本の陶工中には西洋風の窯をつくらねば繁昌せぬと思いこんでいるものもある。しかしそれは誤まりである……」

ワグネルの陶磁関係の報告は実に四〇ページにもわたるものであった。彼自身が美術工芸、ことに陶磁器について深い愛着をもっていたために、その論ずるところもまた精細であるとともに、日本の未来に対する鋭い批評と熱意ある忠言にみちていた。日本美術の特質、日本工人の資質についてもきわめて明確な認識と見通しをしめしていたのである。彼のいうところは日本人の伝統の美の表現に、より進んだ西洋技術を適当に採り入れよ、というところにあった。しかしこの評言は十分に聞かれなかった。ワグネルの意図は十分に理解されぬままに忘れ去られたのである。

清水卯三郎

ここで日本にはじめて洋式の絵付用絵具を紹介した「みずほ屋」清水卯三郎のことについてふれておく。慶応三年、フランスのパリーで開かれた万国博に、日本がはじめて参加して海外に日本の存在を知らせたことは有名である。将軍の代表として徳川昭武、随員に渋沢栄一などがいてはじめて西洋文明の実状を日本人は知ったのだった。この博覧会参加については、渋沢の「航西日記」などがあって、かなりの記録がのこされている。

このとき博覧会出品人の総代のひとりに清水卯三郎がいた。彼は蘭学を学び、ロシアの使節が来ればロシア語を学び、英国艦隊が鹿児島を砲撃したときは通訳として活躍するなど海外事情に深い興味をもっていた。パリー万国博が開かれると日本紙や浮世絵などの美術工芸品を持参して展示した。日本の商人が公式に海外に出た最初の人である。

万国博を終えて彼は翌四年五月、帰国した。その時の彼のみやげは、活版機械、石版機械、陶器用絵具、鉱物標本、西洋花火などであった。彼は早くから当時には珍らしい国語改良論者で、漢字を用いず平かなによって文章を書くことを主張していた。そのためにフランス出発前に平かなの文字の下書を用意し、パリーで平かな字母を製作させて持帰った。しかしこれはあまり活用されなかったといわれる。けれども彼は明治になってからも「かなの会」を設立して盛んに国語改良運動に活動した。炭素は「すみね」、水素は「みずね」、植物は「きくさ」などとするのが彼の主張のひとつであった。明治前期の知識人福沢諭吉、中村正直、加藤弘之、西周などが結成した明六社は、その啓蒙活動でよく知られているが、卯三郎はその会計係をつとめ、機関誌「明六雑誌」に論文を書いたこともあった。

さて卯三郎のフランスみやげのひとつに、西洋風陶器用絵具があった。明治二年七月の「中外新聞」は次のように報じた。

洋風絵具の導入

「フランスには磁器に色彩画をつくる方法があり、その美しさは紙上に画くものと同じだと伝えている。近頃友人の川上冬崖、酒杯一個、茶碗一個をもってきて自分（柳河春三）にみせた。花や果物が眼を奪うばかり美しく画かれ、鳥や虫も生けるもののように画かれている。画家服部某の杳圃という号が記してあった。自分は大いに感心してその彩色法をたずねた。

冬崖がいうのに、この薬は舶来である。みずほ屋卯三郎が昨年フランスにゆき、専門家に逢って伝習を受け、薬品を求め帰ったので、それでこんど服部氏が実験してみたのである。これこそ東方で陶器に着色した最初といっていい。磁器によって世界に知られている中国人もこの方法を知らない」

（原文・文語）

この絵具は中国でいう洋彩、つまりエナメルのことだ。柿右衛門にはじまる日本の磁器の釉上彩画の絵具は、中国の硬彩に当り、白玉立てといわれたもので、鉛や硝石などを含んだ一種のとけやすいガラス質のなかに酸化金属をまぜて粉にしたものだった。だから不透明である。この絵具で文様をつけ、キン窯といわれる小型の窯のなかで再び加熱するととけやすいガラス粉が、釉の表面にとけつき、同時に金属によって発色するわけである。透明なガラス質が多く含まれているので、しぜん絵具は厚く塗られることになる。ところが西洋側で発達した磁器用の絵具は、酸化金属粉を主体とした不透明なエナメルであり、それを塗るから薄く絵画風に塗ることができる。ワグネルが教えたのもこの類であり、また西洋風絵具をひろめたのは、納富介次郎の教えを受けた金沢の陶工、友田安清である。

ヨーロッパの技術の発展

そこで日本の明治期十九世紀末から今世紀にかけてヨーロッパの陶器産業の発展をながめてみよう。近代科学というヨーロッパの生んだ最も特徴的な文化は、この陶器製造のなかにもその威力を発揮しはじめていた。科学はようやく技術と結びつき、技術の発展を促進する役割をもつものとなったのである。

近代科学の方法をもって、古典的な陶磁器製造に立ち向った人には、イギリスのトマス・グレアム、フランスのオートフィユなどがあったが、なかでも有名なのはゼーゲルである。彼は素地と釉薬の膨張係数をひとしくして、われないようにするためのそれぞれの成分の組合わせ法則を見い出した。また粘土を石英系、長石系、粘土系に分類して組成をしめす分析法を確立し、またゼーゲル錐といわれる一種の温度計を考案した。

ゼーゲル錐　ゼーゲル錐はカオリン、珪石、長石、炭酸石灰を種々の割合に混合して高さ五センチほどの三角錐にしたものである。組成の差に応じてそれぞれの錐は軟化し熔融する温度が異なることになる。これを一番から三八番までつくり、一一五〇―一八五〇度Cの温度の変化に応じて錐が軟化して熔けるようにした。これを窯の内部の適当な位置に置いておくと、温度が上昇するにつれて、各種の錐は順次軟化してその尖端が曲りたれてゆく。この変化を窯の外からのぞいておれば、窯の中の温度が判定できることになる。錐の変化は実は温度のみではなく熱量全体にも関係するので、窯内の状態も推測できる。

ゼーゲル錐はそののちいろいろ改良されて、零一番から零二二番までが追加され零二二番は五九〇度を示すものになった。また高温についても二、〇〇〇度の四二番まで加えられた。このように改良と変化はあったけれど、原理と方法はゼーゲルの開拓したものが、そのまま現代も用いられている。

原料土や釉薬、焼成技術についても新しいいくつもの科学による成果が生れつづけた。黄色の発色剤としてウランが用いられるようになったり、素地を各種の組成によって調製し、実験して丈夫ですぐれた素地が発見されたりした。素地の改良は生産コストを下げるには重要なことである。単に破損が減るばかりではなく、皿を窯につめるのに積みあげることができるようになるからである。がそれらとともに大きな影響を与えたのは窯の進歩であった。

釉と窯

西洋式の窯は前にも書いたように大きな徳利型のもので、燃料には石炭を用いていた。それは黒煙をはき煤をまきちらす。そこで燃料経済の問題とともに、製陶業による公害は大きな問題となっていた。月に一回ぐらい半農半陶の人びとが、牧歌的な背景のなかで焼成するのとはちがって、製陶業はもはや大量の器物を一般市民に供給する工業となっていた。

一八五六年、ホフマンは輪型窯を設計した。またこのころデンマークでは早くも発生炉ガスを利用するトンネル窯があり七七年に特許を得ている。これをきっかけにトンネル窯はたちまちヨーロッパ、アメリカで採用されるようになった。さらには材料の人工乾燥法も発明されて、工業化、機械化のテンポはいよいよ早くなった。トンネル窯は実は簡単な原理のものだった。耐火煉瓦でつくられたトンネルがあり、トンネルの入口は低温で中央部は最も高温、出口はまた低温となっている。成形された大量の器物はゆるやかな速度でこのトンネルを通過するうちに低温—高温となって焼成が終了し、さらにゆっくりと冷却されてゆくというものである。原理は簡単であるがこの実現にはトンネル内の温度分布、燃料の調整など多くのむつかしい課題がある。そうした問題を解決していったのが近代科学だった。

トンネル窯により大量の焼成は可能となり、しかも破損率は熱の適切なコントロールによって低下した。するとこれに見合うだけの成型技術も上昇せねばならぬ。石膏鋳型の使用はさらに広範囲となり、ロクロも機械化された。また成型を押し出し、或いはプレスで行う方法も考案された。さらには原料の調製もできるだけ機械化されるようになった。こうして今世紀はじめごろから、陶磁器は完全に安価な市民の日用品として普及したのである。

リモージュの実態—フランス

そうした近代の陶磁器生産の一例として、二〇世紀初めのころのフランス、リモージュの陶業の実態を、次に概観してみよう。当時のフランスの陶磁器業者は五つの職種に分かれていた。原料の採掘、原土と釉薬の調製、成形と焼成、装飾、それから販売商人だった。この一つだけで独立するものもあり、二、三を兼業する者もあった。

原料土

リモージュの名高い磁器は、その原料土が近郊に産出したことからはじまっている。原料の磁土は露天掘で採掘される。採掘夫のなかには長がある。彼等はみな幼少の時から採掘業に従事するので、経験に富む。原土の選別はほとんど経験のみで行われる。鉄やマンガンを含む不純な部分を除くため、いちいち小分けして取去るという手間のかかる仕事がつづく。砂質を多くふくむ原土は一旦水飛してから用いられる。

原土は原料及び釉薬製造を業とする工場に運ばれる。長石類は泥をふくむことが多いので回転する鉄籠につめられ、上から雨下する水でよく洗われる。そしてエッジランナーで粗く砕かれ、さらに巨大な臼で細かくすり砕かれる。ついて別の臼で水を加えながら二四時間すって泥水とし、泥水溜にひき入れる。

そのほかアルンシング式粉砕機も用いられていた。鉄製円筒の内側を磁製の小型煉瓦ではりつめ、このなかに石英の小球を入れ、粉砕すべき長石などを加えて円筒を回転させると、小球の運動によって原料は粉砕されるわけだ。

泥水溜に沈澱した原土は、水分を除かねばならぬ。そのためには原土を板状にして圧搾機にかけ水分をしぼり出す。そして乾燥させれば原土はでき上りである。そこで布袋か樽につめて送り出される。この当時すでに原土は、普通成形用、上等品成形用、電気器具用、耐火磁器用、鋳こみ用などに分類されてそれぞれ適当な原料調合が行われていた。

成　形

成形、焼成に当る業者は、このように各業者が得意の技法をもって製造した原土、或いは釉薬を買い入れる。買い入れた土は乾燥されているか、或いは水分を含んだ粘土状のものとなっている。そこでまず大きな木製の槽に土を入れ水をそそいでかきまぜ、濃い泥水とする。そして泥水溜で沈澱させ、そのなかから順次原土をとりあげて、前の業者と同じように圧搾機でまず水分を除く。そしてふたたび大型のランナーで、よくねりあげる。これらの機械はすべて動力で運転されていた。

成形にはまずロクロ。けりロクロ、ペダルでロクロの下の動輪を回転させる式のもの、またベルトをロクロの軸にかけて一方で別の職工が動輪を回転するものが用いられた。またロクロ使用の成形にあっても、ロクロの天板に石膏製の型を固定し、これに粘土をつけてロクロをまわしつつ必要な形をけずり出す成形法も行われた。また現在も盛んに使用される機械ロクロも盛んに利用されていた。皿、鉢など各種の器形に応じて便利に作用する動力ロクロ、或いはプレス成形ももう普及していたのであった。こうした機械ロクロによって、職工は一〇時間労働で一日に直径二三センチの皿を八〇〇―九〇〇枚成形した。

そのほか石膏型や金属型を利用する押型成形もあったが、ことに盛んなのは石膏型による鋳込みであった。高さ三〇―四〇センチの花瓶、直径五〇―六〇センチの皿や鉢などの成形も鋳込みによって容易に行われた。

そののちの釉がけは大きな桶にみたされた釉の液にひたしたりするのであるが、圧縮空気を用いる吹きつけ法も実用化されて盛んに使われていた。以上の多くの方法は現代の工場が行っているものとほとんど変らない状況である。

焼成

次は焼成である。二〇世紀はじめごろのリモージュの窯は一二七、うち一一七は石炭窯、一〇は薪を用いる窯であった。各窯はだいたい毎月二―三回焼成を行っている。

窯は垂直の円筒徳利形のもので上下二室に分れ(五六ページ)、上室は素焼の室、下室は焼成を行うものとなっていた。火室は下室の周辺に四個あり、そこで石炭がたかれる。火焔はすさまじい勢いで下室の焼成室を走る。室の天井はアーチ型となり、焔は一旦天井に当ってまた屈折して下に向う。つまり反射式である。火と煙はさらに周囲の煙道から上層の素焼室に上り、さらに徳利型の尖端にある煙突から逃れ去る。

窯の大きさは直径四―六メートル、焼成室の高さもほぼこれに近い。全体の高さは十四・五メートルもある巨大なものである。一回の焼成に必要な石炭は十五トン内外、焼成時間は約五〇時間を要するものとされ、破損率は一―二割とされていた。そして温度は最高一三九〇―一四三〇度、これがリモージュの焼成のざっとしたデータである。

彩　画　焼成の終った磁器の上に文様を施す彩画―絵付―は、また別職となる。その方法には筆で画くもの、印刷するものの二つがある。絵具はテレビン油などをまぜて、ガラス板の上でねられてから用いられる。筆で描く方法はどこでも同じことである。けれどもそれだけ手間がいるので、筆で画いた文様のものはしぜん高級品ということになる。

印刷には銅版、鋼版、亜鉛版、石版の四種がある。銅版はふつうのエッチングだ。そして絵付用の絵具で薄い紙に銅板の文様を印刷する。文様が印刷された紙を、器に水ではりつけローラーでよくこすったのち、紙をそっとはぐと絵具の部分が器の表面に残って文様が移される。ほかの版も同じ原理だ。

金彩用の金に王水でとかした金を、硝酸水銀で沈澱させ、この沈澱に蒼鉛や銀粉の少量を加えてよくすったのち筆で画く。日本の九谷焼などのように金箔屑をすって使うような方法は行われない。下級品には水金が使われる。これは日本でも明治の初めにヨーロッパから伝わって流行した。油や揮発油のなかに金の有機酸塩をとかしたものである。だから金の含有量はごく少なく一、二割しかない。

釉上彩画の終ったものは炉に入れて焼きつける。このころヨーロッパで最も盛んに用いられていたのはマッフル炉だった。マッフル炉は日本のキン窯とそれほどちがわぬものだ。この焼付けの時は火焔が直接絵具にふれると絵具が変色しやすいので、窯は二重となり、火焔は内窯の周囲を包むようになっている。つまり器物をつめる内窯と火がもえる外窯と二重円筒になっているわけだ。内窯は大型のサヤの役をすることになる。マッフル炉は器物を円筒の横の口からつめるけれどもキン窯は円筒の上からつめてゆく。この点からいえば、マッフルの方が便利である。

しかし前に記したように焼成にもトンネル窯が用いられる時代になっている。そこで同じ考えが上絵焼付の場合にも利用されるようになった。各種のトンネル窯である。このトンネル窯の構造はさきに述べたトンネル窯と同じ原理であるけれど、ただトンネルが二重となり内側のトンネルには火焔が入らぬようにしてある。このトンネルに鉄製の車にのせられた器物が順次おしこまれて通りぬけてゆく。そして加熱されかつ冷却されトンネルから出終って焼成が完成することになる。これもまた大量生産を処理する方法であった。

労働者　リモージュの陶業では男女がともに働いていた。しかし職種によっていくぶんの違いがある。ロクロ仕事や原土の調製すべては男工、仕上げ、印刷した文様のはりつけなどはみな女工という風であった。工場は午前七時に始まり午後七時に終った。その間二時間の休みがあって労働時間は十時間となっていた。当時のリモージュの人口は約九万、そのうち一割が陶工であったという。また賃銀も月給制、日給制、時間制、請負い制など職種によってさまざまだった。

またこの地の工場には徒弟制があった。徒弟は十三歳以上と法律で規定され、四年間の年期契約を結んだ。第一年、第二年は製造高の半分の賃銀が支払われ、三年めに三分の二、四年目は全額となっていた。つまり第一、第二年は半人前、四年めで一人前とみていたことになる。また絵付け業では筆で描く仕事は徒弟三年、線のみを描く仕事、及び女工は二年間だった。そのほか国立の装飾美術学校に徒弟のための別科があり、毎週五日間、一日二時間づつ、昼または夜に徒弟教育を行なうシステムもできあがっていた。このようにリモージュでは、もう今世紀はじめには現代風の工場体系が成立し最大のものは工員一九〇〇人、十六の窯を具えていた。

近代技術の輸入
―工場生産

ワグネルによって西洋風の陶磁技術が紹介されたのち、リモージュの例でみたような、ヨーロッパ式の石炭窯の築造もしだいに行われるようになってきた。明治二〇年には京都陶器会社が深草に設立された。会社はフランス型の工場形式で職工、見習百余人であった。敷地は七五〇〇坪、本工場は東西八〇メートル、南北十五メートルという、当時には珍しい大建築であった。窯は一四〇〇度以上になる西洋型のもの、技師はリモージュで学んだ佐藤友太郎と、フランスから招かれたドラルブルのふたりである。据付機械のすべてはリモージュのそれにならって輸入された。

工場は二三年から活動し海外輸出用の磁器を中心として製造した。ドラルブルは工場が活動を開始したのを見届けて帰国した。けれども日本ではまだこの種の大工場を経営するは早きにすぎた。会社は約十余年のちにむなしく廃業したのである。

二一年には銅版転写法が伝えられた。二九年に設立された備前陶器株式会社はガスを燃料とする輪型の窯で、連続多量生産方式を導入した最初のものである。また吹きつけにより彩画する機械も京都、ついで有田で輸入使用をはじめるようになった。

三五年ごろから森村組が陶磁業界に進出してきた。森村組は村井保固などの活躍で、輸出商として著名だったが、製陶業にも進出するようになり松村八次郎などが硬質陶器の製作や石炭窯の研究をはじめ、三六年には陶土の調製工場が設立された。三七年、森村組の森村市左衛門と、東京の大倉書店の大倉孫兵衛の合作で、名古屋に日本陶器合名会社が成立した。技師長は九谷焼で育った飛鳥井孝太郎である。彼は二九年、森村組に入り三三年、大倉とともにヨーロッパを視察、ドイツ式の工場を導入した。窯も新型の石炭窯で大倉、飛鳥井の努力によって、ここにはじめて大型の工場生産が成功した。三九年、京都に松風陶器合資会社が生れ森村組のような大資本でなくても、工場システムの可能なことを実証した。この工場の技術の指導者は、金沢の人、藤江永孝で当時京都陶磁器試験場長だった。さきの備前陶器の窯も藤江の設計によっている。

松村八次郎の設計になる石炭窯はしだいに全国に普及し、石版転写法も導入された。また工業試験所の窯業部長北村弥一郎は金沢の人だが、フランスに範をとった石炭窯を設計した。北村はそのほかにも各種の原料、釉薬の科学的研究を進め、日本の各地の陶磁器の改良についてもすぐれた研究を行っている。はじめて科学を正しく陶磁製造に適用し、日本の業界に大きな影響を残した人として、彼の名は記憶されねばならない。北村もワグネル門下であった。

四三年、飛鳥井が独立して名古屋製陶所をはじめた。また電気事業の進歩につれて碍子の需

現代大樋焼のかま：最も古体の筒型のもの。
京都幡枝やイランのものと同原理。

陶磁大器の量産：コンベヤーベルトとトンネル窯で，現代陶磁を大量に生産する。

現代信楽のかま：大衆向けの製品の多いのは信楽だ。今も大型の登りがまで焼く。

要も多くなり、日本陶器、松風陶器などで製作されていた。電気を各種動力に用いることも普及し、機械ロクロが発展してきた。原土の精製にもしだいに機械利用が行われはじめてくる。伝統的な地方の窯場にも、しだいにこうした洋風機械が利用されるようになってきた。そして大正に入ると、陶磁業界もしだいに専門的に分化し、食器類、電気用品、化学用品、建築材などとそれぞれ独特の生産者が現われるようになった。日本の陶磁製造業もようやく完全に工業の一翼となったのである。大正六年、日本陶器は株式会社となったが、西洋風竪窯を二六基ももつという大工場になっていた。そして大正九年には小倉の東洋陶器会社がドレスラー式のトンネル窯を設備して、ここに量産工程が確立され陶磁器製造業は近代的な工場生産の体系を整備したのである。

三、やきもの美学

一、神秘の器

古代のイメージ

世界の古代の文化を見渡すと、どこにも粘土でつくった人形、またそれを焼いて硬くした人形がきっとある。形を自由につくり出すことのできる素材として、粘土、そしてやきものは古代の人びとにとっては、何よりも親しいものだった。材料もまたごく手近に得ることができた。

だがそれらの人形は、実はすべて人間を超えた世界に生きるものだった。わたしたち人間と同じ次元の世界に生きるものではなかった。もっと注意ぶかくみると、最も古い時期の人形は、多くは人間に似てしかもどこか人間でない姿を具えている。乳房が異状に大きかったり、腰まわりがぐっとひろがったりしている。或いは眼が大きく強調されたり、耳が四つあったり、蛇がまといついたりもする。

このように人間に近い形をもちながら人間ならぬ特異なスタイルをもつものは、まさに神の像だった。神はふつうの人間とは異った姿をもっていればこそ、人間を超えた霊的な力をもち、わたくしどもの世界を支配するものだった。これらのやきものでできた人形のうちで、日本人に最もよく知られているものは、いうまでもなく埴輪だ。しかし埴輪にはそうした超現実的な感覚はない。各種の埴輪の人形をみると、むしろほほえましいほどの、人間くささがあり、現実の人間の動きをみごとに抽象した動きがある。それはもう人間そのものなのだ。埴輪は紀元前の気も遠くなるような古代のものではない。もうずっとわたしたちの時代に近いものだ。ということは、埴輪はそれだけ人間そのものになりきったものということになる。人形に託された古代の超越者に対する信仰のイメージが、もっと現実的になり、もっとわたくしたちのものになったのだ。

　人形をつくり、それに大きな威力、神秘な力を考えることは、古代のやきもののもつ重要な機能のひとつだった。やきもののもつ自由な造型性は、一方はそうした信仰世界にひろがり、一方は日常の生活に必要な器物を供給するという機能をもつものとなった。やきものは現実世界にも、ともに意味あるものとなっていた。そしてこのふたつの世界をつなぐ祭儀に活動するのが、前に書いた古代の各種の彩文土器群なのである。

仮面舞踏―輝県の黒陶人形

　一九四〇年ごろから、中国の河南省輝県で出土したと伝えられる、黒色のやきものの人形が日本にも多くもたらされた。これらはみな高さ六、七センチのこぶりなものばかりで、表面はまっ黒で光るほどである。しかもこの人形たちは明らかに踊っている姿である。顔はほとんど平面にけずられ、ただ鼻が高くはり出しているだけだ。

　これは仮面舞踏の姿にちがいない。宮沢賢治は「原体《はらたい》剣舞連《けんばいれん》」でうたう。

「こよい　異装のげん月のした
鶏の黒尾を頭巾にかざり
片刃の太刀をひらめかす

原体村の舞手たちよ
若やかに波だつむねを
アルペン農の辛酸に投げ
ふくよかにかがやく頬を
高原の風とひかりにささげ
菩提樹皮《えだかわ》と縄とをまとふ
気圏の戦士わが朋《とも》たちよ

アンドロメダもかがりにゆすれ
青い仮面《めん》このこけおどし
太刀を浴びてはいっぷかぷ
夜風の底の蜘蛛をどり
胃袋はいてぎったぎた
dah—dah—dah—dah—dah—sko—dah—dah」

詩人宮沢賢治の幻想、その心象風景、仮面舞踏はいつもそうした霊界と現世を結合する役割をもつものだった。世界の民族はどこにでも仮面舞踏をもち、仮面をつけた人間は現実界をこえた存在とみとめられていた。それは神秘の世界からやってくる旅人であり、或いは人間世界に神のことばを伝える天使であった。日本には今なお能や神楽を中心とする多くの仮面舞踏が神事や儀礼のなかに残っている。それらはすべて遠い古代の日本人のもっていた精神構造の痕跡なのだ。

こうして神も、神をめぐる神秘の世界の住人も、すべてがやきもので造型されていたのだった。もちろんその造型性は、やがて人間が新しい素材を発見すれば、それにとって代られる。たとえばギリシャの大理石に彫られた多くの神々の像。神々は理想の人間のスタイルをもたねばならなかった。そして明るい地中海の太陽に屈折して、微妙な変化をつくり出し無限の美しさをただよわす大理石という素材。それが発見されたとき、ギリシア人はその素材によって、より美しい神を彫りあげたのである。

明器の出現—中　国

神秘なやきものの呪力は、やがて人形だけではなく、さまざまの種類の日常器具を模したものをつくって、これを墓に死者とともに葬ることに変ってゆく。それは人形のみをつくっていた時代からいえば、新しい転期であり、神秘性の後退だった。死後にまで現実世界にあったと同じような生き方や暮しを求めようとすることは、死後の世界を現世と同じものとみる見方である。このような流れのあとを最もよく止めているのは、中国の各種の明器の歴史だ。明器とは神明の器、つまり死者とともに葬られる人形や器物のモデルのことだ。

現実世界のリアリズムが、死者の世界までも領するようになる時期、それは中国では漢代からのことである。つまり儒教が新しい精神界の指導者となってからだ。いえばそうした神秘の世界、神話の世界を中国から追放したのが孔子だった。

孔子は怪、力、乱、神についてはまるで語らなかった。彼は天空をすこしもその位置を変えず、日々運行をつづける自然に注目した。ほとんど狂いなくめぐってくる四季の変化に注目した。自然のもつ秩序と法則こそ、孔子にとっては世界の根本原則だった。人間世界もまたそれらの原則の上に成立し動いてゆくものでなければならなかった。みごとな現実主義であり、合理主義である。その合理主義からいえば怪とか神のような神秘性は、世界に存在すべきものではない。

この儒教のもつ合理主義、法則性の尊重によって、かつてのやきものにひそんでいた呪力は消え去った。そして死者の世界は、現世からひとつ道を曲ればそこにある世界となった。そこでいとなまれる生活は、わたしたちの現世とはちっとも変らぬ世界である。そこで日常生活用の器具が、そのままやきものによって写されて、死後の人びとの世界を飾ることとなった。

漢と六朝

漢の緑いろの釉のかかった住宅、家畜小屋、井戸、各種の農具、生産具などが、いかにもリアルにつくりだされたものは、よく博物館などの展観でみることができる。どれも歴史学者たちにとっても、当時の生活の復元のためにたいせつな資料となるものなのだが、それらが造り出された背後には、儒教によって人生が指示されるようになった、時代の大きな動きがあった。

けれどもそれらを時代的にながめていると、やはり或る程度の変化がみとめられる。漢代のものにはまだ古代のイメージが残っている。漢からその次の六朝時代ごろのものは、みなどことなくさびしい表情をもち、暗い重苦しさにみちた表情を持っている。死の世界はまだ暗い悲哀にみちた世界だった。けれどもまた一方では、馬にまたがった武人、音楽を奏する楽人、また文官など現在世界の職業と階級がそのままもちこまれた人形がふえてくる。死者の世界は現実世界にそれだけ近づき、同じような構成が考えられるようになったわけだ。音楽を奏し舞いおどる一群の人形も、かつての輝県の黒陶の仮面舞踏群とは次元を異にしたものとなった。輝県のそれは神秘な世界と人間を結ぶものである。けれども今六朝の世に現われてくるやきもの楽人は、どこまでも人間のために音楽を奏し、人間をたのしませるために舞うのであった。音楽や舞が神のために生れたのは、古代文明に通有のことである。けれども中国では儒教のもつ合理主義によって、それはやがて祖先信仰のためのものとなった。祖先の祭に捧げるものとなった。けれども六朝時代から、音楽も舞も人間のためのもの、とする一面が生れてきたのである。やがてそれは自からのためのもの、とする考えにまで発達していた。自からの心の思いを語り、自からの心をなぐさめるために、自分で琴を奏し歌をうたう態度が現われる。人間の音楽の誕生。それは近代的音楽の発生といってもいい。

唐の三彩

そうした人間性が最高度に発揮されたのが、すでにくわしく記した唐三彩の出現だった。花やかな三彩の釉の色で飾られた、唐の明器はあらゆる現実世界の描写である。人間のいとなむすべての日常生活を、ことこまかに描写することによってあらゆる器形がつくられている。地位も職業も年令も、いっさいの現実がそこに描きだされた。さらにまた人間の感情のさまざまの動きが、それらに組合わされて、無数の表現を生んだのである。そしてこれらは大量のセットとして墓中に葬られた。そのセットには、当時語り伝えられた故事や物語などを表現するものもあった。この種のものは、何十台とひきまわされる葬列のなかの山車に飾りこまれた。日本でみる造り物のある祭の山車と同じ類だ。山車は多くのアクセサリーでさらに美しくよそおわれる。その頂上には、唐三彩のみごとな人形が各種のポーズ、複雑な心理の動きを表現して人生のドラマを演じている。なりひびく音楽と歌とともに首都長安の大道をパレードしたこれらの山車は、やがて墓地について暗い墓のなかへ永遠に封じこまれる。でも人びとは、封じこまれた世界のなかでは、やはり人生のドラマがそのまま複雑にしかも華麗に演じられていることを信じた。

これら唐三彩にはやはり古代的な怪獣や鬼の形をとったものも、もちろんある。けれどもそれらはもう神秘な魂をやどす鬼ではなく、怪獣でもなかった。かれらは人間のために奉仕する怪獣であり、鬼だった。死者の魂が永遠に安らかにあるように、外界からしのびよる悪霊を追う守護の役割を果すものとなっていた。鬼すら人間に仕える人間の優先、人間の力の上昇と、神秘性のいっそうの後退。それは世界帝国といわれ、西と東とを結んで繁栄した唐帝国のもつ生命力の現われであった。唐の文明のもつ巨大なエネルギーの現われであった。やきものの世界もまたこれにともなって人間のもの、人間だけのものとなったのである。もちろんこれ以後もやはりやきものは死者とともに葬られている。青磁や白磁、染付の青と白の器も墓のなかに葬られる。けれどもそれらは、特別に葬礼のためにつくられたものではない。唐までは副葬のため、死者のためという目的をもった造型が、人間のための造型とならんで存在していた。けれども唐三彩にみる人間世界のエネルギーの昂揚は、ついに死者のための造型の世界も打ちく

神秘の消失―人間へ

宋、元の墓からも多くのやきものは発見されている。しかし大部分は日常の器具がそのままもちこまれたにすぎない。死者のための特別の造型は、ごく一部となってしまう。宋学―宋代の哲学は朱子によって代表されるように、新しい儒教の開花である。孔子以来がふたたび新しい哲学として、仏教や道教の思惟をとりいれながら再組織された時代だった。政治哲学として世界の哲学として出発した儒教は、ここに人間の哲学、個の哲学となる。神秘はいよいよ消え、つめたい合理が結実してゆく。そして死者がともなう生活は、もう日常生活の延長にすぎなくなる。唐三彩にもやされた死者のための造型、レクイエムのエネルギーは、完全に人間世界のためのエネルギーに転化してしまう。すべては人間のもの、現実世界のためのもの。レクイエムはもううたわれない。造型の精神が人間世界をのみ目標とする時期のはじまり。けれども死後の世界の存在のための造型を失ったそれは、きわめて合理的で冷徹な感覚のものとなってしまう。

それは唐三彩と、宋代の白磁を比較してみればすぐ分かることだ。これが同一民族、同一文明の流れのなかの所産かとふしぎに思われるほど、それは両極端の作品だ。天と地の開きがある。けれどもその内部にある造型の方向を考えればその差異は当然だろう。一は死後の世界にたちむかう人間のエネルギーの表出、一はどこまでも人間が使用する目的のための抑制されたエネルギーによる造型。そこで一方には色にも形にも自由なゆたかさがある。一方には澄んで厳粛な理性のしずかさがある。だからそこにはふきだすようなエネルギーの感覚はない。このやきものの目的、造型の意味が最も明確に二分された時期、つまり唐代に中国のやきものの美学もはじまるのだ。やきものは死者に奉仕するとともに、現世の人間に奉仕するものとなっていたのだから。

二、人間の器

人間の器―茶碗

唐の八世紀末から九世紀はじめごろの人、陸羽は、「茶経」の著者として名高い。彼はひとり閑居して続書や、ごく親しい友人と交わりながらひっそりと暮していた。時折り散歩も試みたが、いつも仏教の経典の句をとなえたり、古詩を吟じ、自然のなかを夜明けから夕暮まで終日歩んでいたという。

「茶経」は茶に関するすべてといってもいい書である。茶の起原、製茶の方法、道具、茶のいれ方、茶器、飲み方、また茶に関する古い記事などがそのなかにくわしく説かれている。ただしここでいう茶は、今のわたしたちが知っている茶の葉をよったもの、或いは粉にしたものではない。團茶といわれて固形のものだ。葉をつみとって、それを蒸して臼でよくついて固め、ふたたび火にあぶったのち乾燥したものである。散茶、末茶などの名で現在ふうのものも記されているけれど、中心になるのは固形の團茶。飲むときにはこれをもういちど粉末にして水で煮たてて飲む。

この茶を飲むための器が茶碗だ。茶のため、たのしみのための器。それについて陸羽は次のように述べる。

「盌は越州産のものが第一、第二は鼎州、第三は婺《ぶ》州、第四は岳州、第五は寿州、洪州産のものである。或る人は邢《けい》州産の方が越州よりいいというけれど、私はそう思わない。もし邢州の磁器を銀にたとえるなら、越州の磁器は玉である。これが邢州より越州がすぐれているとする第一の理由だ。また邢州のものを雪とすれば、越州は氷の類。これが越州のすぐれている第二の理由。また邢州の磁器は白いので茶が赤くなる。ところが越州の磁器は青いので、茶の色は緑になる。これが邢州の品が越州に及ばぬ第三の点。晋の詩人杜毓《いく》の『茶の歌』と題する詩のなかで『器のうちでよいものを択び、やきもののうちでまたよいものを択ぶなら、それは東甌の産』と書いている。甌は越州のうちで最上の品だ。盌の口縁はそらず、底はそってしかも浅い。五合以下しか入らない。越州産と岳州産の磁器はみな青い。青いと茶がよくみえる。茶は赤っぽいいろをしている。そこで邢州の磁器は白いから赤くみえる。また寿州のものは黄色だから茶の色が紫になる。洪州の磁器は褐色だから茶の色は黒くなる。どれも茶にはうつらない」

また陸羽は他の章で、湯をわかす釜について述べ、ふつうは釜は鋳物でつくるが、

「洪州では磁器でつくり、萊州では石でつくる。磁製や石製のものは雅なものだ。けれども性質はさほど堅実でないから、耐久力に乏しい」

（以上布目潮渢訳による）

と書いている。これらの陸羽の文章から、すでにやきものは雅なものであること、また産地によって特色があり、その特色についてひとつの判断が下されていることが分るだろう。銀と

玉にたとえて、玉を上とするように、玉は古来中国の美の標準だった。透明ならず、また完全に不透明でもなくうるおいを帯びて、ほぼその中間のおだやかな光をたたえる玉こそは、中国人の最も貴び、最も愛好したものだった。ガラスさえもいつも玉の色を標準としてつくられた。ガラスは玉のイミテーションだったのである。ふかい大河の水のように、光を微妙に屈折させる青緑の色と光沢こそ、中国人のあこがれだった。やきものの釉において、漢代に緑いろの釉をつくり出し、また青磁の色を求めたのも、すべて玉が目標だった。玉でつくられた器の代りに、代用品の緑釉の器が死者の世界を飾っていた。

その理想と標準が、この茶碗の場合にも用いられていたわけだ。越州の産品、それは前に書いたように、いわゆる越州青磁のことである。

越州の青磁　こうした判定は陸羽だけではない。唐代の詩人たちは、しばしば越州の器の美しさをうたうけれども、その標準は陸羽と同じく玉だった。やきものの美学は、唐代ではやきものをやきものとして独立させた美しさをみとめるまでには至らず、それが従来の標準にどれほどあてはまるかできめられていた。似た例はいくらもある。同じ唐の詩人、顧況は、

「越のやきものは　玉でつくったようだ」

と書き、孟郊は

「越の壺は蓮も及ばぬみどり色」

とうたう。また皮日休の茶壺の詩では、

「よき磁器を造るは邢と越、
その円きは月の精の地上に落ちたるがごとく
その軽きは雲の精のたゆたうがごと」
との句がある。さらに唐末の詩人徐夤は
「かすかなる緑といちめんの青のみずみずしさ、
わがひとよ、この新しいやきものを献じよう、
月が春の水に浮んだようなみごとな円、
薄ら氷が緑の雲にかかるようなかろやかさ、
古りし鏡が苔の上にあるようなこの席にみるこの姿、
露をふくむ蓮の若葉の、水の上にあるにも似たるかな……」
とうたっている。どれも越州の青磁が若葉の色にも似た青緑のほのぼのとした色調であり、
細工もまたすぐれていることを讃えている。けれどもこれら、越州青磁の讃歌のうちで、最も
名高いのは唐の陸亀蒙の詩である。
「秋風のつめたくさわやかな日
越州の窯は開かれた。
山々の秋空にすむみどりの色は
まさしくその器に写しとられた。
月の光もさえるこの秋の宵に

清涼の夜気をいっぱいにうけて
詩人嵇康《けいこう》が酒を愛したように
わたしはこの碗で茶を飲もう」

この詩のなかで越州青磁は「千峯翠色（山々のみどり）」と形容されている。これはのちにまで青磁の色の代名詞となった。やがて青磁はいよいよ珍重されるようになり、宋代になると宮廷の専用品となったという。そこで青磁色をもって「秘色」と呼ぶようになった。宮廷のみに秘された色調との意味だろう。これが源氏物語の「ひそく」である。

なおこれにならんで唐につぐ五代の時期、柴窯の産品の形容に用いられた「雨過天青」というものがある。雨のあとの空のように、さえた青との意味になる。これはさきの山峯の色より、もっと青に近くしかも透明な感覚の色になる。けれども青緑系の色の一類であることは変りない。この青によせるひたむきの感覚、それが中国のやきものの第一の美学だった。

白の感覚

これに対して白磁の尊重がある。白は清浄のシンボル。この白によせる感覚も根強い。すでに古代中国、殷代にはこの白への認識があった。殷には白陶といわれる白いやきものがあった。それは精選された良質の白い粘土でつくられたものだ。しかもロクロで正しくつくられ、表面はみがいて光沢をだしてある。しかもその表面には、殷や周の時代、盛んに製作された青銅器と同じような複雑な文様が彫刻されている。器形もほぼ青銅器と同じ類ばかりだ。その器形のもつ重々しさ、端正さ。一見して誰にも青銅器と同じように祭儀用の器とわかる。

白陶器の製作には、殷のやきものの工人のなかの最高の工人が従事したにちがいない。そうして製作された器は神のためのものであった。人間のためのものではない。人間社会のうちで最高にある王が、神をまつる時に用いたものだった。そしてその色は白。

この白に対する感覚は、漢民族のなかで伏流のようにつづく。白は儒教の哲学のなかでも重要な意味をもつようになる。青は東であり春である。白はこれに対し西であり秋のシンボルである。

孔子と白

むかし孔子は叛臣仏肸《ひっきつ》が招いたときに応じて行こうとした。弟子の子路はいう。

彼は不善の人、なぜ行かれますか。孔子は答える。世の中には堅いものがある。いくらといでもすりへらぬほどに。また白いものもある。どこまでも白く、黒い土で染めても決して白くならないほどに白いものがある。わたしはそうした人間なのだ。白にはそうしたすべてを斥ける強い力がある。

また弟子の子夏がたずねた。詩経にある美女の詩ににこやかな笑はこぼれるほどに愛らしく、美しい眼は白目と黒目があざやかだ。白は最も美しいとありますが、最後の句が解りません。孔子は答えた。絵というものは白の色彩を最後にして完成するという意味だ。どんなに多くの色を重ねた絵であっても、最後を統一するのは白だ。すると子夏はいった。では最後の教養は礼ですか。どんなに多くの教養を積んでも、最後に輝やきを与え、全人格を完成するものは礼なのでしょうか。孔子は喜んで同感したと、論語は伝えている。まさに白は礼の色、儒教の根元の色であった。

葬礼の喪服は白に限られた。白は孝行な子の純真な濁りない気持を現わすシンボルの色であった。けれどものちには単に喪のしるし、凶事の色となってはしまったが。しかし朝鮮の李朝が白磁を祭器として用いたのは、やはり儒教の礼の伝統をそのまま伝えるものであった。

この青と白の伝統が組合わされたのが青花、つまり染付である。染付の急速な発展が、色に対するこの大きな伝統を背後にもっていたことは、注目してよいことであろう。けれども青と白はひとつの組合せであり、かつての単色の感覚とはまた異ったものである。この新しい色感の発見が、何によってなされたかは、十分な史料がない。技法は西方から暗示されたものであるがそれを元、明に完成されたみごとな染付にまで成長させた力はいったい何であったのか。宮廷や貴族たちのどのような好尚が、その変化と成長を育てたのか。その原因についてはまだ語ることはできない。そこで次に十七世紀の技

知識人のやきもの観

術書「天工開物」にみえるやきもの論を紹介してみよう。

「余はこう思う。水と火とが互に作用しあって、土が固まり陶器ができる。戸数が万を数える土地では、日々に千人の陶工が働いても足らない。民用も盛んなものといえよう。家々には上に棟があり、下に室があり、それで風雨を避けさらに屋根瓦をおくのである。王公は堅固な要塞を設けて国を守るが、煉瓦で築かれたその城壁は敵が来ても上ることができない。泥でつくった甕は固く、それによって醴酒は澄むようになり、素焼の高杯は清らかなので、しおからをそれに盛って神前に供える。もっとも殷や周の頃には、祭器は木で作られたが、それは質実を尊ぶという考えであったろう。後世には地方によってすぐれた焼物が生れ、技

術はいろいろと変ってきて芸術品が作り出されるようになり、美人の麗質にも似た磁器が生れた。これらは机や座敷に置かれてまことにゆたかな上品さがある。これは永久に滅ぶことはないであろう。」

一、二歴史的事実についての誤まりはある。けれども明末、清初ごろの一般知識人のもっていたやきもの観がうかがわれよう。また天工開物よりやや早く刊行された文人、屠隆の著「考槃《はん》余事」は、清雅の趣味生活に必要なすべての好みを集大成したものとして名高い。そのなかの茶箋の章では、

「磁器は茶の気を奪わないし、幽人逸士にとっては品も色もともにふさわしいものである。……宣廟のときにつくられた茶碗に、材料がよく式が上品で質が厚くてさめにくく、玉のように白くうつくしく、茶の色を試みることができるものがあるが、これはなくてはならぬものである」

いうところはほぼ陸羽の考えによく似ている。また香炉については式の雅なるものといい、香合についても宋のものをよしとする。けれども彼は蔡襄の意見には反対して、建盞は色が紺黒であるから用いるにはよくないという。のちに記すが蔡君謨（蔡襄）は、建盞の黒と茶の白の配合をよしとした。けれども明代の茶はみどり色となっていた。屠隆はそれで反対した。伝統的な文雅の士、文人趣味の人びとの間にも、こうした変化は生れていたのであった。

三、茶の湯の器

やきものと茶──日本

日本人がやきものに対して、鑑賞的な眼をもちはじめたのは、茶の湯の隆盛によることは周知のことだ。はやく平安朝の貴族たちも、中国から輸入された磁器類を愛好した。青じ、ひそく（秘色）などの語が、源氏物語などの物語、日記類に現われることは前にも書いた。けれどもその数はごく少なかった。そのため青磁を愛好することは、稀少価値を誇るに止まっていた。珍奇な異国からの渡来品という眼しかもたれていなかった。それは中国製の織物や文房具などが、貴族社会で誇りやかに用いられたのと同じセンスである。

しかし茶が渡来し茶を飲むことが習慣化するにつれて、ここに新しいやきものの需要が起ってきた。正史にみえる最初の茶の記事は、嵯峨天皇弘仁六年（八一五）四月のこと。天皇は近江滋賀の崇福寺に参詣し、この時大僧都永忠が茶を煮て天皇に奉ったという。これ以前にも行基が全国に茶の木を植えたとか、典薬寮の管理に茶園があったなどとされるが、茶を煮た記事は嵯峨帝の時を最初とする。そして六月には勅命によって、京都や近江、丹波、播磨などの諸国に茶の栽培がはじまった。

このころの茶は中国風の團茶であり、また陸羽の茶経にあるように塩をまぜて飲んだらしい。当時の貴族たちの詩に、茶を詠じたものがいくつかある。その詩のなかには、茶を搗くとか、塩をまぜて味はさらに美などといっている。中国文化が最高の教養とされていた時代である。貴族たちは全く唐風に茶を飲んでいた。また延長年間には尾張国から口径六寸の小茶碗二〇個、長門国から同じものを二〇個、宮廷へ納めさせているし、隼人司といわれる役所では茶籠二〇枚を製造している。茶碗も茶籠もどんなものか分らないが、とにかく茶をつくり茶を飲むための目的をもった器物が製造されるようになった。

村上天皇の時代には、鉢たたき念仏をもって名高い空也上人が、茶を与えて病人を治したという伝説があるし、あるときには宮中で開かれた仏名会のあとの宴会で、天皇は茶、茶具を入道親王に賜わった。もう下賜品となるほど茶具も発達してきたのだった。また円融天皇の時には、茶に甘葛煎《あまずらせん》、つまり甘味を加えて用いたことも記録される。藤原行成は自分の茶園をもっていた。貴族たちはそれぞれ自からの荘園で茶園を経営したらしい。延喜年間の宇多法皇、安元二年（一一七六）の後白河法皇の賀宴などでは、酒に代えて茶を用いることもあった。また源範頼が後白河法皇へ献上した品のなかには、茶碗二〇個がある。もう茶碗はなかなかの貴重品となっていた。けれどもこれらはすべて、中国からの渡来品だったろう。舶来品愛好の時世だったから。もっともこのころの中国はすでに成熟に近い製陶技術をもっており、日本産は問題にならぬ粗末さであったことからみれば、やむを得ない好みでもあった。

喫茶養生記—栄西

後鳥羽天皇の建久二年（一一九一）、禅僧栄西は、宋での留学を終えて帰国したが、この時茶の実をもちかえり、筑前背振山、博多聖福寺などに植えた。また種を京都栂尾の明恵上人にも贈り、明恵はその種を深瀬の園に植え、このころから茶の分布は広くなって、茶を飲む習慣が一般化しはじめた。栄西が茶の将来者と伝えられるのは、一般化の時期にあたったからだ。

栄西の著「喫茶養生記」は、日本最初の茶についてのくわしい論として名高い。けれどもここでの茶は医薬として扱われ、それを飲む作法などについてはほとんど記さない。どこまでも「生ヲ養ウ」ための茶のすすめである。「茶は養生の仙薬であり、人の寿命を延ばす妙術である……」と栄西は最初に記している。と同時にこの書は茶にならんで桑の効能をくわしく書いていることを注意しておきたい。本の表題だけみるといかにも茶だけの書のようだが、実は上巻が茶、下巻は桑の効能なのだ。彼は桑について「桑樹は過去の諸仏成道の霊木」であるとし、その威力、呪力によって諸病をなおすことができると説く。そして彼は「茶も桑もともに仙薬の最上のものであり、これをのむことは養生の妙術である」と結論した。

茶経との差　だから喫茶養生記は、陸羽の茶経とはまるでちがった実用的、即物的な内容のものなのだ。陸羽のそれには、茶の良否には秘伝があるなどといって、深遠なポーズをしめしている。そして後世の人も茶をひとつの芸と考え、書物では書けぬような意味ふかいものとした。宋代の儒学者陳師道は陸羽の茶経において茶を深い芸と解し、「芸は君子のみが有つものであり、徳が完成してから達せられるものであり、民を治める場合とも同じである。本を務めず末に走るのは芸業としては下である」と記した。芸は個人の道徳から政治哲学に至るまでのひろがりをもち、十分な完成の上に生れる遊びにも似た境地なのである。そうした境地を求めるのが茶を飲む作法だった。そこで茶のみならず、それに用いられるいろんな道具についても、きびしい選択の眼を働かさねばならなかった。やきものに対する感覚も、そこから生れたのである。けれども喫茶養生記はどこまでも末世における現実的な妙薬の書であった。従ってそこでは用いる道具などは論ずる要はなかったのだった。

茶の湯の成立

この陸羽的な文化のセンスに最も近いのは公家の文化、平安朝以来の王朝の感覚である。これに対して栄西のもつ実用、即物のセンスはいうまでもなく武家の文化である。この両者が手を握ったとき、はじめて現代日本にまで大きな影響を与える茶の湯が成立した。

足利将軍が京都に都をおいたことは、この両者を結合する契機となった。実質的な権力者である武家と、文化上の権力者だった公家とが京都で交流し融合したのだった。そこに日本文化の多くが室町時代、東山時代に成立した理由がある。源氏物語、伊勢物語、古今集など王朝文化の代表作品が、あらためて検討されはじめた。がそこには武家のもつ現実主義、五山を中心とする禅僧たちによる中国の哲学が加わってゆく。王朝の文化はそれらの新しい要素によって復活したのだった。やがて外国貿易によって多くの富を蓄積した堺を中心とする商人団も現われる。彼等は金銭を唯一の権力とする群れである。いえば各種各様の精神の交錯が、世界に例のない芸、茶の湯を生んだのである。この新しい世界のなかでやきものはひとつの価値観をもって見直されることになった。単に稀少なもの、珍奇なもの、海彼の中国文化のシンボルであった陶磁器は、こんどは新興の武家や商人たちのシンボルとなった。前者ではその勢威、その権力のシンボルに、後者では財力、富力に関する指標となった。

新しい価値

単に茶を飲んで遊びたのしむだけであった茶会が、儀礼化し、法式化しはじめると、道具もまたそれぞれの価値を要求するようになる。陸羽的なものの日本化、そこで名高いのは「君台観左右帳記」だ。これは文明年間（十五世紀中ごろ）、能阿弥が大内政弘の座右にある各種の品について記した目録で、そのなかには座敷や茶湯棚、茶壺などが多く図説してある。そこでやきものの項をみよう。

「土物類
曜変《ようへん》盞《さん》ノ内ノ無上也、天下ニオホカラヌ物ナリ、万匹ノモノニテソロ、
油滴　ヨウヘンノ次、是モ一段ノ重宝也、上々ハヨウヘンニモ劣ルベカラズ　五千匹
建盞　ユテキノ次也、コレモ上々ハユテキニモオトルベカラズ　三千匹
烏《う》盞　土薬ハケンサンノゴトシ　形ハタウサンナリシテ大小アリ　三百匹
鼈《べつ》盞　土白シ　薬アメ色ニテホシ有、鳥花ノ形薬ノ内ニアリ　千匹バカリ
態皮《たいひ》盞　同前、ベツサンニ似タリ、代同前……
茶碗　青ヲハ青磁ノ物ト云、白ヲハ白磁ノ物ト云也
饒州磁　ウツクシク白ク、ウスウストシテ、内ニコマカニ花鳥ノ文アリテ、内外スキトヲルヲ、ニヨウジウワント云、
琯瑤　土ムラサキ色ナリ、薬モウスムラサキ色ニテ、ヒビキタルヲ云也、青キ茶碗ニモヒビキアリ　青クハンニウト云也　又定例ヒビキトモ云也」

ここで盞と記されるのはふつう天目茶碗と呼ぶ平たい器形のものだ。建盞、つまり中国福建

の建窯の製品がことに好まれた。油滴、曜変、どれも建窯の産だ。油滴とは全体をおおう鉄分による黒茶色の釉のなかに、こまかな銀灰色の粒がいっぱいに油粒のように感じで散っているもの、曜変は釉のなかに一種の結晶が散っていて、光を屈折して虹のように輝くものをいう。

建盞の尊重　ところが建盞を貴ぶのは、べつに独創ではない。建盞と茶の組合せは十一世紀の初め、宋代に盛んに行われていたのだった。その風が日本の武家のなかに移されたにすぎぬ。中国風を公家の代りに武家が受けいれただけのことだった。たとえば宋の蔡襄の「茶を試む」の詩には、「兎の毛のように美しい文様のある紫黒色の壺」との表現がある。兎の毛、つまり兎毫も建盞の特質だった。細い銀灰色の線が無数に釉上を走るものだ。日本ではノギメなどといっている。

蔡襄はことに建窯の品を好んだらしい。彼の家には兎毫の美しい茶壺が十個も蔵されていたというし、次のようにも書いている。

「茶の色は白いので、黒い茶碗がよい。建安産のものは青黒色で、兎毫のように美しい紋がある。器体はやや厚めなので、茶がさめにくく、最もすぐれた器だ」

この蔡襄の文によれば、彼が建盞を推すのは、ひとつは茶の白さと茶碗の黒の対比の美しさ、またさめにくいという二点であった。ところが日本の茶はもう緑いろだった。緑と黒の対比は中国のそれとは全然別の感覚である。君台観左右帳記の建盞は、まだ中国風の見方をそのまま継いでいるにすぎなかった。根本的な色の対比のちがいにすら気づかないで——。

ところがさきにしめした君台観左右帳記は群書類従に収められているものだ。ところがふつう東京国立博物館本といわれる、別の君台観左右帳記があって、その記載はすこしちがう。この本では、曜変について、

「建盞の内の無上なり、世上になき物なり、地いかにもくろく、こきるり、うすきるりのほし、ひたとあり、又き色白色こく薄きるりなとの色々ましりてにしきのようなるくすりも有、万匹の物也」

とあり、また油滴については

「第二の重宝、これも地くすりいかにもくろくして薄紫色のしらけたるほし、内そとにひたとあり、ようへんよりは世にかすあまたあるへし　五千疋」

とある。さきのものに比べて記載が大分こまかくなっている。いかにも実物を前において書いた感じの文だ。しかもこの文についてみれば、曜変、油滴ともにその釉の変化がめずらしいことを貴んでいる。つまりその稀少性と文様の、奇巧さが貴ばれた。そこでは茶をいれた色の対比、或は茶のさめにくいという機能とか、使用の現実についてはまるで考えられていないのである。蔡襄が建盞を貴ぶ理由と大きな開きがある。だから国立博物館本の記述ぶりはむしろ後世の茶人風の記載である。それに比べて群書類従のものは、いかにも中国風の批評の結果をそのままもちこんだものに見える。左右帳記の原形はこの方がより近いだろう。

機能を忘れる——曜変、油滴

さて曜変はこうして古来非常に珍重された。しかもその数の現存するものはきわめて少ない。日本では三つの曜変天目が国宝に指定されている。多くは江戸時代の大名の所蔵品だった。そ

のうち天下第一といわれるのは淀の稲葉家に伝来したもので、稲葉天目と呼ばれた。大正七年、稲葉家から売り出された時は十六万八千円という値段であった。米一升が五〇銭となり高値だというので、名高い米騒動が起った時代のことだ。その珍重ぶりがうかがわれるだろう。現在は東京の静嘉堂所蔵。そのほか京都の大徳寺竜光院に伝来するもの、大阪藤田美術館にある水戸徳川家伝来のものなどが有名だ。そのほか若狭の酒井家、加賀の前田家などにもそれぞれ伝えられている。

油滴天目茶碗では、若狭の酒井家に伝わったものが国宝となっている。これは最初関白秀次が所蔵しており、ついで西本願寺に入りさらに三井家に伝わったものという。そのほか重要文化財に指定されているものもある。

新風—利休の侘数奇

現代に至っても国宝、或いは重要文化財に指定されるほどに貴重視されて、伝わってきたこれらの陶磁器に、新しい価値を与えたのが千利休にはじまる茶の湯だった。君台観左右帳記にみられるような室町から東山時代、ことに足利将軍義政を中心とする文化は、すでに茶会を発展させて、各種の道具についていろいろの価値づけを行っていたが、その基本はまだ中国にあった。中国において賞揚されるものは、日本においても同じく価値あるものだった。この視角を一変して新派を開いたのが利休による茶であった。利休の茶は、いえば東山時代の茶会に対立する新意をたて、新しい価値観を立てたのであった。

利休の言説を集録した第一の古典とされる「南方録」で、彼は「小座敷の茶の湯は、第一仏法を以て修行得道する事也、家居の結構、食事の珍味を楽とするは俗世の事也、家はもらぬほど、食事は飢ぬほどにてたる事也、是仏の教、茶の湯の本意也」とし、これが利休の侘数奇茶の湯の根本原理とされている。

しかしこの侘数奇の原理は、実は足利義政の時代の珠光から出発する。珠光はいうまでもなく義政と親しかった。珠光と義政の合作になる茶会の方式は、新興商人の集まる堺に伝わる。ここに武野紹鷗が出る。紹鷗の茶の湯は信長と結んだ。そして秀吉に至って利休時代となる。珠光、紹鷗、利休の三人はそれぞれ侘数奇の茶に至る体系を構築した。

けれども侘と数奇はもともと相反する矛盾した概念である。侘は簡素である。禁欲主義である。数奇はさまざまの工夫や発見、配合の妙であり、人を驚かせるとともに、自分もその工夫をたのしむという享楽の気持がふくまれる。この矛盾した心持の統一のために、名もしれぬ雑器に対して、特殊な美を見出しそれを強調することとなった。その一例は国宝に指定されているものもある井戸茶碗といわれる一群だ。これは朝鮮産の日用器具のひとつにすぎない。大量に生産された飯茶碗か汁茶碗にすぎない。しかしそれに各種の名称が与えられて、現代でも茶の湯界ではこの上なく貴重視されているようなものだ。だが今は茶の湯についてはあまり論じない。それはこの本の目的ではないから。

権力とやきもの

さて君台観左右帳記にみるような中国風の美学は、茶の湯の流行とともに権力者の動きにも大きく影響されて変化する。足利幕府を亡した織田信長は、足利将軍に代って名品といわれる各種陶磁器のコレクションをつくろうとした。まず永禄十二年の京都滞在の際に、京都の寺や商人たちのもつ器物類を収集しはじめた。東山時代の茶器類は、まずこうして信長の手もとに集まった。ついで天亀元年には堺に赴いて、堺の商人たちの所蔵する名器、名画の類を収集した。これらの収集にあたってはそれぞれ金銀を与えてはいるが、実質的には有無をいわせぬ強制収集だった。また信長のこの動きに対応して、彼の機嫌をとるために各種の名器といわれるものを献上するものも続出した。

しかも信長は多くの名器を収集するとともに、これを利用することも巧みだった。彼は一方では茶器を収集しつつ、一方ではそれを宮中に献上したり部下に賞として与えたりした。また部下の将士を慰労するのに、この種の茶器により茶会を開いて親しくその労をねぎらった。そして信長を継いだ秀吉もこれと同様の方式をとり、徳川幕府もこれにならっていた。

限りあるせまい国土のなかで、これらの権力者にとって、その部下の論功行賞は最も困難なことだった。恩賞が適当に正しく行われねば、権力者の地位を保つことはむつかしい。しかも分ち与える土地は限られている。その時にこの種の茶器のような新しい価値をもったものが現われたことは、権力者にとってはまことに好都合だった。曜変は万匹の値、油滴は五千匹の値、建盞は三千匹の値と金銭をもってランクされていることは、恩賞の品としてはまことに好適だった。そこですべての茶器には必ずはっきりとした価値が与えられることになった。名物、大名物とか、東山御物といった特殊なランクを茶器に与えることは、商人にとっては財産蓄積の一手段であり、権力者にとっては、恩賞を計量するのに便利な方法だった。こうして茶の湯に関心のない者にはまるで見当のつかぬようなランクと、ほとんど理解に苦しむ価値づけが今日まで続くようになった。けれどもこれが日本のやきものについての、ひとつの美的標準となったことは否定することはできない。

にせものの必要

と同時にいわゆる由来の正しきもの、名工とされる人びとの作品はごく少ない。この有限の品に対して需要は無限といっていいほど多くなってゆく。茶の湯が武士、町人と拡散しひろがってゆくにつれて、いわゆる名器を求める声はいよいよ多くなる。そこでにせものが生れはじめた。明治初年日本に来朝し、日本に対して好意的であった東京大学の教師モースは、京都での印象記に次のように書く。彼は日本のやきものについてくわしく研究し、「日本陶器目録」を書いたが、これが日本のやきものが科学的に研究された最初の書である。

「我々は清水の陶工蔵六を訪れたが、ここで私ははじめて仁清、朝日その他の有名な陶器のにせものがどこで出来るかを発見した。この件に関するふしぎな点は、蔵六と彼の弟とが自分等がにせものを作っていることを、一向に恥ずかしがらぬらしいことである。彼等は父親の細工をみせたが、その中には仁清の記号をつけた茶碗が幾つかはいっていた……」

やきものほどほんもの、にせもの論の多い世界はない。需要と供給のアンバランスから生れる奇妙な問題だ。近くは永仁の壺。けれどもダントルコールも書いている。景徳鎮の役人は率先して古い磁器のにせものをつくり、これを宮廷の高官への贈物としていた。その方法は、

「焼成了れば、去勢した鶏の肉、及び他の肉類を以て造られし甚だ油濃き肉汁の中へ之を投入致候、而して煮沸仕候、然る後之を能う限りどろどろせる下水溝の中へ入れ、一ヵ月以

上放置仕候。この下水溝より取出されれば、それは三四百年以上の古物として、もしくは少なくとも前朝明時代の作として通り申し候」

にせものはいつの世にもある。しかしそれはそれとしてやはり一個の機能をもって働いていた。

日本の宝石—茶器

永禄八年（一五六五）、イエズス会の宣教師ダルメイダは、堺の日比屋了慶のもとに滞在してたが、彼は河内国へ出発しようと決心していた。そこで了慶は彼のために別離の宴を開き、同時にその所蔵する宝物—茶器—を彼に見せることを約束した。フロイスの日本史は次のようにそのときの情景を描写している。

「五徳は鉄製でもう時代のためあちこち欠け損じていて、二所は古くなってこわれたのを鐵づけしてあった。彼はこの五徳は日本における最も高価な五徳の一つで、非常に有名であり、これを購うに一〇三〇クルザドーを費したが、自分はそれよりももっと高い価値があると思っていると云った。すべてこれらの品々は緞子や絹の大変ぜいたくな袋に入れてあって、これをさらにそれぞれの箱にしまってあった……

諸君はこれらの品物の値に驚いてはいけない。というのは都にソータイという貴顕の人があって、その人のもっている土製の器は、大いさはザクロの実位のもので、茶の粉をその中に投ずるに用いるものであるが、人の話によるとその値打は二万五千乃至三万クルザドーもあるという事である。その品物の名はククムガミ。私はその値が人々のいうような値であるといおうとするのではないが、ソータイの気さへあれば、一万クルザドーで買取ってくれる大名はすぐ見つかるであろう。こういう器で三千、四千、五千、八千、一万クルザドーの値のするものは、いくらでもありその売買はいつもの事である……」

彼はまたこうも記した。

「この催おし（茶会）に用いるこれらの品々は西洋の指環や宝石や、非常にぜいたくな首飾りや真珠やルビーや或はダイアモンドの如く、日本の宝石であり、これらの品物の知識やその価値に非常に通じて、品質、形状、或は時代に依て評価して売買する際の仲介になる宝物商がある……」

まことに茶器は当時の日本の宝石だった。ソータイと書かれたのは松永久秀のこと、ククムガミとあるのは「つくもがみ」と銘された茶入れであった。

「つくもがみ」とは?

この「つくもがみ」の茶入れについて、津田宗及は永禄三年二月二五日、松永久秀の邸宅で開かれた茶会で、白地金襴の袋、浅黄色の緒をつけ四方盆にのせて床に出されていたことを記し、さらにその外観を次のように記録する。

「茶一色也、気くくみて、なりヒラリとあり、かたちすき、盆付一入に候、土よし、あさぎ心、紫心の所少しあり、朱二方より焼出し、底すそは三方にあり、筋一通りあり、少しさて三分一ほど筋さえ候、口そとあけ候か、ひねり返しよく、石間の様に見え候所あり、それをよろひのあひにてすれたるなどか申候か、そうじてつくりろくろ造りか、頂きはそとおし入候、つゆさきにてそと朱をさし候、溜りは黒き薬のやうに候」

とある。わかりにくい文章だが、要はロクロ製のナスビ形の軽快な感じの小器で、鉄釉が茶色にいちめんにかかり、下端では黒くたまっている。また浅黄色、紫色を帯びた部分、朱色になった部分も散見されるということだ。今井宗久の記録によると高さ二寸三分半(七センチ余)、口径、底径ともに一寸(三センチ)、胴部の径八分(二・四センチ)ぐらいのものらしい。

山上宗二の「茶器名物集」には、この茶入れは最初は珠光がその価値を認め、やがて多くの人の手を経たが、越前の朝倉太郎左衛門に五〇〇貫で渡り、そののち同じ越前の府中小袖屋に千貫で売られた。そののち京都の袋屋にあずけてあるうちに、京の乱で一旦失われたが、そののち松永久秀が探し出して二〇年間所持し、のち織田信長に献上して、天下一の名物といわれたが、本能寺の変で焼亡したと伝えている。

茶人のやきもの観察　このようにその器物の肌の釉について微細に観察するのが、彼等、茶の湯に熱中する人びとの鑑賞法であった。釉のわずかの変化にも注意して、そこに美しさをみとめようとしたのである。だから全体の形、或いはその機能から受ける感じは全く記されていない。同じような例はほかにもある。秀吉が秘蔵し天下一といわれた「新田肩衝(かたつき)」について、津田宗及は、

「土うす白きやうにてさらりと在、されともしるりと候也
薬、地薬うすくろく、まり心いささかほと在也、みる色心も在也、上薬面に在、右其薬にて面へ二筋なたれ在、壷の左の方へねちたる也、かたみしかになたれ在、なたれのすちのふちに二筋なから朱をやき出候、薬たかたかととまり候、わきへも薬いささか程つつさかりたる所有也、二筋のなたれのさきに、いささか程ましり薬の心有也」
(宗及茶湯日記)

といささか煩雑なまでに記している。この同じ器について、神谷宗湛は、

「新田肩衝はさのみつかにむくりと有、なだれ二ツ面に有、裏も有、薬はげ高に帯みへず、底糸切なり、細き石二ツ三ツ有、土青目に上白くに、洗い立たるやうに有、口付の筋三有、一ツハくびの下也、くび立あがる也」（宗湛筆記）

と書きのこした。このふたりの記録をくらべてみられたい。やや不分明な文もあるが、土は一方はうす白くといい、一方は青めで上白くという、なだれの二筋については二人とも共通する。宗湛は石が肌にみえることをいい、底にみえる糸切をいう。糸切とは成形したのち、ロクロから離すのに糸を土とロクロの間に通してきりはなす。その跡のことだ。また宗二は朱色のみえることをいい、宗湛は口もとの筋をいう。

これらはかれらが茶会ごとに見聞きした器物についてのこしたメモなのであるが、その微細にわたること驚くばかりだ。しかしそれらの記述から、現代の私どもはその器物の美しさを感じることはできまい。そこにあるのはカラー写真のようにこくめいに記された外観ばかりであり、またそれに与えられた驚くべき高価な金額にすぎない。多くの茶器の名物と呼ばれたものの記録は、すべてこの類である。彼等はこれらの器のどこに感動したのだろうか。

利休の見方　侘数奇の考えをたくみに統一して新意をたてた利休が、これらの茶器に対してとった態度は南方録の「覚書」の最初にみえている。すなわち「道具ノ取合ト申スハ、今焼茶碗ト唐ノ茶入、如此心得ベシ」というのであった。山上宗二もこれをうけて「総別茶碗之事、唐茶碗ハ捨リタル也、当世ハ高麗茶碗、今焼茶碗以下迄也、此サヘ能候ヘバ

数奇道具ニ候也」(茶器名物集)と記した。

なぜ利休は今焼、すなわち当時の国産をとりいれたか、そこに彼の侘数奇の方法があった。前にも記したように侘数奇は矛盾した概念である。その妥協と調和が利休の新意だった。国産、或いは朝鮮の茶碗の平凡さによって侘を、中国渡来の茶入によって数奇を、利休は代表させようとしたのである。茶入だけではない。棚に飾られる香炉も利休は他国産を第一としている。南方録(墨引)で「凡香炉ハ青磁ヲ第一トス、紹鷗ノ馬上盞ハ青磁ニテハナク、コマカニ貫入ノアル高麗モノナリ」と彼は書いた。

「宗易(利休)ハ名人ナレバ山ヲ谷、西ヲ東ト茶湯ノ法ヲ破リ、自由セラレテモ面白シ、平人ソレヲ其真似セタラバ、茶湯ニテハ在ルマジゾ、宗易ニ骨ヲクダキ身ヲクダクヤ、又ハ金銀山ニツムカ、別シテ気ニ入タラバ、其上ニテ主ノ年ゴロ、主ノ道具様子共身ニ似セ様ニ、茶ノ湯ヲ相伝フコトアルベシ」(茶器名物集)と記されたように、千利休は茶の湯の独裁者であった。その独裁者によって、国産と中国の併用が決定されたとき、日本のやきものの評価の基準が決定されたのである。中国或いは朝鮮産のものを理想化し、茶碗については国産のなかに適応したものを見出そうとする態度はここに決定されてしまった。そしてこの標準は今もなおそのまま受けつがれている。山上宗二は同じ書で最後にいう。「総別、茶ノ湯ニハ昔ヨリ以来書物無ク、唯古キ唐物ヲ多ク見テ昼夜茶湯ヲスク覚悟、是師匠ナリ。」宗二は利休の高弟、かつ堺の茶人の有力者であった。さつまやと称し、「物をも知り、人におさるる事なき人なり、いかにしてもつらくせ悪く口あらきものにて、人のにくみしものなり、小田原御陣の時、秀吉公にさへ御耳にあたる事申て、その罪に耳鼻そがせ給ひし」(長闇堂記)と伝えられるほどの豪腹さをもっていた。その彼にして利休の独裁的地位をみとめている。以後の基準がすべて利休におかれるようになったのも、当然であろう。

現代茶人の見方

そして現代、大茶人と称されるひとりは、ある茶碗について次のように記すのだ。

「……釉薬麗しく且つ柔くして味あり、又鬼板薬の絵は発色に変化濃淡があって、厚き釉薬の下よりにじみ出て、なんとなく深みがある。或一部分の如きは釉薬と化合した一種透明な金色が出で、さながら宝石でも見る様な麗しい光沢が現われている。口のあたりの赤味は又一種の侘びた寂び色を加へている。次に刷毛の様な絵は、恰も宋、元の絵か又は雪舟の破墨の山水絵を見るような気分がある。土は柔かく、ねんばりとして味ひがあり、釉薬と土との境には例の赤味が出で、一層土味を引しめている。高台脇に土中に含んでいた鉄分が吹き出ているのも興趣を添えるものである……」

原文はまだまだ長い。しかしここに書かれる文句は、結局のところかつての山上宗二などの人びとの文脈が、現代化されたにすぎないことがよく分ろう。釉薬の微少な変化をひとつひとつ、さまざまの形容詞を用いて記してゆくところは、一種の物質崇拝を思わせる感覚だ。これに直接ふれないものには、ほとんど意味が不明でコンミュニケーションには役立たぬ文である。このせまさ、この閉鎖的な美学を形成してきたのが日本の茶の湯であり、茶人といわれる人たちだった。そうして今日も、これら茶人たちの美学は、開放性もなく国際性もなく、超時代性もないままのやきものの美学を守りつづけている。それは現代にも未来にもほとんど無意味な美学であろう。しかもそれは一般的、普遍的であるべき美の評価にそのままひきつがれてしまった。現代の美術全集とか陶磁全集式のものの解説は、やはりそうした主観的な感覚的なことばでうめつくされている。重厚、高雅、雄建、婉媚、此の世ならぬ美観などときわめて類型的な語句を組合せて文が構成されているにすぎないのだ。現代の日本のやきものの美学は、まだ茶の世界からは完全には独立していないのである。

楽の創造　けれども今焼茶碗と唐の茶入というように、異質の性格をもつやきものを、茶の湯の体系に導入した利休の立場に、やはり発見と創造の視角のあったことは認めなければならない。そしてまたごくありふれた朝鮮の飯茶碗の日常性を、新しい独立した茶の湯の体系に導入した利休のもっていた美学は、一面からいえば日本の文化の伝統に即したものであった。奈良朝末期、あるいは平安朝のころ、日本の貴族たちは中国文化という完全に異質な先進文化を輸入しつつも、それらを新しく創りだされる日本の文化の体系のなかに位置づけていったのである。それは日本が異質の文化を導入するときにとる、共通な文化受容の方法であった。そして利休もまた同様の態度をもっていたのである。

この今焼茶碗の要望にこたえたものに、楽茶碗があった。楽焼は低温度で焼かれた軟質のやきものである。ところがこの楽焼茶碗はまさしく茶の湯以外には用いえない、いわば茶の湯のためにのみデザインされ、つくりだされた茶碗であった。むかしから茶の湯のなかでは「一楽二萩三唐津」と評価されるように、楽茶碗は茶のためにのみ生きかつ存在するものであった。

楽焼の技法を開発したのは、朝鮮系の陶工である。彼は阿米夜といわれ京都の上長者町西洞院東に住んだ。のち日本の女性と結婚して佐々木氏と称し宗慶と号したという。その本来の仕事は瓦製作であった。阿米夜には長次郎(長佑)、与次(吉左衛門)の二子があった。天正十六(一五八八)年、兄弟は豊臣秀吉の建設した聚楽第に招かれて茶器や瓦を焼くことを命ぜられた。秀吉は彼らに「楽」の金印を贈り、これ以後二人は楽を姓とするようになった。この字は聚楽第の一字をとったものといわれている。この楽のやわらか味を帯びた造型は、利休の注目するところとなり、以後利休との間には密接な関係が生れた。長次郎らは利休の命ずるままに、さまざまな形式の楽茶碗を製作し、こうして茶の湯専用の茶碗は確立したのだった。長次郎の弟は常慶と号し、彼は秀吉から「天下一茶碗屋」の号を受けた。また三代の道入は通称ノンコウといわれ名工であったと伝えられる。

異質の導入　この専用の茶碗の創造に対応して茶入は唐とされたことは、異国的なものの価値をみとめようとするものだった。井戸茶碗、高麗茶碗といわれた朝鮮の茶碗の使用もそのひとつである。また東南アジア方面に、日本の貿易船が赴くようになるにつれ、いわゆるルソンの壺が輸入されて、茶壺として好まれるようになった。これらの壺には真壺、清香、蓮花王などの名が与えられたが、清香は肩に清香の印のあるところから出た名である。これはもと酒をつめた壺とされる。清香は酒の名であった。名称はすでに『君台観左右帳記』にみえる。これらは多く華南の地で製作されてフィリピン方面に輸出されたものが再輸入されたものとみられている。

一六〇九年に刊行されたモルガの「フィリピン諸島誌」には、長崎とマニラ間の貿易品がくわしく記載されているが、そのなかには明らかに「茶を入れる壺」が見出される。また「甫庵太閤記」には、秀吉がルソンから真壺五〇を得て大いに喜んだ話が伝えられるなど、この種のものに対する愛好ぶりは甚しいものがあった。ロドリーゲスの「日本教会史」三三章にもこの壺のことを記し、「陶土で造った外国製の一種の壺」といっている。さらにオランダの『バタヴィア城日誌』一六四〇年の項には、

「ヤコバ夫人の石壺は日本人も古物として珍重せるが　その形のため用に堪えずとなせり　平戸の領主はその半分の大きさの小壺一個を蔵せるが、商館長は数回これを見たり　一万テールの価なりと称せらる。他の大官にして六万、七万ないし八万テールの価あるものを蔵する者あり　また古き茶碗の高価なるものもあるが　その形彼らの使用に適したるものにして前記の石壺はこの点欠けたるがゆえに　あまり珍重されず」

と記される。ヤコバ夫人の石壺とは灰白色の石壺で、一四、五世紀、ラインランド地方で造られたが、ことにバイエルン家のヤコバ居城で多く発見されたので、この名が与えられたものである。せっかくの古い石壺も日本人の使用目的には合わぬので珍重されぬとの記述は、かえって茶壺の重視されたことをしめすものであろう。

清と雅

中国明末の文人は茶をひとりですする境地を幽といい、二客は勝、三四客は趣、五六客は汎、七八客は施であるとした。茶はひとりで煮てこれを飲むのが理想とされたのである。六朝、唐の現実肯定主義に対して、宋では自己の内面にむかい、現実の快楽

を否定して孤独の世界を求めることを理想とする風潮がつよくなっていた。それは清浄無為を本旨とする道教的な側面が、知識人の間に復活してきたことを意味するものである。そして明代になるとさらに知識人たちは高踏的な趣味生活を求め、独自のミクロコスモスをきずきあげる傾向が現われてきた。それは清なる世界であった。

唐の司空図はその著「詩品」のなかで、たくみに清奇と典雅の区別を説いた。彼によれば佳士が山荘に集まり、玉壺に春酒をみたして歓談するのが雅の境地である。雅は俗に対する言葉。そこで知識人たちがおだやかに調和した場をつくりだすことこそ雅である。

これに対して清奇とは隠士がひとり山中を独歩しつつ、松渓に幽を尋ねるの姿という。それは孤独に自己を内観し、自己と自然のあり方を考える態度である。人びとの調和ある世界は雅、個人の心境をもって澄明なものとしようとするのが清である。そして明人の求めたのは後者の世界であり、幽なる世界であった。

明末の文人たちはこうした理想境の実現のためのテキストとして、多くの趣味生活に関する書物を書いた。これらの書物には必ず茶が必須のものとして現われる。ただしここでの茶は、唐の陸羽の伝統を承けた煎茶である。日本の利休以来の茶の湯とは異なったものである。

これを受容したのが、江戸期の日本の文人たちである。しだいに成熟してきた都市社会のなかには、体制の外にあって趣味的な生活にその本質を求めようとする知識人や大町人たちが生れはじめる。この人びとにとっては、中国で成立した文人社会は新なる理想であった。しかも彼らが用いる茶は、煎茶であり、茶の湯の系統とはちがったものだ。日本の茶の湯は江戸期には完全に体制内のシステムとなってしまっていた。利休の時代のもった創造的な息吹きは求むべくもない。こうした茶の湯に対する新しい批判者としても、煎茶は現われてきたのだった。そしてそこには必然的に煎茶用の茶器がありやきもののがある。これはまた新しいやきものの分野の開拓であった。

煎茶の道具

煎茶の始祖はふつう売茶翁すなわち柴山元昭であるという。彼は享保二〇（一七三三）年に京都の東山に通仙亭と称する一茶亭を設けた。仙は仙人でありいうまでもなく道教系の言葉である。ここからも煎茶に注目した日本の文人たちが、道教的思想のなかにいたことが知られよう。「近世畸人伝」には兼葭堂の所蔵する売茶翁使用の茶器図がある。それによるとやきものとしては急焼（今の急須）がみられる。

急焼または急須はもとは酒器だった。須とは用の意味であり、急ぎの用にあてるの意味である。この酒器が茶を煮る具として転用されたのだった。明の屠隆の著『考般余事』のなかに文人が考案したという山遊びのときの提炉がある。ポータブル形式の酒器のセットで、なかに炭が仕込まれ、小鍋と急須を温めることができるようにしたものだ。ここに画かれた急須は今日の急須とほぼ似たもので、これが日本の急須の原形となったことがうかがわれる。

茶器への傾倒

煎茶は急速に文人の間にひろまっていった。それに伴って茶器としての新しいやきものが要求されるようになった。文人画の第一人者として有名な田能村竹田、「雨月物語」の作者として知られる上田秋成、いずれも煎茶に熱心であり、高芙蓉、村瀬栲亭がそのリーダーとなっていた。竹田は急須は栲亭と秋成の二人が中国のものからいろいろと考案して、清水の陶工六兵衛に作らせたのが最初であった。それが人気を呼んで二〇年ほどの間に各地で売られるようになったと、「石山斎茶具図譜」で記している。

このことは「兼葭堂雑録」中に、高芙蓉がみつけ出したという、中国の急須の図のあることからも、彼らがどんなに熱心に中国の急須を調べていたかが想像される。それは急焼、または宜興鑵といわれるもので、その形式は、把手が口と九〇度の位置にあるものだ。これはさきの「考般余事」にみえる急須が、口と把手が同一線上にあり、今の紅茶ポットと同様の形であるのにくらべて、現代のものと同じ形の急須となっている。

これがいとぐちとなったのか、以後煎茶のなかでは宜興製のものが重視されるようになった。陶土の色は五色で紅泥を最上とし、ついで紫泥、朱泥、白泥、烏泥である。

このように中国輸入の急須が、重視されたのにならんで、京都を中心とするやきもの業者たちは、この需要に応じて、新しく染付磁器による急須や茶碗を作りだすようになった。上田秋成の「清風瑣言」は、煎茶の古典とされて有名なものだが、彼はその中に「選器」の章をたてて茶器について論じ、

「茶瓶……磁器の功用尤佳なり　西土より渡せるは　形状の文藻のみならず用を専らと造りたれば宜し……茶盞……西土明世の製造白磁なる者宜し……白磁を貴むは　茶の青黄候《うかが》ひやすきを以てなり……すべて器物は分限に応じ有に任すべし……山林の士は新粗を嫌はず　効用清潔を専らと択ぶべし」

と説いた。

煎茶は清を貴ぶ。従って白磁が最上でありこれに明確なコバルト色の冴えた文様のつけられたものが、茶のいろと美しく対応する。さらに清の思想は古器よりもむしろ新器を貴ぶ方向を選ぶようになった。青木木米をはじめとする江戸末期の京の磁器をつくる人びとは、きそってこの新鮮な白磁とコバルトの対比のなかにその造形を求めたのであった。こうした感覚は太宰春台が「独語」のなかで、

「茶碗はいかにも新しきを用ふべき物なるに　幾年を経たるとも知れず　何人の口の垢やらん染みてけがれたる　しかもかけ損じたるを繕いて　けがらわしとも思はず用ふるは　そもいかなる心ぞや……茶碗はいかにもあたらしきをもちふるぞ　いさぎよく心よき」

と述べた儒者の感懐とも相応ずるものだったのである。

文人と茶器

中国の文人趣味をそのまま受けいれた江戸期の文人たちは、こうして白磁染付のいさぎよさに新しい価値をみとめるようになった。いたずらに古器に走らず、むしろ新しい創作を貴んだこの世界は、茶の湯の体系のなかのやきものとは、また別個の乾坤を定立したものであった。白とコバルトは、いえば極限的な対比の色である。しかしこの種の美しさを創造したのは　やはりすでに都市としての完成度をしめしていた京都においてのみであった。奥田頴川、青木木米の名は著名である。

享和のころ、名古屋の人柳下亭嵐畢の書いた「自弁茶畧」では、

「高翁の時分急焼、こんろ、茶わん等をやきだすに、その名を得たるものは　建仁寺町三文字屋七兵衛と清水の辺に住す梅林金三なり　今其形をうつして焼出すもの　清水の六兵衛、

同嘉助、左兵衛等尤も上作なり　六兵衛、嘉助近頃故人になりて　今の嘉助又妙作也　左兵衛は唐物をうつすに妙を得たものなり　煎茶置用の陶器を専らにひさぐものは旭峯、松風店なり、本府名古屋富士見原の素焼豊八が弟子、嘉助、右に言ふ所の人々の陶器類を、何によらずうつせしめ近年次第に手練して　今ハ風炉、こん炉等別に京師にもとむるに及ばず　只急焼のミハ形も品もおとらずといへども　土に是非ある故　およばぬ所もあり」と記している。煎茶器はすべて京都を標準としていたことがうかがわれよう。

なお竹田は中国式の急須セットを調べるほか、長崎でオランダ人の用いるポットについても注意していた。「竹田荘茶説」や「石山斎茶具図譜」には、多くの中国式の茶器セットのスケッチがのこされる。また彼の随筆、「屠赤瑣瑣録」には、長崎のオランダ訳司春樹の家でみたという、オランダ人の用いる急須、涼炉の図がある。もちろん紅茶用のポットであろう。そして竹田はテュ＝茶、テュケェトル＝茶出し、コンホウル＝風炉と、オランダ語までも書きとめていた。

四、花とやきもの

花とやきもの

「勾欄のもとにあをき瓶のおほきなるをすえて　桜のいみじうおもしろき枝の五尺ばかりなるを　いと多くさしたれば　勾欄の外まで咲きこぼれたる……」

と、王朝のころ清少納言は「枕草子」に書いた。このあをき瓶は当時中国から渡来した青磁の瓶であるとされる。それに五尺余りもある満開の桜をさしたゆたかな情景。それは宮廷ののどかな春をみごとに象徴するものであった。淡紅色の桜と青磁の配合、花とやきものの配合の美しさは、すでにこのころ明確に意識されていたようである。

さらに藤原良房が有名な

年ふれば　齢は老いぬ　しかはあれど

花をし見れば　物思もなし（古今集）

と詠んだ詞書には「染殿の后の御前に花瓶に桜の花をささせ給へるを見てよめる」とある。また紀貫之は「後撰集」で

久しかれ　あたに散るなと　桜花

かめにさせれど　うつろひにけり

と詠んでいる。桜を手折った枝を美しい瓶にさして賞美するのは、このように王朝の人びとの間ではひろく行なわれていたことであった。「伊勢物語」には藤の花をさした記事がある。在原行平の家によい酒があるというので一日酒宴が開かれた。そのとき主人の行平は、

「なさけある人にて　瓶に花をさせり　その花の中にあやしき藤の花ありけり　花のしなひ三尺六寸ばかりなむありける」

という室内装飾をしたのである。花房の長さ三尺六寸の藤といえば一メートル余、まさに壮観であった。しかしこの瓶がどんなものであったかは記されていない。瓶に四季の折々の花をさ

すことは、このように風雅の行為として評価されていた。けれども主眼は花にあって花器にはない。その点ではじめの「枕草子」のように青磁に注目したのはむしろ特殊な視角だったともいえるのである。

これらはすべて人間のための花、人間の心を悦ばせたのしませる花であった。

花への視角

しかし一方では花に生命を思い、神霊のよりたまう場としての花、花を聖なるものとみる立場も変わらず伝わっていた。それは神事のなかの花であり、仏前への供花である。しかし花を折りとって瓶にさすことを風雅の行ないとみるように、人間の花、俗なる世界の花はしだいにその場をひろげていく。王朝の日の花合わせ、前栽合わせはその典型的な例であろう。しかしそこではもっぱら珍奇な花、美しい花が主眼とされて、花器についての価値観は生れていない。

花器に新しい価値を与え、花器の意味を考えるようになったのは、室町期も末のことである。このころになると、七月七日には七夕法楽と称し、多くの花を花器にいけならべて楽しむ風が盛んとなった。それは室町期の王朝美の復興趣味にあわせて、中国からもたらされる異質の器物の美しさに触発された遊びであった。もちろん七夕法楽という以上、これらの花は七夕の星にささげられる信仰的な意味はふくまれている。けれども現実には人びとの眼を意識するものであった。ならべられた多くのいけ花は諸人の見物を許され、九日に至って撤去されるのを例とした。

ではこうした七夕法楽の席で用いられた花器はどのようなものだったか。そのなかでやきもののの花瓶はどの程度用いられたのか。当時の貴族層の生活をしめす史料として著名な、後崇光院の日記「看聞御記」に実態をみよう。

応永二五（一四一八）年の七夕法楽。このときのやきものの花器は、「御自分一瓶　茶碗」とある一個のみである。他は胡銅、唐金で全部で一五瓶、一五分の一というところだ。翌二六年の七月七日、このときは「自分三瓶、銀水瓶、金銅瓶、茶碗瓶、綾小路三位一瓶　茶碗草花瓶」そのほか「有善一瓶　茶碗盆」があり、他は胡銅だった。十二瓶のうち三瓶が茶碗瓶または盆、すなわちやきものだったのである。翌二七年には一六瓶がならんだが、やきものは「自分三瓶」のうちの「茶碗太鼓鉢」一個であった。この三瓶のひとつは瓶子とあるが、これはやきものかどうか、はっきりしない。

このあと法楽はしだいに盛んとなって、二〇瓶、三〇瓶というように多くのいけ花がならんだ。しかしそれらに用いられた花器については御記は記していない。そして永享四年の七夕は五〇瓶という盛況であった。このときのやきものの花器をみると「自分三瓶」のうち「茶碗二瓶」で「染付瓶子」とある。するとさきの瓶子もやきものだったかもしれない。これについで「大光明寺二瓶」があり、そのひとつは鉢でともにやきものである。また「退蔵庵一瓶　金銅茶碗台」、「即成院三瓶」のうち「茶碗二」、「宝厳院一瓶　茶碗」、「義祐一瓶　茶碗同鉢」があって、かなりにやきものの使用がふえている。また永享七年の七夕法楽には、五三瓶のいけ花がならんだ。このとき後崇光院は「自分七瓶　茶碗三」とあるが、ほかの人びとの花器については記してない。

この日記からみると、花器の主流は胡銅、唐金類の金属であって、やきものはその傍流を形づくるにすぎなかった。なおこれらの記述で茶碗とあるのは「君台観左右帳記」などの用例からみるとき、青磁または白磁の単色のもののように思われる。そこで文様入りのものは染付と注記されたらしい。そしてこれらやきものの花瓶は、すべて中国から輸入されたものばかりであった。

この時代、花をいけてたのしむとき、その重点は花よりもむしろ花器にあったようである。「看聞御記」の記載が多く花瓶の質を記すことにくわしく、どんな花がいけられたかにはあまりふれないことも、このことを物語るものであろう。しかしやがて立阿弥などの同朋衆が現われて、花をいけ、花をたてることを専業とするようになると人びとの注意はしだいに花器よりも花の方に向けられていく。花は主となり花器は従となる。

新しい花　天文二三(一五五四)年奥書のある陽明文庫蔵の「立花図巻」は、そうした時代のころのものとみられるが、多く青磁の花瓶の利用されていることが目をひく。巻頭青磁の三具足を使用した三幅対をかけた床飾りがあり、ついで桔梗口の青磁、竹の子青磁、魚耳のある青磁、経筒形の青磁、二重カブラの青磁、竹の節青磁の花瓶を用いたいけ花がしめされる。そのほか白子(磁)、胡銅もあるけれども大部分は青磁である。

さきにも記したように青磁は玉の美しさを目標として、中国で生み出されたものだった。半透明の青緑色の一様な輝きをもつ青磁は、沈静なものの存在を暗示する。そしてそれに配合される生命力にみちた草花の類。それはひとつの永遠を語る沈黙した存在としての花瓶と、生命の存在をしめしつつ、やがてはうつろう色を思わせる花の対比の上に、新しい美をつくりだそうとした同朋衆たちの創作であった。それゆえに「茶碗の花瓶をちゃわんの台にすゆべからず」(文阿弥花伝書)というような、台に至るまでのこまかな心配りも行なわれていたのである。だがそれとともに彼ら同朋衆はしだいにそれらを定式化しパターン化していった。室町末期のものと推定される「仏花抄」には

「花瓶のこと　胡銅の花瓶金色　紫銅の物　茶碗　くわちん　置様の次第あり　左より初て一番胡銅三番茶碗四番紫銅の物　さりながら一対の物あるは一所におくべし　人のむかひて左よりはしまる」

とあるのは、各種の花瓶についての新しい定式だったのである。けれどもそれも金属質のものと異質のやきものの花瓶の意味に対する認識のひとつであった。同じように「立花全集」はいう。

「貴人高人賞翫の時　花瓶の色替ることとあり　春はみどり　夏は青磁　秋は瑠璃　冬は胡銅の色を用べし」

この内容は寛永以前のものと推測されている。それはさきの金属ものとやきものとの空間的な排列を季節の推移に対応させただけのことでとりたてての新しい発見とはいえないであろう。けれどもこうした類も、花にさまざまの意味を与え、あるいはさまざまの

やきものの花器

日常の生活に対応して多くの禁忌をつくりだしている一般の花伝書の内容の量からみればきわめてわずかな量にとどまっている。いけ花にとっては何よりも花が大切で

あって、花器についての思索はまことにささやかだった。江戸期も末の天保のころの「生花正伝記」には「花瓶相応の事」なる一節があるけれども、そこで説くのは「白きやきものの花生へ白き花生け候ては取合面白からず」といった、きわめて平凡かつ常識的な言い方にすぎなかった。

明和年間の東雲堂蔵版、千葉竜卜の「百器図解」は百個の花器の形体を画いたものである。彼は「花のとまりよく水際のしまりかっこう」を第一として花器を多く考案した。彼は壺の耳環などもとりはずし可能として、花器に変化を与えることを試みた。「一器を三器五器に変じ用ゆれば日々に新にしてたのしみ多し」と千葉は述べている。しかしこの百器の図も用いられる花器は大部分が金属の紫銅製品であって、やきものは数例しか用いられていない。そのほか今日まで伝えられる各種の百瓶図形式のものにみる花器には、意外なほどやきものは利用されていない。

享和三（一八〇三）年刊行の「生花実躰はしめくさ」は茶花系の流派の伝書であるが、そのなかに「花器の名ヲ知ルベキ事」の一節がある。そして「初ハ何なりとも花器の有にまかせてひたすら花を入べし　其うちにハ花器の取合せもおのづから覚ゆるやうになる也」といい、さまざまの花器を図示して名称を付した。

最初に出されるのは竹製の花器で、筒型のもの一七、船型のもの四である。次は籠で六種、次はヒサゴの類で三種、次は磁器の類で一二種ある。ついで青磁が四種、南京染付が四種、金属器は八種だが「金の花器此外数多し」と但し書きしてある。これからみてもやきものは花器の主流ではなかった。

江戸期も中ごろになると、多くのいけ花がそれぞれ流派を称して独立しはじめた。各流派はいずれも独自の論理と、花形をつくりだすことに専念するようになった。そのときしばしば用いられたのは、天地人とか真行草といった、儒学などからみちびかれた単純な論理であった。そして花器もまたこの論理のなかに包みこまれる。たとえば寛政六（一七九四）年の序文をもつ亀齢軒莎萊の著「挿花故実集」では「華瓶宝瓶の差別」の章をたてて次のように説く。

「宝瓶は天竺にて七宝を入て仏に供する器なり　皇国に渡りて花瓶を号《なず》けて一本の樒を供する事　天竺の古義を守る故なり……三具足に添えたるは花瓶といひて是も天竺より渡りたる器なり　尤三つ具足ときに渡る……如此象体ある器を本形の花器とす　鋳物磁物籠等に至るまで象体なきは作意の器にして用ひがたし……」

ここで象体とは花瓶の耳が象の鼻のたれたような形をしているものをさすのである。しかし花瓶のすべてを天竺、すなわち仏教の本源であるインドにかこつけて説くことは、俗耳に入りやすい故実論であったというよりほかはない。

こうした仏教に托して説く論法とともに、日本の知識人の巨大なバックボーンとなった儒学をもって説くものももちろんあった。その一例は大阪の人、釣雪野叟の論という「本朝瓶花史」にみることができる。この書は中国の袁宏道の有名な「瓶史」などを多く引用するが、そのうち「品具」の章で花器が論ぜられる。その一部をしめしておこう。

「唐金の花生　紋鋳付たるものは　多く唐の酒器尊器の類なり……古銅器……久しく土中に

埋れたるは土気有て花をよくたもつとすれば　磁器の類　犬花を養にしかるべし　本朝行基焼といふもの甚古物にして　しかも間ゝ土中よりほり出したるつぼ　立口の物　或は其まま瓶となすべき類　山野のふかき土地に出るもの多し　是もと土器にして　年久しく土気をうけたる物なれば花を養にしかるべし……本朝の茶家、雅人　青磁、南京、染付、銅器等にても美しき花生を好ざるにあらねど　専、しがらき　伊賀　古備前　南蛮等の磁器　竹古作の花生　古き籠ふくべの類なるもの　甚さびたるを好こと　ふるきを以て賞するのみならずすべてさびたる花生に　鮮なる花を生れば　花の色弥うるわしく見えて　興有ものなり　美しき花生に生れば　花の見所かへって少くぬるく見ゆるなれば　雅人ここにありて殊にさびたるを好の旨趣なるべきか」

ここでふりさびた花生こそ、華麗な花がよくひきたつとするのもごく常識的な視角にすぎない。さらにやきものの花器は、中国の自然哲学の基礎である五行（木火土金水）の中の土気をよく享けていることで価値づけられるのみだ。そこにはやきもののもつ独自の美しさと、花の対比や調和という観念は全く働いていない。こうした点からみるとき、やきものの花器は現在まで多種多様に利用されていながら、やきものと花をひとつの体系とした上でたてらるべき美の観点は生れていなかった。

　そこに江戸期以来今日のいけ花の類の大きな見落しがあるのではないか。かつての同朋衆が青磁の永遠性と、花のはかなさを対比させたように、ある不変の感覚をもって存在する花器の形と色彩、または文様と、花とをもって、いけ花はさらに多くの表現を発見しうるのではないか。この盛大ないけ花の世界でのやきものの意味は、なお発見と創造を待っているようである。

五、民芸の美学

さて茶の湯系列の伝統的な美学、やきものに対する見方に対してきびしい批判勢力となり、新風となったものに柳宗悦による民芸運動があった。

民芸運動―柳宗悦

昭和二年、のちに民芸運動のバイブルとなった「工芸の道」が発表された。

「工芸、それは民衆の世界である。そこには民衆の労苦と、民衆の協力とがかちえた民衆の名誉がある。その名誉を奪い、その工芸を殺したのは近代制度の悪業である……民衆に結合する事なくしては、正しい工芸はあり得ない……」

ここに民芸運動の方向がはっきりと現われている。ひとつは近代文明に対する断罪、ひとつに民衆回帰。そしてこの昭和二年前後は、柳のみならず、いくつもの民衆回帰運動が起った。日本の知識人、文化人といわれる特殊な階層を育てあげた岩波書店の活動のなかで、ことにめだつ岩波文庫の発刊は同じく昭和二年。それはドイツのレクラム文庫をモデルとし、荘重な発刊の辞をかかげた。

「真理は万人によって求められることを自ら欲し、芸術は万人によって愛されることを自ら望む……今や知識と美とを特権階級の独占より奪ひ返すことは、つねに進取的なる民衆の切実なる要求である……」

この語りかけは、まことによくさきの柳の文体と似ているではないか。大正十五年に、「農民芸術概論綱要」を草した宮沢賢治は「芸術をもてあの灰色の労働を燃せ……」と叫ぶ。こうした時代相を背景にして民芸運動は誕生した。しかし西欧のラスキン、モリスとおなじく中世的な神政国家、職人生産を理想とする民芸運動は、結局は歴史的な生産の流れに逆行するものとして終ってしまう。それは柳の発想が貴族的な白樺派ふうの観念的ヒューマニズムであったこと、また彼のいう職人は、黙々として奉仕の仕事のみをする奴隷的職人であり、そこに創造性をみとめぬというものだったことなどの性格によるものだった。その職人たちに浄土的なすべてを阿弥陀仏のはからいと見、現実をそのまま肯定する性格を与えようとするのは、まさしく近代自我、近代生産労働者の否定である。芸術家と職人をはっきり差別し、前者にのみ創造性をみとめ、後者には伝統をきびしく守ることを要求する。そして職人の指導は芸術家の役割とする。これは古代中国の儒教倫理にもあることだ。創造は聖人の仕事、これを承け伝えて守るのが工人の仕事とした、中国の古典、周礼考工記にみられる思想と同じ類である。この時代錯誤的な生産関係が、民芸運動の致命的な弱点だった。柳のいう民衆は、近代工業に従う労働者によって代表される民衆ではなくて、農村に住み、黙々として働く過去の民衆であった。農村に健康を見、都市に悪徳と不健全を見る明治以来の農本主義的発想による告発であった。その被告は江戸時代に養われた都市的工芸だったのである。

柳の見方

柳は京都のやきものについてこう語る。

「清水から五条坂にかけて軒並に並ぶ店々をのぞいて見ましょう。何某何世と名のる焼物師も少くはありません。……品物もあらゆるものに及び、技法もあらゆる変化に及びます。……ここに陶法一切の縮図が見られます。

併し是等のものの中からさて何を取上げようかと思うと、意に満ちたものが如何に少いかに気付かれるでしょう。昔の品を熟知する者にとっては、見劣りがしてならないからであります。ここでも形の弱さと、模様の低さとが目立ちます。而も悪いことには、浅い趣味のために、仕事が遊びに終っているものが多いのであります。特に茶趣味は多くの陶器を損いました。真の茶器は、趣味の遊びから出たものでないことを忘れるからに因るのであります。……若し京都の焼物がもう一度実用に即して、健全を旨として作られるなら、見違へるほどの力を取戻すでありましょう……。」

また有田について次のように評する。

「現に作られている仕事を見ますと、残念にも四つの点で昔のものに劣るのを感じます。一つは形が弱くなり、昔のようなふくらかさや張りを失いました。一つには絵が段違いに拙くなって、活々したものがなくなりました。充分模様にこなされていないためとも思われます。一つは用いる色が俗に派手になって落着きを欠いてきました。之は天然の呉州が廃れ、化学的なコバルトが之に代ったことが大きな原因でありましょう。一つは材料が人為に過ぎて骨をもたなくなりました。……別に技が下ったためではなく、むしろみにくいものを上手に作っていると評する方が早いでありましょう……」（手仕事の日本）

これらの引用から、柳のみる民芸とやきものの意味が知られるだろう。柳による民芸運動は、上に記したように多くの欠点をもってはいたが、これまで茶湯の視角しかなかったやきものの美学に、新しい分野、新しい用と美の視角をうちたてたことは大きな功績であった。けれどもその生産関係の扱いかたは、かえって日本中の民窯の特色を奪ってしまった。柳と志を同じくした河井寛次郎、浜田庄司、またバーナード・リーチらは、熱心に日本の各地の産地をめぐって技法やデザインを教示した。創造は芸術家、職人はそれによる生産者という柳の方法を実践したのである。その結果、日本各地で民芸風といわれる一種の陶器が生産されるようになった。無骨で泥くさい感覚をもったそれらの製品は白樺派的なインテリ層の好みに、或いは植民地的な日本の近代都市の生活に疲労した人びと—その多くは農村出身者であった—の感覚の盲点に合致することができた。けれどもこのために各地の民窯の固有のデザインや技法が、かえって失われていわゆる民芸風に類型化したことは否定することはできぬ。たとえば鉄を多くふくんだ茶褐色の釉の上に、白い釉や黄色の釉で文様や文字をざっと画く技法である。これは大型のスポイトに釉をふくませて書けばよい。この技法は現在ほとんど全国で行なわれているが、このスポイト書きも民芸系の作家によって普及された方法だった。

六、西方の美学

西方のやきもの観—ヴァレリイ

さてわたしどもはよく日本は世界一、陶磁器のすぐれた国だと聞かされている。また日本人ほどやきものの美を感得できる民族はないとも聞かされる。そして日本の陶磁作家の作品が戦後に世界各地で賞讃されており、また多くの賞を獲得した事実があげられる。

ほんとうにそうだろうか。日本の陶磁器が大量に世界中に輸出されていることはよく知られている。ことにアメリカには白色磁器のディナーセット、ティーセットが多く輸出される。けれどもその白磁は、決して最高級品とはならない。できる限りの機械をとりいれ、できる限りの近代化を行なって精選された材料でつくられるセットも、アメリカやヨーロッパでは中級品の店にしか置かれない。そして高級品の店に置かれるのは、ヨーロッパの磁器なのだ。純白にやや青味さえ帯びて輝くばかりの磁器は、日本産のものではない。日本磁器の白さと、ヨーロッパ磁器の白さの差を、海外の顧客は敏感に区別する。そして西欧もまた独自のやきものに関する美学をもっていることをわたしたちは知らねばなるまい。日本の閉された世界の美学ばかりで、世界を評価してはならないのだ。

その一例として一九三〇年のポオル・ヴァレリイのやきもの論をみよう。まず彼はいう。

「芸術の品格はその制作因となった意欲の純粋性と、作者がその行為の成果について強制される不確実性によって決定される」

「あらゆる芸術のなかで、わたくしの知る限りもっとも危険率が多くて不確実な、したがってもっとも品格の高いものは、火炎の神の授けを借りる諸芸術であろう」

ここでヴァレリイははっきりと、やきものを最も品格の高い芸術と規定している。用とか、工芸などの議論はしないのだ。素材がそれ自身作家に対して強い抵抗をもつものほど、作家の意志は純粋になってゆく。そして陶磁はそのプロセスに火がある。

「人間が一番の味方と頼む火炎は同時に最大の敵でもある。それは恐ろしく気むづかしい味方で、その熱の作用が人々の望むような見事な結果を生むためには、あるいくつかの物理的および化学的常数によって定められた危い均衡をたえず厳密に保ってゆかねばならないのであって、そういういろいろな常数を正確に守るのは決して容易ではないのである。ちょっとした狂いも致命的な結果を生み、作品は台なしになってしまう……」

そこで作家は詩人が霊感をすばやく捕えて定着するように、

「火をたきつけ、燃やしつづけ、強くしたり弱く加減したりする彼の手は、そこから白熱状態にある彼の作品をとりだすべき唯一の瞬間をねらう。それが一瞬でも遅れれば、火炎は今しがた自分の創り出したものを忽ち破壊してしまうのである。あたかも盲目なそして悠久な自然の生命の力が、その個々の被造物を扱うように……」

そしてヴァレリイは「彼の知識と経験は断じて偶然を排除しない」と結論する。火は神託なのだ。「火炎の芸術とは人間の自然に対するもっとも主要な勝利の厳粛な祝祭以外の何者であろうか……。」

このヴァレリイの見解は、わたしどもの周りでしばしばやきものについて語られる考察とすこしも変らない。やきものは火をくぐるがゆえに、最高の芸術であるとする考え方は、日本だけではなく、東洋だけでもなく、西欧の詩人、哲学者も同じようにみとめていることを注意したい。しかもそれはちかごろの東洋ブームから生れたものではない。かつてのフランスの近代知性の代表者とされたひとりの発言であることを強調しておこう。

シャルドンヌの例

フランスの現代作家シャルドンヌに「愛情の運命」（一九三四—三六）と題する長い小説がある。リモージュの陶器製作業者を中心としたものだが、そのなかでコーヒー茶碗についてこう云う。

「この茶碗を、この輝くばかりの生々とした白さを、軽やかで、決して変質しない気のするこの半透明の高雅な品を、この光沢のない黄金の線を、よく見て下さい。これは一個の宝石ではありませんか——これが単なる茶碗なのです。そこに芸術が合体している日用品なのです。この茶碗は王様たちのためにつくられたのではありません、普通のアメリカ人たちのためにたくさんつくられているのです。この美しい陶器は、カオリンと芸術家と何代にもわたるすぐれた熟練工たちと、さらに長い歴史をもつ技術的完成とのおかげで、リモージュでつくられたのです……」

リモージュの一個の茶碗によせる敏感な感受性とその意味について、まことに明確な説明ではないか。ヨーロッパの人びとも美しいやきものに対して、このような評価を与え、感動していたのである。

それにヨーロッパ、またはアメリカで日本のやきものが評判がいいという意味も考えておかねばならない。かれらはいつも自分たちのエネルギーが衰え、かれはじめると、ヨーロッパ外の世界にそのエネルギーを復活させるものを求めた。そしてそこで得た新しいエネルギーをもって、ふたたびかれらの芸術を復活させるのだ。日本の浮世絵が印象派の画家たちに影響を与えたことは名高いことだ。しかし実は影響というようなものではない。それは彼らのイメージをかきたて、彼らの衰えた創造力に新しい生気を注入する役割を果したにすぎない。ゴーガンがタヒチに逃亡したように、日本でなければならなかった理由はすこしもなかった。ただヨーロッパとは異質のものとの出会いが求められたのだ。ちかごろの日本ブームと同じ意味なのだ。彼らにとっては辺境であり異教徒の充満している世界こそ、彼らに新しい活力を与えるものなのである。日本に限らず中南米あたりの原始的なエネルギッシュな芸術が、再評価され歓迎されているのはそのためなのだ。同じように今日世界で歓迎されるという日本人の作品は、実はシャルドンヌの語るリモージュの陶器のような、完成されつくした典雅の世界に動揺を与え、次への進歩のための刺戟剤の役割を果しているにすぎないのである。

やきものとわたくしたち—わたくしたちは、いつまでも自己完結の閉された世界のみにいてはならない。そうして新しく開かれた世界の視角をもって、やきものの美を考えねばなるまい。

七、立体のやきもの

古代の立体

「旧約聖書」の創世紀は、神は土をもって人間を作ったと伝えている。紀元前五〇〇〇年、世界最古の文明とされるメソポタミアのジャルモの遺跡では、土でこしらえた動物や女性の像が発見された。可塑性をもつ土は、神の姿をつくり人間の姿をつくりだすのに好適の材料であった。そこで人の姿をとるとともに神性をたもつ人形は、まず粘土でつくられ、さらに火で焼かれたふつう土偶と呼ばれるものである。それらはすべて神秘の器だった。

オリエント、エジプト、中国、また日本と、至るところの古代文明には必ず土偶が存在することは人間共通の心性であった。それは今日でも子供たちが、世界共通に粘土をもつとたいてい人形をつくろうとする傾向と同じことである。

その伝統は日本では埴輪の一群に結晶している。美術全集などで日本の古代美術としてしばしば紹介されている埴輪の類は、まことに自由な造型性に富み、思うがままの表現にひたりきっている。縄文土器のもつ生命力に富んだ、いささか荒々しいまでの造型性が、はじめて発見した粘土のもつ可塑性に対する陶酔のなかから生れたとすれば、埴輪の表現にはすでに対象に対する鋭い凝視がある。対象を対象としてとらえ、それを手もとにある土の可塑性を利用して再現しようとする、工人たちの姿勢がある。

それはまさしく今日的な芸術家の姿勢と共通するものだ。しかしこの埴輪をつくる工人たちの視線とその造型力は、埴輪の消滅とともに消えてしまう。それ以後、日本のやきものの伝統のなかには、ほとんど立体的な造型物は現われてこない。

立体のゆくえ

もちろん簡単な土製で素焼したものに彩色しただけの人形は各地で作られつづけてきた。江戸末期の著名な農政学者、大蔵永常はその著「広益国産考」のなかで、農村での別業として土人形の製作を勧めているほどである。今も京都の名物として知られる伏見人形、また緻密な細工をもって知られる博多人形など、土製の人形は現在もたしかに存在する。けれどもそれらはかつては一面に呪的な希望をこめた人形であったし、今日では単なるインテリアの装飾器に考えられているにすぎない。それをやきものの一種としては誰も考えないだろう。

それは現在数多く刊行されている、各種のやきもの関係の書物をみてもすぐうなずかれることだ。造型的なやきものをとりあげている例はほとんどない。わずかに現代作家の一部に試みられる、オブジェ風のものが時折姿をみせるにすぎない。立体的な作品を、日本のやきものの歴史と美学のなかに位置づけようとする試みはどこにも見られない。むしろ忘れ去られたままといってもよいほどである。

けれども現実の日本の生活様式のなかには、多くのやきものの立体が存在していることも事実だ。床置きの類、また茶の湯で使われる香合の類。しかし実際のところそれらにはさほどわたしどもの心をとらえるものがない。あるものはわずらわしいほどの写実的なものであったり、あるものはわざとらしいとぼけ方をしてみせたりする。

ただ有田や薩摩などでは、時折かなりにすぐれた人形や仏像がつくられていた。それらは時にはずいぶん花やかな色彩にみたされる。しかもこの種のものには、かつてヨーロッパでデザインされさらに中国に発注されて大量に製作された立体的な製品と、一脈似た気分があり感覚がある。鎖国時代、日本の唯一の海外との窓は、長崎を中心とした九州地方であった。九州の地にかなりの立体的なものの優品が生れていたことは、こうした事情を反映するものかもしれない。

とすればわたしどもはさほど立体的な造型を求める方向をもっていなかった、ということになろう。そのことは金属という別の材質について考えてみてもよい。青銅というこれまた自由な造型を許す素材によって、日本では多くの仏像がつくられた。しかしそれ以外の立体的な造型物はほとんどない。現実に生きる人間の像を、そのまま石や青銅やさては木材などを用いて、写実的に造りあげようとする造型力を、わたしどもは持ち合せていなかったようである。立体的に造型されるものは、いつも神秘な呪性に富んだものでなければならなかった。

立体と日本人

これはヨーロッパ系の造型の流れと決定的にちがう点である。オリエントの土偶はやがてギリシアあるいはローマの大理石を用いた彫像にひきつがれる。そこでは現実の人間の理想化された体軀がつくりだされた。アポロンの神であろうと、アフロディテの神であろうと、彼らは理想的人間の姿をもつ存在であった。神像と人間とは連続性を確保する。ところが仏像は決して理想的人間の体型であってはならなかった。仏像は常人とは異なった、異次元の存在として造られねばならなかった。仏は黄金色に輝く金人である必要があったし、その掌などには特殊な文様が存在せねばならなかった。仏像はむしろ非人間的な超越者としての特質をもつ要があった。いえばここでは仏像と人間は非連続である。これがすぐれた仏像の立体造型をもちながら、それが現実の人間の造型、ひいては一般的な立体性の造型に結びつかなかった原因ではないか。

ヨーロッパの立体

土偶であろうと大理石像であろうと、かつての神秘の世界のための造型は、そのまま現世の人間のための造型と連続する。この観点の上でヨーロッパでは大理石をはじめとする木材、青銅、さらにテラコッタ、磁器類とすべての素材が立体的造型に利用されるようになった。そこではやきものであろうとも、大理石や青銅と同じレベルにある、立体造型のための素材とみなされるのである。ここにヨーロッパではテラコッタ系の立体像が、無彩色または彩色をもって早くから現われてくる理由がある。

一八世紀ドイツ、フランスにおいて新しく磁器技法が開発され、これが純白のつややかな光沢をもつ独自の価値をもつ素材であることが知られると、これを利用した立体がすぐさま試みられるようになった。そのうちことに好まれたのはビスキュイである。これは磁器ではあるが焼きしめたままで、釉薬も絵付もほどこされていない無類のものだ。釉薬をかけないので表面は通常の磁器のようにガラス状の光沢をもたず、落ちついたむしろ石の表面のような感覚をみせるものとなっている。

セーブル製ビスキュイ　モリエール像

ビスキュイはフランスのセーブルで特にすぐれたものが多くつくられた。ビスキュイは時には原型として大理石像があるとき、それを複製するのに用いられたり、または原型の縮尺像をつくるのにも使われた。従って型抜きでつくられることも多い。これは原型を堅く焼いたテラコッタで凹型につくり、このなかに磁器土をつめこんだのち型からはずして焼いたものだ。日本で行なわれてきた伏見人形などの土人形の製法と同じ原理のものである。ビスキュイ像は一八世紀中ごろからフランスを中心としてひろく流行した。優雅なルイ王朝風の衣裳をつけた貴族たちのビスキュイ像は、今でもヨーロッパ各地の美術館で多くみることができよう。

従って日本にやきものによる立体造型の考えが起ったのは、こうしたヨーロッパ的な視角が導入された、明治の文明開化以後のことであった。

一つ目小僧の置物（諏訪蘇山）

過渡期の立体

ただこの明治の過渡期にあって、独自の立体造型をこころみた人に諏訪蘇山がいた。蘇山は鶏の置物とか、一つ目小僧、ドクロに蛙のとまった置物などと、人の意表をついた奇趣に富んだデザインによる置物を多く製作した。蘇山諏訪好武は加賀金沢の人である。加賀藩は幕末において開明的な藩のひとつであった。彼はそうした開化の雰囲気のなかで成長し、やがて東京に出てやきものをはじめ、フェノロサ、ワグネルにその指導を受けここで異質の文化を担った人びとに、直接にふれたのである。彼はここで石膏型を用いる鋳込み成型や陶製の像につよい関心をもつ。ワグネルや石膏型の利用は、すでに述べたように、ともに日本のやきものの近代化に大きな役割をはたした人であり、技法である。蘇山はここでヨーロッパのもつ造型性を発見したのであろう。

彼の置物作品はすこぶる多い。そのデザインの基本にあるのは、江戸末期、日本の知識人の間に大きな勢力をもった文人趣味である。閉じられた個人の世界のなかに、清なる境地をつくりだそうとする文人趣味、そこに加わる遊びの精神。その遊びの精神が時には卑俗におちいりやすいこの種の文人趣味を、気品のあるものとすることができた。

沼田一雅

この過渡期の人である諏訪蘇山についで、はじめて日本にやきものによるヨーロッパ的造型を導入したのは、沼田一雅であった。正木直彦は「回顧七十年」のなかで沼田一雅についてくわしく記している。それによると沼田は福井の生れ、父は大阪でやきもの屋であった。彼が幼時天王寺の道ばたで粘土をひねって人形をつくっていると、たまたま通り合せたのが、当時東京美術学校教授だった彫刻家の竹内久一であった。竹内は子供のつくっている人形が、ただの子供の遊びとは思えぬところがあるので、父親にたのんで自分の弟子とし東京につれてきた。

沼田は竹内によってまず木彫を教えられた。竹内の見込み通り、沼田は手先がたいへん器用で、鳥獣などの写実的なものをたくみにつくりだすようになった。やがて竹内の推せんで木彫科の助手となる。しかし彼はもともとやきもの屋に縁のある人である。そこで彫刻をやきものに応用しようと考えはじめた。

正木はこの沼田の希望を聞いたとき、彼がパリーにいたときロダンの彫刻展を見たことを思い出した。その展覧会にはアーブル市の歴代市長の像があったが、そのすべてが陶製のものであった。これはロダンが原型をつくり、それをセーブルで焼いたもので釉薬もかけてあった。正木はこの陶像に興味を感じ、パリーでそのほかに用いられているかどうかを調べると、童話作家のフェヌロンの像が陶像であるとのことだった。正木はそれを見にでかけた。像は等身大のもので、台座から周囲に配された鳥獣たちの群像も全部陶製だった。正木はこのような陶像は「周囲の草木の緑との対照が、大理石のように白すぎて冷たい感じでもなければ、銅像のように重苦しい硬い感じでもなく非常によく調和している」と思った。

彼はこれらの陶像の印象から、日本でもやがては銅像や大理石像が造られようが、それよりもこの陶像こそ日本の庭園や建物によく調和するものと考えた。正木は沼田にフランスで行なわれている陶像について説明し、その研究にはセーブルへいくことが第一であると指示した。

沼田はすでに美術学校の助教授であったが、文部省からのフランス留学はかなえられず、正木の尽力で農商務省の実業練習生として一九〇三年フランスに赴き、パリに三年間滞在した。一九〇七年、美術学校の教授となり一九二五年には再度フランスに渡り、セーブルの磁器工場に入って専心陶像を研究した。彼は彫刻家として育った人だったから、薄肉彫りのレリーフ式のものを得意とし、彼の作品はフランスでも歓迎されて勲章をおくられたほどである。

帰国後沼田は東京美術学校に小さい窯をきずいて陶彫を本格的にはじめた。しかし窯のサイズが小さいので大型のものは焼けない。ところが京都の国立陶磁器試験所に招かれるようになって、ようやく大きな窯を用い、大型のものを焼くことができるようになった。

等身大の陶像

やがて美術学校校長だった正木直彦を記念する正木記念館がつくられることになった。そこで沼田は正木の記念のために等身大の陶像を計画し苦心のすえついに成功した。沼田が研究を開始してから三〇年、日本で最初の等身大の陶彫像が完成したのである。

「この陶像といふものは、その持味が我国の国民性に合致し　庭園建築等との調和もよいし雨風にも腐蝕せぬ等という点から　今後必ず普及することと思っている」と正木はのちに語っている。

なお正木の等身大記念像の制作には、当時試験所長であった平野耕輔の援助も大きかった。彫刻または絵画の工芸化は彼の年来の持論であり、彼は所長在任中はこれを研究方針のひとつとしていたほどであった。平野もまた先覚者のひとりとして記憶されねばなるまい。

ところがこのように多くの希望のかけられた立体性のあるやきもの、陶彫の類は現実にはさほどの広がりをしめさなかった。立体造型をやきものとして試みる方向は日本ではなかなか生れてこなかったのである。

のびなかった立体

その理由はどこにあったのか。考えられるのは、明治以後の近代になっても、日本のやきものの中心は京都にあり、京焼にあったということである。千年もの都市生活を歴史としてもつ京都には、明治以後の新しい都市生活とは異質といってもいいほど、ある規範性をもった生活様式が確立していた。そしてこの生活様式は、また一方ではきわめて高度な美的要求をもちつづけたのである。京焼が本格的に開始されたのは、九州あたりより後である。けれどもこの地にあった工芸的な伝統はたちまち京焼を、日本のリーダーとしてしまった。

この京都で第一に新しいパターンを確立したのは野々村仁清である。仁清の事蹟については、ここでは述べないけれども、彼が京都に残した技術的遺産の第一は、きわめて巧妙なロクロによる成形技術であった。これについでは、仁清のいくつかの作例から知られるような絵画性の導入だった。桃山期の障屛画と全く同一の感覚の絵画が、やきものを飾るために利用された。この絵画性に富んだ装飾は、京都の工芸全般のもつ特徴である。それは宮崎友禅斎によって開かれたと伝える友禅文様を考えてもうなずかれるだろう。この絵画性はさらに尾形乾山によっていっそう強化される。

仁清、乾山についで染付磁器の新製品に新しい文人趣味を導入したのは、奥田頴川であり青木木米だった。主として煎茶器を制作した彼らは、中国の文人画に学んで絵つけを試み装飾をほどこした。頴川、木米らの仕事は京都のやきものの、もうひとつの大きな柱となる。この仁清、乾山系、頴川、木米系が京都のやきもののデザインの大きな主流となっていた。さらに加えて四条円山派の隆盛によって、京都の美術界は、絵画性が根本とされるようになった。

絵画性のデザイン

絵画という二次元の視角が、あらゆる工芸デザインの中心とされたのが、日本のやきもののデザインの先頭に立った京都のやきものであった。京都の陶工たちは何のためらいもなく、日本画を学びそれをやきものの上に再現することを追求しつづけた。作家として著名な人びとも、無名の陶工たちも京都では同じように専門的な日本画を学び、それがやきものに入る第一の道であった。仁阿弥道八は京焼のうちでは、塑像風の置物をつくるのに巧みであったが、そうした仕事はひねりものといわれて、やきものの本流とは考えられなかった。彫刻性、立体性がやきものと結びつかなかったのは、ここに大きな原因があろうと思われる。

そこでやきものに三次元の新しい視角が導入されるためには、まず工芸全体に対する価値観の変動が生れねばならない。そしてそれを生みだしたのは、いうまでもなく太平洋戦争である。日本の伝統的な美の体系は大きな変動をうけた。すべてのものの価値観が疑われはじめたとき、この京都に養われてきた二次元の視角もまたゆらぎはじめたのである。

前衛陶器

ここに前衛陶器といわれ、時にはオブジェ焼きといわれる新しいやきものが出現する。それはこれまでのやきものすべてに大前提として存在していた実用性を否定し、作家の造型的な志向によってのみつくられるやきものであった。明らかに沼田のもたらした陶彫の復興であり、その延長にあるものである。けれどもいつも中国陶または朝鮮陶を永遠の理想像としてみつめてきた日本のやきものの世界にとっては、このヨーロッパ的な立体の伝統に根ざそうとするオブジェは、まさしく異端的な存在でしかなかった。

前衛はいつも伝統への抵抗と挑戦のなかにある。オブジェ焼といわれたその言葉のなかには、半ば冷笑のひびきもひそんでいた。初期のオブジェは、伝統の側からの批判のなかで抵抗しつつつくりだされねばならなかった。そのためか作品の多くには、一種の苦渋にみちた暗い情念の流れがいつも底にわだかまっている。しかも前衛陶器がスタートして一〇年、昭和三三年のあるやきもの研究家、批評家の座談会では次のような会話がかわされていた。

○陶芸の歴史において現在のように激しい動きをした時代はないと思うんですが、これはどういうことでしょうか　過去においてオブジェ焼などというものを試みた人がなかったということは

○織部なんかは一種のオブジェじゃないかな

○しかし織部はちゃんと茶人が使いこなしていますよ

○いまのオブジェ焼だってそのうち使いこなしますよ

○使えないものもあるね

○だけど使えぬものの方が多いんじゃないですか

○お茶では使えない　いやお使いになら

オブジェ　走泥社（熊倉順吉）

ないのが多いな
○お茶では取入れるよりしめだしの方が強いんですね
○それがお茶のいいところでしょう

当時の代表的な批評家たちの、オブジェによせる感情が察せられるだろう。用を離れた純粋な可塑性による造型としてのオブジェの意味は、なお十分に理解されていなかったのである。しかし戦後ようやく世界との交流のなかに生きはじめた日本に、新鮮に流れこんできたやきものは、クラフトと呼ばれるヨーロッパ系の実用器であり、また完全な抽象彫刻としてのやきものだった。日本のオブジェはここにはじめて世界性、国際性を獲得することができた。そして新しい世代のなかには、この純粋造型としてのオブジェを焼く人びとも多く現われるようになった。これらの作品は、もはや伝統との抵抗や批判も意に介せぬ自由な造型にみちている。初期のオブジェにつきまとっていた暗い土の匂いは消え去って、むしろ明るい金属性の輝きとなってきた。それはたしかに、かつての中国、朝鮮をこえた国際性の世界なのである。

吉田光邦（よしだ・みつくに）
1921年　名古屋市に生まれる
1945年　京都大学理学部卒
現　在　京都大学人文科学研究所助教授
専　攻　科学史
主な著書　「日本科学史」「日本技術史研究」「中国科学技術史論集」「ペルシアのやきもの」「錬金術」「日本をきずいた科学」「日本美の探究――その背後にあるもの――」「日本の文様」「立ちすくむ現代」他

NHKブックス 182　　検印廃止

増補版 やきもの

昭和48年5月1日増補版第1刷発行
昭和52年2月10日増補版第9刷発行

著　者　吉田光邦
発行者　浅沼　博
印刷　三陽社
製本　三森製本
装幀　栃折久美子
発行所　日本放送出版協会
東京都渋谷区宇田川町 41－1
郵便番号150振替東京1-49701

落丁本・乱丁本はお取替いたします